UTB **3130**

W0173139

Eine Arbeitsgemeinschaft der Verlage

Böhlau Verlag · Köln · Weimar · Wien
Verlag Barbara Budrich · Opladen · Farmington Hills
facultas.wuv · Wien
Wilhelm Fink · München
A. Francke Verlag · Tübingen und Basel
Haupt Verlag · Bern · Stuttgart · Wien
Julius Klinkhardt Verlagsbuchhandlung · Bad Heilbrunn
Lucius & Lucius Verlagsgesellschaft · Stuttgart
Mohr Siebeck · Tübingen
Orell Füssli Verlag · Zürich
Ernst Reinhardt Verlag · München · Basel
Ferdinand Schöningh · Paderborn · München · Wien · Zürich
Eugen Ulmer Verlag · Stuttgart
UVK Verlagsgesellschaft · Konstanz
Vandenhoeck & Ruprecht · Göttingen
vdf Hochschulverlag AG an der ETH Zürich

Reihe *Europa Kompakt*, herausgegeben von Johannes Pollak,
Professor für Politikwissenschaften an der Webster Vienna Private University,
Lehrbeauftragter an den Universitäten Wien und Salzburg.

Franco Algieri

Die Gemeinsame Außen- und Sicherheitspolitik der EU

facultas.wuv

Franco Algieri, Dr., ist Forschungsdirektor am Austria Institut für Europa- und Sicherheitspolitik (AIES) in Maria Enzersdorf bei Wien und Lehrbeauftragter am Institut für Politikwissenschaft der Universität Tübingen.

Bibliografische Information Der Deutschen Nationalbibliothek
Die Deutsche Nationalbibliothek verzeichnet diese Publikation
in der Deutschen Nationalbibliografie;
detaillierte bibliografische Daten sind im Internet über
http://d-nb.de abrufbar

© 2010 Facultas Verlags- und Buchhandels AG
facultas wuv, Berggasse 5, 1090 Wien
Alle Rechte vorbehalten

Einband: Atelier Reichert, Stuttgart
Gestaltung und Satz: Atelier Tiefenthaler (gesetzt mit *Shaker* von Jeremy Tankard)
Druck und Bindung: CPI – Ebner & Spiegel, Ulm
Printed in Germany

ISBN 978-3-8252-3130-9

Die Integration Europas ist ein faszinierendes Studienobjekt, das sich klassischen politikwissenschaftlichen Kategorien entzieht, permanenten Veränderungen unterliegt und in seiner Komplexität schwer zu durchschauen ist. Die Akteure stehen in vielfältiger wechselseitiger Abhängigkeit, die Verhandlungs-, Entscheidungs- und Kommunikationsmuster sind gleichzeitig informell wie auch streng reglementiert, die Einspeisung neuer Themen in den Politikprozess ist ebenso vielschichtig wie die Ansatzpunkte für Politikbeeinflussung und die Kontrolle von Entscheidungsprozessen. In all diesen Facetten ist die Europäische Union ein beispielloses Experiment, um Unzulänglichkeiten des Nationalstaates zu kompensieren und den Herausforderungen einer immer kleiner werdenden Welt gemeinsam zu begegnen.

Dieser Prozess ist nicht frei von Rückschlägen, Phasen der Stagnation und der Frustration. Aufmerksamkeit erregt die Union zumeist nur mit negativen Schlagzeilen: von der Rinderseuche bis zur Uneinigkeit bezüglich Europas Rolle in der Welt, von Betrugsfällen bis zu Überregulierung, von Beamtenbezügen bis zu Gipfelstreitigkeiten. Gleichzeitig steigt aber auch die Bedeutung europäischer Politik, die auf vielfältige Weise in das tagtägliche Leben der Bürger und Bürgerinnen eingreift. Diese Eingriffe sind dem seit der Entstehung der EU in den 1950er Jahren immer gleichen Wunsch geschuldet: der friedlichen Einigung des europäischen Kontinents. Nur wie diese Einigung vorangehen und wie weit sie reichen soll, welche Rechte und Pflichten dem Einzelnen zukommen (sollen), darüber herrscht Uneinigkeit. Zu oft werden diese fundamentalen Fragen von kurzsichtig auf die nächste Wahl schielenden nationalen Politikern vereinfacht und polemisch beantwortet. So ist denn auch die „Zuneigung" der Bürgerinnen und Bürger zum Einigungsprojekt unbeständig und umgekehrt proportional zur Größe der zu bewältigenden Krisen. Nach fast sechzig Jahren europäischer Einigung fühlt sich noch immer nur eine Minderheit gut informiert und nur eine Minderheit versteht, wie die Union funktioniert. Ein Umstand, der die Folge einer oftmals verzerrenden und einseitigen Darstellung von offizieller wie medialer Seite in allen Mitgliedstaaten ist und von etlichen europaskeptischen, der Rückkehr zum Nationalstaat verpflichteten Akteuren ausgenutzt wird. Die Europäische Union ist weit davon entfernt, perfekt zu funktionieren. Zu groß sind die Unterschiede zwischen den politischen Systemen und Traditionen, zu groß nationalstaatliche Egoismen, zu gravierend die unterschiedlichen Interessen und Abhängigkeiten. Aber als Projekt, das die im 20. Jahrhundert eindrucksvoll unter Beweis gestellte Unzulänglichkeit des europäischen Nationalstaates kompensiert, verdient die Europäische Union eine fundierte Diskussion.

Dazu will die Reihe *Europa Kompakt* mit Fakten, Zusammenhängen und Hintergrundwissen beitragen und kompetent zusammengestelltes Kompaktwissen anbieten: Jeder Band der Reihe soll bestehendes Wissen vertiefen, mit aktuellen Informationen erweitern und den Leserinnen und Lesern schließlich ermöglichen, eigenständige Bewertungen des Integrationsprozesses zu entwickeln.

Der vorliegende 4. Band der Reihe *Europa Kompakt* gibt Auskunft über die Gemeinsame Außen- und Sicherheitspolitik (GASP) der Europäischen Union. Lange Zeit als ökonomischer Riese, aber außenpolitischer Zwerg bezeichnet, hat sich die Europäische Union in den letzten Jahren zu wichtigen Schritten in Richtung einer gemeinsamen Außenpolitik durchgerungen. Angesichts der divergierenden Interessen der 27 Mitgliedsländer war und ist dies ein mühsamer Prozess. Die Suche nach einer Rolle und einem Platz in der internationalen Politik sowie die Wahrnehmung gemeinsamer Sicherheitsbedürfnisse sind Hauptaufgaben des europäischen Integrationsprozesses. Will dieser weiterhin erfolgreich bewältigt werden, so führt an einer GASP kein Weg vorbei.

Johannes Pollak

Inhalt

Vorwort

Die Gemeinsame Außen- und Sicherheitspolitik (GASP) ist der Themenbereich der europäischen Integration, den ich seit seiner Anfangsphase in den 1990er Jahren beobachtend und analysierend begleite. Waren es zunächst primär systemische Fragen, die in der GASP-Debatte untersucht wurden, so hat sich in der Folgezeit sehr schnell die Multidimensionalität des Themas gezeigt. Sich mit der GASP zu befassen bedeutet zum einen, den Blick auf die EU als System zu richten, und zum anderen, die Rolle der EU in der internationalen Politik zu analysieren. Somit bietet sich ein immer größer und an Facetten reicher werdendes Forschungsfeld, das an Attraktivität gewonnen hat, stetig neue Aspekte hervorbringt und folglich entsprechende Aufmerksamkeit verlangt.

Dieses Buch ist in einem Zeitraum entstanden, in dem sich der europäische Integrationsprozess zunächst durch das Scheitern des Verfassungsvertrags und dann lange Zeit durch die unsichere Zukunft des Vertrags von Lissabon in einer tiefen Reformkrise befand. Immer wieder stellte sich die Frage, ob und wie in solch einer Situation ein Buch zur GASP geschrieben werden soll. Damit verbunden stand die Erwägung, ob es nicht einfacher wäre, bis zu einem Zeitpunkt in der unbestimmten Zukunft abzuwarten, an dem möglicherweise mehr Klarheit bestehen würde. Letztendlich fiel die Entscheidung dafür, das Projekt vor dem Hintergrund der Reformkrise weiterzuführen, und die Fertigstellung erfolgte zeitgleich mit dem Inkrafttreten des Vertrags von Lissabon. Das nun vorliegende Ergebnis soll sowohl als umfassende Beschreibung und Einordnung der GASP wie auch als Ausgangspunkt für weitere Auseinandersetzungen mit dem Thema insgesamt dienen.

Meine Erkenntnisse zur GASP, die sich in diesem Buch wiederfinden, verdanke ich dem Diskurs und der Arbeit mit einer Vielzahl von Kolleginnen und Kollegen, die sich mit Fragen der europäischen Integration befassen. An dieser Stelle seien stellvertretend genannt Thomas Bauer, Janis Emmanouilidis,

Martin Große Hüttmann, Rudolf Hrbek, Arnold Kammel, Elfriede Regelsberger und Reinhardt Rummel. Dank gilt dem Herausgeber der Reihe *Europa Kompakt*, Johannes Pollak, und Sabine Kruse vom Verlag facultas.wuv, die mit großer Gelassenheit die lange Entstehungsphase dieses Buches begleitet hat. Den größten Dank verdient meine Familie für ihre Geduld mit mir, und hierbei danke ich insbesondere meiner Frau Bettina Algieri, die es mir ermöglicht hat, Freiräume zum Schreiben zu finden. Alles, was in diesem Buch Anlass zur Kritik gibt, soll nicht diesen Personen zugeordnet werden, sondern ausschließlich mir. Im Sinne eines andauernden Diskurses können sich daraus mögliche weitere Erkenntnisse zur GASP erschließen lassen.

Franco Algieri

1 Einleitung

Die europäische Integration und damit zusammenhängend die Europäische Union (EU) sind Gegenstand einer Vielzahl von Beobachtungen, Kommentaren und Analysen aus wissenschaftlichen und politischen wie auch journalistischen Perspektiven. Ähnliches trifft auf die einzelnen Politikbereiche der EU zu. Die hierbei erlangten Erkenntnisse können genutzt werden, um die Bestimmung der EU als System und als Akteur weiter zu verfeinern. Damit einher geht die Beobachtung der EU in einem an Komplexität und Verflechtung dichter werdenden globalen System im 21. Jahrhundert. Zwei der essenziellen Themen sind in diesem Zusammenhang „Außenpolitik" und „Sicherheitspolitik". Auf die EU blickend, rückt damit die Gemeinsame Außen- und Sicherheitspolitik (GASP) in den Fokus des Interesses.

Doch wie soll man sich dem Thema GASP annähern, um entsprechende Erkenntnisse zu gewinnen? In der hierzu vorliegenden Literatur finden sich verschiedene Ansätze und Zugänge zum Thema. Grundsätzlich ist es möglich, mittels politikwissenschaftlicher Theorien sowie theoriegeleiteter Ansätze zur Erklärung der europäischen Integration den Bereich der Außen- und Sicherheitspolitik der EU zu erschließen. Die Beschäftigung mit Theorien verhilft dazu, alternative Betrachtungsperspektiven hinsichtlich eines Untersuchungsgegenstands zu gewinnen (Jupille/Caporaso/Checkel 2003). Arthur Benz versteht Theorien als „Instrumente zur Erkenntnisgewinnung" (Benz 1997: 9). Die Nutzung dieser Instrumente ermöglicht es unter anderem, Entwicklungsprozesse, das Verhalten von Akteuren sowie spezifische Merkmale eines Systems zu erklären (Diez/Wiener 2004). Die in einem Bereich der Politikwissenschaft durch theoriegeleitetes Arbeiten gewonnenen Erkenntnisse können auch zu Erkenntnisgewinnen in anderen Bereichen führen. Alex Warleigh macht darauf aufmerksam, dass Erkenntnisse aus dem Bereich der EU-Studien aufgrund der Vielschichtigkeit und Komplexität des

Untersuchungsgegenstands wertvolle Hinweise für Studien zu den Internationalen Beziehungen bieten können (Warleigh 2006).[1]

Die europäische Integration und damit einhergehend das System der EU, einschließlich ihrer Politikfelder, sind zum „Gegenstand von Theorien" (Bieling/Lerch 2006: 12 ff.) sowie von theoriegeleiteten Analyse- und Erklärungsansätzen geworden. Bei der Anwendung von Theorien und theoriegeleiteten Erklärungsansätzen auf den europäischen Integrationsprozess zeigt sich, wie unterschiedlich diese sein können (Pollack 2005). Gleichzeitig wird ersichtlich, dass das Verständnis über diese Theorien und Erklärungsansätze auseinandergeht. Keine der Theorien, keiner der theoriegeleiteten Erklärungsansätze kann als optimal und alleine ausreichend bezeichnet werden. Immer wieder findet sich Kritik an einzelnen oder mehreren Theorien und ihrer begrenzten Aussagekraft hinsichtlich von Teilaspekten eines Untersuchungsgegenstands. Damit einhergehend werden andere Ansätze hervorgehoben, die diese Defizite auflösen sollen.[2] Theorien und theoriegeleitete Erklärungsansätze lassen folglich Fragen offen und können jeweils nur einen Teil des komplexen Untersuchungsgegenstands der europäischen Integration erklären. Hinzu kommt, dass sich Erklärungen unterscheiden können, je nach Theorieblickwinkel. Die theoriegeleitete Analyse der europäischen Integration stellt eine Suche nach einem „optimalen Mix" dar (Wessels 2006: 442–445). Dies bedeutet, dass die strikte Festlegung auf einen Ansatz und die Missachtung anderer als der selbst genutzten Theorien nicht weiterführend ist. Die folgende Übersicht nennt zentrale Theorien und theoriegeleitete Erklärungsansätze, die in der Integrationsforschung Anwendung finden.

Auf die GASP angewandt, kann jede der genannten Theorien genutzt werden. Dennoch finden einige davon deutlich häufiger Anwendung in diesem Politikfeld: Hierzu zählen der Intergouvernementalismus/Liberale Intergouvernementalismus sowie der Institutionalismus. Mit Blick auf die Erklärung der GASP im systemischen Zusammenhang der EU wird häufig auf das Mehrebenensystem bzw. das Modell Multi-level Governance zurückgegriffen. Es gibt Forderungen, wonach in der GASP-Forschung den Governan-

---

1   Exemplarisch zu Theorien der Internationalen Beziehungen siehe Booth/Smith 1995; Doyle/Ikenberry 1997; Neumann/Wæver 1997; Waltz 1979.

2   Beispielsweise sieht Jürgen Neyer im Neofunktionalismus, Intergouvernementalismus und im Mehrebenenansatz Defizite und argumentiert deshalb für die Anwendung einer deliberativen Integrationstheorie, die den Fokus auf gesellschaftliche und demokratische Partizipation in der Integration richtet (Neyer 2007).

Tabelle 1: Theorien und theoriegeleitete Erklärungsansätze
zur europäischen Integration

Theorie/Erklärungsansatz	Literatur
—— Föderalismus	Große Hüttmann/Fischer 2006; Pinder 1986
—— Funktionalismus —— Neo-Funktionalismus	Haas 1970; Schmitter 2004; Wolf 2006
—— Intergouvernementalismus —— Liberaler Intergouvernementalismus	Bieling 2006; Hoffmann 1982; Moravcsik 1993; Schimmelfennig 2004
—— Institutionalismus —— Rational-Choice-Institutionalismus —— Historischer Institutionalismus —— akteurszentrierter Institutionalismus	Immergut 1997; March/Olsen 1984; Pierson 1998; Pollack 2004; Scharpf 2000; Weber 1997
—— Konstruktivismus	Christiansen/Jørgensen/Wiener 1999; Risse 2004; Schwellnus 2006
—— Multi-level Governance —— Mehrebenensystem	Hrbek 1989; Jachtenfuchs/Kohler-Koch 2004; Knodt/ Heinelt 2008; Knodt/Große Hüttmann 2006
—— Feminismus —— Gender	Abels 2006; Hoskyns 2004
—— Fusionsthese	Wessels 1992, 1997

ce-Ansätzen mehr Aufmerksamkeit entgegengebracht werden soll, um ein Übergewicht der staatszentrierten Ansätze auszugleichen (Dembinski/Joachim 2008: 378). Diese Hinweise zu den Theorien und theoriegeleiteten Erklärungsansätzen können genutzt werden, wenn ein entsprechender Zugang zur GASP gesucht wird. In diesem Buch werden Theorien weder in Anwendung auf die GASP hinsichtlich ihrer Erklärungskraft geprüft noch wird die GASP mittels einer oder mehrerer Theorien erklärt.

Die GASP-Forschung kann heute als eines der Schwergewichte im Rahmen der europäischen Integrationsforschung bezeichnet werden, die Zahl entsprechender Analysen nimmt stetig zu. Hierbei können die folgenden Kategorien unterschieden werden:

– die Entwicklung und Funktionsweise der Europäischen Politischen Zusammenarbeit (EPZ);
— die Entwicklung und die Reformetappen der GASP unter besonderer Berücksichtigung des institutionellen Gefüges und der Entscheidungsverfahren von Maastricht bis Lissabon;
— Fallstudien zu Einzelaspekten (beispielsweise zur Rolle der Mitgliedstaaten oder zur Finanzierung der GASP);
— die Europäische Sicherheits- und Verteidigungspolitik (ESVP) als Teil der GASP;
— die EU als internationaler Akteur und die GASP im Kontext globaler Politik;
— europäische Außenpolitik im Lichte von Integrationstheorien und theoriegeleiteten Ansätzen;
— die GASP aus rechtswissenschaftlicher Sicht.

Im Literaturverzeichnis am Ende des Buches spiegelt sich diese Perspektivenvielfalt wider, wobei es sich nicht um eine Gesamterfassung, sondern um einen Ausschnitt entsprechender Arbeiten handelt. Das Interesse an dem Thema zeigt sich auch in zahlreichen Forschungsprojekten und Netzwerken zur europäischen Außenpolitik.[3] Informativ und weiterführend, insbesondere hinsichtlich der offiziellen Dokumente der EU, sind die Websites des Rates[4], der Generaldirektion Außenbeziehungen der Europäischen Kommission[5] und des Europäischen Parlaments[6].

Im Folgenden wird dieses breite analytische und thematische Feld genutzt, um die GASP zu erfassen und zu bewerten. Zu Beginn wird in Kapitel 2 der Blick global ausgerichtet und die Suche nach einem Ordnungssystem im 21. Jahrhundert beschrieben. Daran anschließend werden grundsätzliche Merkmale der europäischen Außenpolitik und der Europäischen Union in Kapitel 3 vorgestellt. Vor dem Hintergrund dieser beiden Kapitel, die einen übergeordneten Ordnungsbezug herstellen, folgt zunächst in Kapitel 4 die Analyse der Europäischen Politischen Zusammenarbeit als Vorläufer der

---

3 Zu nennen ist beispielsweise „FORNET – a European Foreign Policy Research Network", in dessen Zusammenhang der zweimonatliche Newsletter „CFSP Forum: Analysis and Commentary on European Foreign Policy" erscheint. Siehe www.fornet.info/CFSPforum.html.
4 Siehe www.consilium.europa.eu/showPage.aspx?id=1&lang=DE.
5 Siehe http://ec.europa.eu/external_relations/index_en.htm.
6 Siehe www.europarl.europa.eu/news/public/documents_par_theme/903/default_de.htm.

GASP. Dem folgen in Kapitel 5 die vertraglich festgelegten Grundlagen und das institutionelle Regelwerk der GASP.[7] Ebenfalls aus einer an den vertraglichen Regelungen orientierten Perspektive folgt in Kapitel 6 die Darstellung der ESVP als Teil der GASP. In den beiden darauffolgenden Kapiteln wird die globale Ausrichtung europäischer Außen- und Sicherheitspolitik anhand der Europäischen Sicherheitsstrategie (Kapitel 7) und ausgewählter Aspekte der GASP (Kapitel 8) thematisiert. Resümierend wirft Kapitel 9 einige weiterführende Themen zur künftigen Auseinandersetzung mit der GASP auf.

---

[7]   Wenn auf einzelne Artikel des Vertrags über die Europäische Union (EUV) und des Vertrags zur Gründung der Europäischen Gemeinschaft (EGV) Bezug genommen wird, so werden zur Unterscheidung der verschiedenen konsolidierten Fassungen folgende Bezeichnungen genutzt: EUV-M bzw. EGV-M (für die Fassung von Maastricht), EUV-A bzw. EGV-A (für die Fassung von Amsterdam), EUV-N bzw. EGV-N (für die Fassung von Nizza) und EUV-L (für die Fassung von Lissabon).

2 Die globale Nicht-Ordnung im 21. Jahrhundert

Am Ende des ersten Jahrzehnts des 21. Jahrhunderts den Blick zurück bis zum Ende der bipolaren Weltordnung gerichtet, sind eine Reihe bemerkenswerter Ereignisse und Entwicklungen zu konstatieren, die bis heute für die internationale Politik prägend sind. Die fundamentale Veränderung einer bestehenden Ordnungsstruktur stellte in der zweiten Hälfte des 20. Jahrhunderts die Überwindung der bipolaren Weltordnung am Ende der 1980er und zu Beginn der 1990er Jahre dar. Während diese historische Zäsur insbesondere in der westlichen Welt Euphorie und Hoffnung hinsichtlich einer neuen und weniger konfliktträchtigen Ausgestaltung internationaler Beziehungen aufkommen ließ, begann gleichzeitig ein Zustand der Ratlosigkeit, wie eine neue Weltordnung denn nun aussehen solle.

In der ersten Hälfte der 1990er Jahre zeichnete sich ein Ordnungsmodell ab, überschrieben mit dem Begriff „Unipolarität". Die USA wurden hierbei als die einzige Supermacht wahrgenommen. Russland verfügte nicht annähernd über ein Machtpotenzial, wie dies einst für die Sowjetunion kennzeichnend war. Der irakische Einmarsch in Kuwait 1990 und der damit verbundene Golfkrieg, mit dem militärischen Engagement der USA, unterstrichen die andauernde Instabilität der Region und ihre hohe Anfälligkeit für Konflikte. Charles Krauthammers Argumentation beschrieb den Zustand eines „unipolar moment", der darauf basierte, dass nur die USA in der Lage wären, Sicherheit in einem Konfliktgebiet wie der Golfregion oder angesichts der sicherheitspolitischen Herausforderung durch Massenvernichtungswaffen zu bieten. „We are in for abnormal times. Our best hope for safety in such times, as in difficult times past, is in American strength and will – the strength and will to lead a unipolar world, unashamedly laying down the rules of world order and being prepared to enforce them" (Krauthammer 1991: 33).

In Asien setzte eine neue dynamische Phase des ökonomischen Aufstiegs der Volksrepublik (VR) China ein, doch noch blieb der globale Ein-

fluss Chinas begrenzt. In mittelosteuropäischen Staaten vollzogen sich be-
achtliche Transformationsprozesse, während in Südosteuropa der Balkan
durch Desintegration und Krieg gekennzeichnet war. Im bis dahin noch
westeuropäischen Integrationsraum wurde mit der EU und ihrer Gemeinsamen Außen- und Sicherheitspolitik ein politisches Projekt geschaffen, an
das sich hohe Erwartungen knüpften, sowohl hinsichtlich einer zu schaffenden europäischen Ordnungsstruktur wie auch mit Blick auf die Förderung
globaler Stabilität. Eine grundsätzliche und alle Akteure der internationalen
Politik betreffende Frage kristallisierte sich heraus: Gibt es ein Ordnungsmodell, das im Positiven von ebenso hoher Signifikanz sein kann wie einst
die Bipolarität?

Dass eine Antwort auf diese Frage keineswegs rasch gefunden werden
konnte, war klar geworden. Die zweite Hälfte der 1990er Jahre stand im
Zeichen dieser Suche bei gleichzeitigem Aufkommen neuer Herausforderungen. Eine Reihe asiatischer Staaten war von einer Finanzkrise betroffen,
deren Folgen noch bis in das darauffolgende Jahrzehnt anhalten sollten.
Dies war beispielsweise für Japan besonders spürbar. Gleichzeitig verfestigte sich der Aufstieg der VR China zur dominierenden Macht in Asien.
Europa war wieder von einem Krieg gekennzeichnet: Der Kosovo-Krieg von
1999 verlangte von den EU-Mitgliedstaaten eine differenzierte Auseinandersetzung mit dem Thema militärischer Machtausübung im Rahmen der
EU. Die Schaffung der Europäischen Sicherheits- und Verteidigungspolitik
als Teil der GASP bedeutete die Abkehr von der Vorstellung einer EU, die
rein auf ziviler Macht basiert.

Während sich in Europa das junge Integrationsgebilde EU mit den
neuen Politikbereichen zu behaupten hatte, sahen sich die NATO und die
Vereinten Nationen nicht nur mit einer fundamentalen Auseinandersetzung hinsichtlich ihrer Funktion konfrontiert. Für die NATO wurde darüber
hinaus die Frage nach ihrer Berechtigung in einer zu schaffenden neuen
Weltordnung aufgeworfen (Meier-Walser 2005). In einem übergeordneten
Kontext wurden die Rolle und die Zukunft der Vereinten Nationen auf den
Prüfstand gestellt. Trotz anhaltender Kritik erwies sich dieses Forum als al-
ternativlos und flexibel genug, um auf die sich verändernden Bedingungs-
faktoren der internationalen Politik zu reagieren (Sucharipa 1999).

Das erste Jahrzehnt der post-bipolaren Ordnung war angesichts der Suche nach einem Ordnungsmodell gekennzeichnet von neuen, Komplexität
schaffenden Faktoren und struktureller Ratlosigkeit. Dieser Zustand setzte
sich auch im ersten Jahrzehnt des 21. Jahrhunderts fort und verfestigte

sich. Die terroristischen Angriffe vom 11. September 2001 auf die USA und die damit verbundenen Kriege in Afghanistan und dem Irak führten zu einer zusätzlichen Verschärfung konfrontativer Konstellationen. Transnationaler Terrorismus und eine neue Gefährdungslage durch die illegale Weitergabe von Massenvernichtungswaffen wurden zu prägenden Merkmalen der Zeit. Charles Krauthammer griff erneut den Gedanken der Unipolarität auf und verglich den liberalen Internationalismus (d.h. eine auf multilateraler und verrechtlichter Ordnung basierende Struktur) mit einem realistischen Ansatz (d.h. einer auf Machtpolitik basierenden Ordnungsstruktur) und plädierte weiter für eine von den USA kontrollierte unipolare Ordnung: „I would argue that unipolarity, managed benignly, is far more likely to keep the peace" (Krauthammer 2002/2003: 14). Dem realistischen Ansatz verbunden, argumentierte er für einen Einsatz amerikanischer Macht im Interesse anderer Staaten. Ein neuer Unilateralismus zur Aufrechterhaltung der Stabilität des internationalen Systems, mittels der Förderung und gegebenenfalls Durchsetzung einer friedlichen Ordnung, werde eine Ära der Unipolarität kennzeichnen: „The unipolar moment has become the unipolar era" (Krauthammer 2002/2003: 17).

Die transatlantischen Beziehungen wurden auf den Prüfstand gestellt und die Mitgliedstaaten der EU waren hinsichtlich ihrer Positionierung gegenüber der außenpolitischen Strategie der USA unter Präsident George W. Bush gespalten. Der europäische Integrationsprozess war infolge einer umfassenden Erweiterung auf 15 und dann 27 Mitgliedstaaten und gleichzeitig unzureichender institutioneller Vertiefung in eine fundamentale Reformkrise geraten. Im Fall der NATO setzte sich, trotz ihrer Erweiterung und geografischen Ausdehnung, die kritische Infragestellung der Allianz fort. Die Staaten Asiens konnten schrittweise die Folgen der Finanzkrise überwinden und der Einfluss der VR China, nicht nur als regionale, sondern auch als globale Macht, nahm weiter zu. Die Fragilität weiter Teile Afrikas forderte von der westlichen Welt eine neue Hinwendung zu dem bisweilen vernachlässigten Kontinent.

Für Samuel Huntington manifestierte sich zu Beginn des 21. Jahrhunderts in den durch die Globalisierung ausgelösten „Identitätskrisen, Autoritätskrisen und demographischen Krisen [...] das Ende des Staatensystems, das aus dem Westfälischen Frieden hervorgegangen ist", und er leitete daraus die Frage ab, welche Art von System an dessen Stelle treten solle (Huntington 2000: 9). Er verwies auf eine „Ära der Konföderationen in den verschiedensten Spielarten", die zu einer Verringerung von Gewalt führen könnten:

„Am Beginn des 21. Jahrhunderts existiert durch ethnische und andere Gemeinschaften motivierte Gewalt auf allen Kontinenten. Die Verringerung und Eindämmung dieser Gewalt kann durchaus davon abhängen, in welchem Umfang unser altes Staatensystem durch neue Konföderationen ersetzt wird, bei denen die zentralisierte Souveränität, wie sie im Staatsmodell des Westfälischen Friedens verankert ist, auf viele verschiedene Arten und Ebenen politischer Einheiten verteilt wird" (Huntington 2000: 10).

Gegen Ende des ersten Jahrzehnts des 21. Jahrhunderts zeigen sich alte und neue Merkmale der post-bipolaren Zeitphase (siehe hierzu exemplarisch Grant 2009a; Hacke 2009; James 2009). Als Beispiele für ein umfassendes Verständnis von Sicherheit können die folgenden Entwicklungen genannt werden: Im Zuge der globalen Finanz- und Wirtschaftskrise 2008/2009 ergeben sich neue Fragen geostrategischer Relevanz. Strukturelle und ökonomische Schwächen der USA und anderer westlicher Staaten wirken sich auf die ordnungspolitische Debatte aus. Sollte eine Verschiebung wirtschaftlicher Macht von Europa und den USA nach Asien eintreten, wird damit einhergehend eine politische Neugewichtung in den internationalen Beziehungen unausweichlich. Klima- und Energiepolitik haben auf den Agenden von Staaten, internationalen Organisationen und Nichtregierungsorganisationen zentrale Positionen eingenommen. An die Stelle von ideologischen Konflikten treten Konflikte um Ressourcen zur Sicherung der Energieversorgung. Der Besitz von bzw. der Zugang zu Energieressourcen verändert Machtkonstellationen in den internationalen Beziehungen.

Ein an Relevanz gewinnender Aspekt globaler Entwicklungen ist die Demografie. Demografische Entwicklungen in den verschiedenen Regionen der Welt sind nicht nur hinsichtlich ihrer Ursachen für einzelne Staaten und Systeme zu betrachten. In einem größeren Zusammenhang sind mit demografischen Wandlungsprozessen geostrategische Implikationen verbunden. Das Szenario eines Krieges zwischen den USA und Russland oder der VR China sieht Christian Leuprecht durch die demografischen Veränderungen und die damit verbundenen sicherheitspolitischen Implikationen für diese Staaten als zunehmend unwahrscheinlich (Leuprecht forthcoming). Es bedarf jedoch keines Eskalationsszenarios, um die sicherheitspolitische Bedeutung der Demografie zu erfassen. In einer Studie des Center for Strategic and International Studies werden unter anderem folgende Charakteristika des demografischen Wandels genannt (Jackson/Howe 2008: 185–197):

— In den entwickelten Ländern der Welt wird ein bislang einzigartiger demografischer Wandel nachhaltige ökonomische, gesellschaftliche und politische Auswirkungen haben und kann die bisherige Bedeutung der USA und ihrer traditionellen Partner als Akteure zur Aufrechterhaltung von Sicherheit einschränken. Hierbei ist zu berücksichtigen, dass die USA einen Wachstumstrend und ihre Partner einen Rückgang der Bevölkerungszahlen verzeichnen werden.

— Infolge der zurückgehenden Bevölkerungszahl in den entwickelten Ländern wird sich deren Wirtschaftswachstum schrittweise reduzieren und damit einhergehend ihr globaler Einfluss.

— Viele afrikanische Länder südlich der Sahara und Länder in der moslemischen Welt werden bis 2030 eine große Zunahme der jungen Bevölkerung verzeichnen. Damit verbunden sind ökonomische und gesellschaftliche Herausforderungen für die jeweiligen Systeme.

— Wenn die VR China im zweiten Jahrzehnt des 21. Jahrhunderts die USA als größte globale Wirtschaftsmacht abgelöst haben sollte, wird China gleichzeitig mit einer hohen Zahl alter Menschen und den damit verbundenen Versorgungsfragen konfrontiert sein.

Für bislang bestimmende Akteure der internationalen Politik können sich aus den Veränderungen des internationalen Umfelds weitreichende Konsequenzen ergeben. Die USA werden weiterhin (noch) als führende Macht verstanden, die über diplomatische, wirtschaftliche sowie militärische Kapazitäten verfügt, die internationale Kooperation entscheidend zu beeinflussen. Auch wird die Aufrechterhaltung internationaler Stabilität weiterhin in einen engen Zusammenhang mit amerikanischer Ordnungsmacht gesetzt. Doch es sind auch einschränkende Faktoren festzustellen: Ein wieder erstarkendes Wirtschaftswachstum in der VR China und in Indien kann zu einem Rückgang der ökonomischen Macht der USA führen. Des Weiteren schwindet die Attraktivität des Westens und speziell der USA als Förderer von Demokratie und Frieden, insbesondere in der Wahrnehmung weniger entwickelter Länder. Außerdem wird in einer Konstellation transnationaler Gefährdungen die Wirkung einer unipolaren, auf die Führungsrolle der USA zentrierten Strategie in Frage gestellt.[1] Krauthammer hatte für die unipolare Ordnung durchaus Herausforderungen gesehen, hierbei lag für ihn eine mögliche Ursache für die Schwächung der amerikanischen Vormachtstellung jedoch

1 Zur zeitlichen Begrenzung von Unipolarität siehe Layne 2006.

in den USA selbst, d. h. in den Unwägbarkeiten der künftigen Ausrichtung der Politik Washingtons.

Mit Blick auf die Europäische Union steht die Reformstagnation in ursächlichem Zusammenhang mit dem Verlust internationaler Gestaltungsmöglichkeiten. Die Diskrepanz außenpolitischer Interessen der Mitgliedstaaten sowie die Beschränkungen im Bereich der GASP und der ESVP bleiben bestehen, was wiederum Konsequenzen für die Beziehungen der EU zu anderen globalen Akteuren hat. Für die EU wie auch andere globale Akteure – von zunehmendem Interesse sind die sogenannten BRIC (Brasilien, Russland, Indien, China) – ist die Kooperation mit multilateralen Organisationen und Institutionen unausweichlich geworden. Damit einhergehend sind sie für die Reform- und Zukunftsdebatte dieser Arenen mitverantwortlich. In diesem Zusammenhang ist zu beachten, dass nichtstaatliche Organisationen mehr Einfluss auf multilaterale Einrichtungen und nationale Regierungen gewinnen. In einer Zeit, in der Lokales globalisiert ist (Friedman 2006: 610–621) und Kriege entstaatlicht und asymmetrisch sind (Münkler 2002), taucht die Frage auf, ob die Suche nach einer neuen Weltordnung der Suche nach einer Vision gleichkommt (Emmot 2003).

Vor dem Hintergrund dieser Gemengelage ist die Debatte zum Multilateralismus (siehe Kapitel 8.1.1) und zur Multipolarität zu sehen. Die Beschäftigung mit der Multipolarität war in den außenpolitischen Überlegungen der USA und der EU lange Zeit keineswegs ähnlich deutlich erkennbar wie beispielsweise in der Außenpolitik der VR China. Am Ende des ersten Jahrzehnts des 21. Jahrhunderts kann jedoch eine intensive Auseinandersetzung mit dem Thema festgestellt werden. Aus amerikanischer Perspektive wird in einer multipolaren Ordnung, geprägt von Staaten und nichtstaatlichen Akteuren, mit einem Machtverlust der USA gerechnet, doch gleichzeitig sollen die USA gegenüber anderen Mächten eine herausgehobene Stellung haben: „The United States will have a greater impact on how the international system evolves over the next 15–20 years than any other international actor, but will have less power in a multipolar world than it has enjoyed for many decades. [...] A world of relatively few conflicts with other major powers would smooth the way toward development of a multipolar system in which the US is ‚first' among equals. In the end, events will shape the parameters of US foreign policy" (National Intelligence Council 2008: 93). Die Rolle von Europa wird eher skeptisch betrachtet und insbesondere im sicherheitspolitischen Bereich sieht der National Intelligence Council nur eine begrenzte globale Reichweite europäischer Politik:

„Europe will face difficult domestic challenges that *could* constrain its ability to play a larger global role, especially in the security realm" (National Intelligence Council 2008: 94).

Es ist noch unklar, wie genau ein multipolares System letztendlich gekennzeichnet sein könnte. In der europäischen Debatte um die Rolle der EU in einer multipolaren Welt findet sich hierzu kein Konsens. Ein globales Ordnungsmodell, das durch eine konfrontative Polarität gekennzeichnet wäre, wird abgelehnt. Ein multipolares System, in dem jedoch das Prinzip des Multilateralismus vorherrscht, könnte die Unterstützung der EU finden (Grant/Valasek 2007: 3). In diesem Kontext sind konzeptionelle Überlegungen zu sehen, die eine Verbindung von Multilateralismus und Multipolarität herstellen. Die Multilateralisierung der Multipolarität („multilateralising multipolarity", Vasconcelos 2009c: 18) ist eine neue Beschreibung für ein bereits länger bekanntes Handlungsprinzip: Globale und wichtige regionale Akteure werden in einem strategischen Kooperationsrahmen zusammengeführt, um gemeinsam zu handeln. Giovanni Grevi nutzt die Bezeichnung „interpolare Welt" und stellt damit eine begriffliche Verbindung von Interdependenz und Multipolarität her: „Interpolarity [...] captures the shifting balance of power and the ensuing geopolitical tensions while highlighting the fact that the prosperity and security of all the major powers are interconnected as never before" (Grevi 2009: 9). In diesem Modell wird einer potenziellen Konfrontation großer Mächte, wie sie aus einer rein multipolaren Ordnung resultieren könnte, durch die Kooperation in einem multilateralen Rahmen entgegengewirkt. Kooperation in einer multipolaren und gleichzeitig stark interdependenten Situation wird als „strategisches Interesse" der wichtigsten Mächte gesehen. Grevi beschreibt die EU als Akteur, dessen Politiken und Instrumente ein interpolares Modell fördern. Doch einschränkend verweist er darauf, dass dies zu erreichen dadurch erschwert wird, dass die EU eine Phase der Schwäche durchläuft.

Ob multipolar oder interpolar, für Robert Kagan bleiben Staaten die starken und bestimmenden Akteure der internationalen Politik. Der Europäischen Union spricht er die Fähigkeit ab, Macht zu projizieren: „The future of international order will be shaped by those who have the power to shape it. The leaders of a post-American world will not meet in Brussels but in Beijing, Moscow, and Washington" (Kagan 2007: 4). In diesem Sinne wird auch die ideelle Dimension eines Integrationsraums negiert: „International order does not rest on ideas and institutions. It is shaped by configurations of power" (Kagan 2007: 6).

Abschließend bleibt festzuhalten, dass weder die ordnungspolitische Konzeption der USA noch jene der EU als universal anerkannt gelten, keine hat sich bislang als geeignet erwiesen, den Herausforderungen eines fehlenden Ordnungsmodells im 21. Jahrhundert umfassend zu begegnen (Smith 2007: 454f.). In diesem Zustand mangelnder Orientierungspunkte hat Richard Haass vor den Gefahren einer nichtpolaren Unordnung gewarnt: „The increasingly nonpolar world will have mostly negative consequences for the United States – and for much of the rest of the world as well" (Haass 2008: 51). Die unterschiedlichen Akteure, die auf die Entwicklung der Welt im 21. Jahrhundert Einfluss nehmen, können ihre Interessen und Strategien nicht ohne die Berücksichtigung der Interessenlagen des jeweils anderen umsetzen. Die Flucht in „Begrifflichkeitsakrobatik", d.h. die Schaffung neuer beschreibender Termini für häufig längst bekannte Zusammenhänge, führt zu keiner Überwindung der globalen Nicht-Ordnung. Auf die EU bezogen kann argumentiert werden, dass es sich die in diesem Integrationsprojekt zusammentreffenden Staaten nicht leisten können, alte und neue Weltmächte in ihrer Bedeutung als Kooperationspartner der EU unterschiedlich zu gewichten und mit einigen, deren jeweiliges Ordnungsmodell in manchen Bereichen nicht den Werten der Union entspricht, nicht zu kooperieren.

Weiterführende Literatur

Friedman, Th. L. (2006). *Die Welt ist flach. Eine kurze Geschichte des 21. Jahrhunderts*, Frankfurt/Main.

Grevi, G. (2009). *The interpolar world. A new scenario*, ISS Occasional Paper 79, June.

Haass, R. N. (2008). "The age of nonpolarity. What will follow U.S. dominance", in: *Foreign Affairs*, May/June, 44–56.

Krauthammer, C. (2002/2003). "The unipolar moment revisited", in: *The National Interest*, Winter 2002/2003, 5–17.

3 Bestimmungsmerkmale europäischer Außenpolitik und der Europäischen Union

Die Auseinandersetzung mit der GASP verlangt es, Klarheit darüber zu haben, wie Begrifflichkeiten verstanden werden und wo die EU, mit Blick auf die Vielschichtigkeit von Akteuren und Institutionen, im globalen Kontext verortet wird. So wird im Folgenden zunächst der Begriff „europäische Außenpolitik" bestimmt, um dann die EU als Ebenenmodell zu definieren und dieses dann in einen internationalen Bezugsrahmen einzuordnen.

3.1 Begriffsbestimmung „europäische Außenpolitik"

Der Begriff „Gemeinsame Außen- und Sicherheitspolitik" ist eng verknüpft mit dem allgemeiner gefassten Begriff „europäische Außenpolitik". Letzterer kann jedoch nicht ausschließlich auf die GASP bezogen werden. Vielmehr hat er eine umfassende und das nach außen gerichtete Handeln der EG und EU erfassende Bedeutung. Mit Blick auf die Beziehungen zu Staaten, Regionen oder Organisationen, die nicht der Gemeinschaft bzw. der Union angehören, wird der Begriff „Außenbeziehungen der EU" genutzt. Als „Hauptkomponenten der auswärtigen Aktivitäten der EU" (KOM(2000) 212 endgültig: 4) nennt die Europäische Kommission die außenwirtschaftlichen Beziehungen (einschließlich Handel und Investitionen), die entwicklungspolitische Zusammenarbeit und die außenpolitischen Beziehungen.

Grundsätzlich ist zu beachten, dass es sich bei der EG und der EU um zwei getrennte Völkerrechtssubjekte mit unterschiedlichen Möglichkeiten hinsichtlich des Einsatzes von vorhandenen Instrumenten und Fähigkeiten in den Außenbeziehungen handelt. Entsprechend dem Vertragswerk von Nizza besitzt die Gemeinschaft Rechtspersönlichkeit (Art. 281 EGV-N), die Union hingegen nicht. Mit dem Vertrag von Lissabon erhält nun die EU Rechtspersönlichkeit (Art. 47 EUV-L).

Diese Unterscheidung der formalen Kompetenzzuordnung hinsichtlich der EG und der EU ist nicht nur deshalb zu berücksichtigen, um das Handeln nationaler und supranationaler Akteure in den Außenbeziehungen zu erfassen. Darüber hinaus ergeben sich hieraus weiter reichende Effekte für das Gesamtbild europäischer Außenpolitik. In diesem Zusammenhang ist zu bedenken, dass bereits vor der Existenz der EU die Trennung in EG einerseits und EPZ andererseits bestand. Für David Allen und Michael Smith ergab sich hieraus eine multidimensionale europäische Präsenz in den internationalen Beziehungen (Allen/Smith 1990: 21). Diese Multidimensionalität wird zu einem wesentlichen Teil durch die Politikbereiche geprägt, die sich aus dem Gemeinschaftsrahmen ergeben. Der Entwicklungspfad der europäischen Integration war bis in die 1990er Jahre von einer Ungleichzeitigkeit und einem Ungleichgewicht der wirtschaftlichen und politischen Integration gekennzeichnet. Die Herausbildung des gemeinsamen außen- und sicherheitspolitischen Profils europäischer Außenpolitik ist hingegen ein vergleichsweise junger Prozess. Für manchen Beobachter liegt der Kern europäischer Außenpolitik in der Außenwirtschaftspolitik der Gemeinschaft: „[...] the ‚true world' of EU foreign policy is to be found more plausibly in the world of political economy and its European expressions than in the development of ‚high politics'" (Smith, M. 1998: 83). Kennzeichen der handels- und wirtschaftspolitischen Dimension europäischer Außenpolitik sind für Michael Smith drei zentrale Aspekte: 1. eine ausgehandelte Ordnung, 2. die Herstellung der Fähigkeit zu kollektivem Handeln und 3. die Ausübung von „soft power" (Smith, M. 1998: 70). Er leitet hieraus ab, dass die EU durch die EG ein wachsendes Potenzial für strategisches Handeln entwickelt und die Gemeinschaft zum handelnden Vermittler für die EU wird. David Allen argumentiert ähnlich, auch er betont die Bedeutung des Gemeinschaftspotenzials für die Bestimmung des internationalen Gewichts der EU (Allen 1998: 42–58).

Vor diesem Hintergrund ist der Begriff „europäische Außenpolitik" einem umfassenden Verständnis folgend zu definieren. „Außenpolitik", losgelöst vom Attribut „europäisch", wird von Christopher Hill als die Summe aller offiziellen Außenbeziehungen verstanden, die von einem unabhängigen Akteur in den internationalen Beziehungen unterhalten werden (Hill 2003a: 3): „the sum of official external relations conducted by an independent actor (usually a state) in international relations. The phrase ‚an independent actor' enables the inclusion of phenomena such as the European Union; external relations are ‚official' to allow the inclusion of outputs from all parts of the governing mechanisms of the state or enterprise while also maintaining parsimony with respect to the vast number of international transactions now being conducted; policy is the ‚sum' of these official relations because otherwise every particular action could be seen as a separate foreign policy – whereas actors usually seek some degree of coherence towards the outside world. Lastly, the policy is ‚foreign' because the world is still more separated into distinctive communities than it is a single, homogenizing entity. These communities therefore need strategies for coping with foreigners (or strangers) in their various aspect."

Des Weiteren beschreibt Außenpolitik das gemeinsame Umgehen (*collective coping*) mit dem internationalen Umfeld (Hill 2003b: 238f.): „Foreign policy is far from the only way in which a given community copes with the outside world, but it is the principle way in which *collective coping* takes place. Collective coping with the international environment is, indeed, a useful shorthand definition of foreign policy, and one which enables us to include the broad sweep of official activity, not just that conducted by diplomats and foreign ministries." Ein derartiges gemeinsames Umgehen mit der Beschaffenheit von Akteuren und Entwicklungen außerhalb des europäischen Integrationsraums kennzeichnet europäische Außenpolitik. Für Hill stellt Außenpolitik ein zweckgerichtetes Handeln dar, das die Anliegen einer Gemeinschaft fördern soll, auch wenn dies nicht immer gelingt. Dabei kann es sich um Partikularinteressen handeln, aber auch um Interessen, die sich aus dem größeren Umfeld, in dem sich die Gemeinschaft befindet, ergeben. Entsprechend stellt die europäische Außenpolitik ein interessengeleitetes Handeln dar, um die Präferenzen der EU und ihrer Mitgliedstaaten durchzusetzen. Dieses Handeln wird von mehreren, in Wechselwirkung zueinander stehenden Faktoren beeinflusst (Hill 2003a: 52): erstens von der internationalen Positionierung des Akteurs und seines inneren politischen Kontextes. Zweitens von der bestehenden Problemlage einerseits und der Art des angewandten Entscheidungsprozesses, mittels dessen dieses Problem gelöst werden soll, andererseits. Haben die an der europäischen Außenpolitik beteiligten Akteure ihre Interessen hinsichtlich einer gemeinsam zu gestaltenden Politik bestimmt, können die Ziele dieser Politik festgelegt werden. Daraufhin ist zu vereinbaren, wie diese Ziele erreicht werden sollen.

David Allen versteht Außenpolitik als einen Entwicklungsprozess, in dessen Verlauf die nach außen gerichteten Aktivitäten des Akteurs entworfen, geregelt und kontrolliert werden, damit vereinbarte Ziele geschützt und weitergeführt werden können (Allen 1998: 44). Zum Schutz der vereinbarten Ziele und deren Weiterführung muss der Akteur EU auf bestimmte Fähigkeiten zurückgreifen können. Zu diesen zählt Hill die konventionellen Instrumente der Außenpolitik (wie beispielsweise Diplomatie, das Anbieten von ökonomischen Vorteilen oder die Androhung und Durchführung restriktiver Maßnahmen) ebenso wie die Fähigkeiten, die sich beispielsweise aufgrund des Reichtums, der verfügbaren Technologien, des Humankapitals wie auch der politischen Stabilität ergeben (Hill 1998). Die EU verfügt über solche Fähigkeiten, wenngleich diese nicht in jedem Fall gleichermaßen entwickelt sind. Insgesamt betrachtet, sieht Hill drei verschiedene Formen der Handlungsmotive, denen europäische Außenpolitik folgt. Diese umfassen erstens die eigenen, auf supranationaler Ebene institutionalisierten Ziele, zweitens die Interessenlagen der einzelnen Mitgliedstaaten und drittens die für die internationale Politik im Weiteren bestimmenden Elemente (Hill 2008: 13).

Europäische Außenpolitik ist vor diesem Hintergrund zum einen bezüglich der genannten Merkmale von Außenpolitik zu verstehen. Zum anderen ist sie in den spezifischen systemischen Kontext der EG/EU und deren Außenbeziehungen einzuordnen. Der Begriff „europäische Außenpolitik" steht im Folgenden synonym für Außenpolitik der EG/EU. Die GASP bildet einen Teil der europäischen Außenpolitik.

3.2 Die EU als verflochtenes Mehrebenensystem

Wird europäische Außenpolitik im beschriebenen Sinne verstanden, dann muss auch Verständnis darüber hergestellt werden, welche systemische Besonderheit die EU aufweist und weshalb die Auseinandersetzung mit europäischer Außenpolitik nicht gleichzusetzen ist mit der Analyse der Außenpolitik eines Staates. Vor dem Hintergrund des Maastrichter Vertrags befasste sich das deutsche Bundesverfassungsgericht mit dem neuen Gebilde EU. In seinem Maastricht-Urteil von 1993 stellte das Bundesverfassungsgericht fest, dass der Unionsvertrag „einen Staatenverbund zur Verwirklichung einer immer engeren Union der – staatlich organisierten – Völker Europas" begründet, jedoch „keinen sich auf ein europäisches Staatsvolk stützenden Staat" (Bundesverfassungsgericht 1993). Aus einer historisch geleiteten Betrachtung erkennt Wolfgang Reinhard in der EU ebenfalls

keinen Staat, vielmehr verbindet er mit ihr „eine politische Organisationsform des nachstaatlichen Zeitalters" (Reinhard 1999: 534).

Grundsätzlich ist für diese spezifische politische Organisationsform zu
erkennen, dass für die Formulierung von Interessen, für die Entscheidung
über gemeinsame Handlungsinstrumente und -formen sowie für die Ausgestaltung der Politiken unterschiedliche Ebenen zu beachten sind. Daraus
ergeben sich nicht nur entsprechende Konsequenzen für die Außen- und
Sicherheitspolitik, sondern dies betrifft auch die unterschiedlichsten Politikfelder der EU (Knodt/Heinelt 2008). Zu beachten sind die supranationale, die nationale und die subnationale Ebene. In solch einem Mehrebenensystem bestehen zwischen unterschiedlichen Akteuren Interdependenzen und Kooperationsbeziehungen in horizontaler und vertikaler Richtung.
Horizontal bezieht sich dies auf supranationaler Ebene auf die Organe und
Institutionen der EU und auf nationaler Ebene auf die Mitgliedstaaten.
Vertikal sind die Akteursbeziehungen zwischen der supranationalen, der
nationalen und der subnationalen Ebene betroffen. Diese systemische Besonderheit ist nicht erst durch die EU geschaffen worden, sie war bereits
prägend für die EG und wurde von Rudolf Hrbek als ein Verflechtungssys-
tem definiert, dem die folgenden Merkmale zugeordnet werden können
(Hrbek 1989: 102):

—— die „enge Verbindung und gegenseitige Durchdringung verschiedener
   Ebenen,
—— …[eine] für immer mehr Politikbereiche geltende gegenseitige Abhängigkeit und Durchdringung,
—— … eine spezifische Kompetenzverteilung zwischen der EG und ihren
   Mitgliedstaaten, die durch mehr und mehr Überlappung und Bünde-
   lung gekennzeichnet ist,
—— … eine institutionelle Struktur und Entscheidungsprozeduren und -pro-
   zesse zur Problembearbeitung, die durch Verschränkung von Akteuren
   gekennzeichnet sind und durch Konkordanzgebot und Konsenszwang
   geprägt werden,
—— … die mehrfache Verantwortung politischer Akteure: für die Gemeinschaft sowie für das nationale und gegebenenfalls auch noch das ‚regionale' politische System".

Mit fortschreitender Entwicklung der „Mehrebenen- und Verflechtungs-
Struktur der EU" (Hrbek 1998: 35) kam es zu einer zunehmenden Europäi-

sierung nationaler Akteure und Institutionen. Wolfgang Wessels verweist auf eine „Fusion" öffentlicher Instrumente verschiedener staatlicher Ebenen in Verbindung mit einer zunehmenden Europäisierung nationaler Akteure und Institutionen (Wessels 1992, 1997). Durch die Entstehung sowie stetige Kompetenz- und Machterweiterung supranationaler Einrichtungen verändern sich die Formen der Entscheidungsfindung und die Interessenbestimmung der einzelnen Akteure. Gesellschaftliche und politische Akteure treten, Heinrich Schneider folgend, „in direkten oder indirekten Interessenbezug zu den neuen politischen Instanzen, und dies kann zur Herausbildung von Interessenverknüpfungen führen, aus denen dann eine Art politischer Systembildung resultiert, was wiederum integrationsförderliche Folgewirkungen haben mag" (Schneider 1992: 8).

Unter Governance als weitem Begriff versteht Arthur Benz (Benz 2008: 36) „Koordinations- beziehungsweise Ordnungsformen, die sich durch spezifische Zusammenhänge von Strukturen und Prozessen sowie die darin angelegten Mechanismen des kollektiven Handelns beschreiben lassen. [...] Die Funktionsweise und Dynamik von Governance-Formen resultiert [...] aus dem Zusammenwirken von Institutionen und Interaktionen. Institutionen binden das Handeln der Akteure an Regeln und prägen dadurch die spezifischen Interaktionsformen. Sie bilden aber auch den Rahmen, in dem Governance-Formen entstehen und sich verändern." William Wallace macht darauf aufmerksam, dass durch einen andauernden multilateralen Austauschprozess die EU zu einem kollektiven Governance-System („collective governance system") wird, in dem die Akteure ihre Präferenzen in einem gemeinsamen Diskurs entwickeln und danach suchen, welcher Art ein zu findender Konsens sein kann (Wallace 2000: 526). Die Diskursbildung im verflochtenen Mehrebenensystem wird dadurch gefördert, dass dort „eine institutionelle Struktur und Entscheidungsprozeduren und -prozesse zur Problembearbeitung" vorzufinden sind (Hrbek 1989: 102).

Im Zuge einer solchen Systembildung findet auch eine Europäisierung von nationaler Außenpolitik statt. Wenn in diesem Zusammenhang auf eine Souveränitätsübertragung von der nationalen auf die supranationale Ebene hingewiesen wird, so muss hierbei differenziert werden. Während beispielsweise im Bereich der Handelspolitik eine weitreichende Souveränitätsübertragung von der nationalen auf die supranationale Ebene stattgefunden hat, trifft dies für die Sicherheits- und Verteidigungspolitik bislang hingegen nicht zu. Ole Wæver betont die Missverständlichkeit hinsichtlich des Verständnisses von Souveränitätsübertragung. So sieht er im Bereich der Sicherheitspolitik eine kollektive Umdefinierung dessen, worüber ein Staat alleinige Kontrolle beanspruchen kann, und dessen, was nicht länger beansprucht wird. Die Staaten als solche bleiben als sicherheitspolitische Akteure dennoch souverän. Folglich besteht keine Souveränitätsübertragung von der nationalen auf die supranationale Ebene, sondern Staaten definieren die Bedeutung und besonders die Ausdehnung von Souveränität um (Wæver 1996: 117).

Die Entwicklung der GASP vollzieht sich also in einem durch zunehmende Komplexität gekennzeichneten, verflochtenen Mehrebenensystem, in dem die Interessenlagen der darin eingebundenen Akteure sich gegenseitig beeinflussen. In diesem System werden gemeinsame Interessen bestimmt und Handlungsressourcen zusammengefügt, um den Anforderungen der internationalen Politik gerecht zu werden. Michael Smith beschreibt eine ständige Anpassung von staatlichen Politikbereichen und nationalen Präferenzen in Form eines komplexen Verhandlungsprozesses an das institutionelle Gefüge der EU (Smith 1994: 291). Dieser Anpassungsprozess ist jedoch im Bereich der Außen- und Sicherheitspolitik häufig nicht frei von Konflikten. Deshalb erweist es sich als schwierig, eine Übereinstimmung zwischen den Akteuren – insbesondere zwischen den Mitgliedstaaten – zu erreichen. Hieraus resultiert eine andauernde Schwächung des Politikbereichs. Christopher Hill zeigt die Bedeutung von zentripetalen und zentrifugalen Kräften beim Zustandekommen von Außenpolitik auf (Hill 1997: 86). Auf die GASP übertragen können integrationsförderliche wie auch integrationshemmende Kräfte festgestellt werden.

3.3 Die EU in einem globalen Ebenenmodell

Wenn die EU als komplexes und verflochtenes Mehrebenensystem verstanden wird, dann ist dieses System wiederum in einen größeren Bezugsrahmen einzuordnen. Letzterer kann in die folgenden unterschiedlichen Ebenen eingeteilt werden (Buzan/Little 2000: 68–72; Buzan/Wæver/de Wilde 1998: 5 ff.):

—— Internationale Systeme („international systems") sind die umfassendsten und größten Zusammenballungen interaktiver und interdependenter Einheiten, die keine Systemebene über sich haben.

—— Internationale Subsysteme („international subsystems") sind Gruppen von Einheiten im internationalen System, die vom gesamten System durch ihre spezifische Art oder Intensität der Interaktionen beziehungsweise der Interdependenz mit anderen unterschieden werden können. Diese Subsysteme können territorial zusammenhängend (in diesem Fall handelt es sich um regionale Systeme) oder nicht zusammenhängend sein.

—— Einheiten („units") bezeichnen Akteure, die sich aus verschiedenen Subgruppierungen, Organisationen, Gemeinschaften und Individuen zusammensetzen und über ausreichende Unabhängigkeit und Kohäsion als Akteur verfügen, um sich von anderen Akteuren zu unterscheiden und sich auf höherer Ebene zu positionieren (beispielsweise Staaten, Nationen, transnationale Unternehmen).

—— Untereinheiten („sub-units") sind organisierte Gruppen von Individuen innerhalb von Einheiten, denen es möglich ist, das Verhalten der Einheit zu beeinflussen (beispielsweise Bürokratien, Interessengruppen).

—— Individuen bilden die unterste Ebene.

Ebenen dienen aber lediglich als Ordnungskriterien, um Akteure in einem Interaktionsverhältnis zu lokalisieren. Für die Erklärung, wie das Verhalten von Akteuren zustande kommt, ist deren Lokalisierung auf der jeweiligen Ebene zwar hilfreich, aber keineswegs ausreichend. Der Blick auf die Ebenen ermöglicht es, im ontologischen Sinne zu verstehen, wo etwas geschieht (Buzan/Wæver/de Wilde 1998: 5). In diesem Sinne ist für die Analyse und Bewertung der GASP festzustellen, dass diese ein Politikfeld in einem Mehrebenensystem bildet, welches wiederum, auf der Ebene der internationalen Untersysteme, Teil eines in Ebenen eingeteilten globalen Modells ist.

Übersicht 1: Die EU als Mehrebenensystem im internationalen System

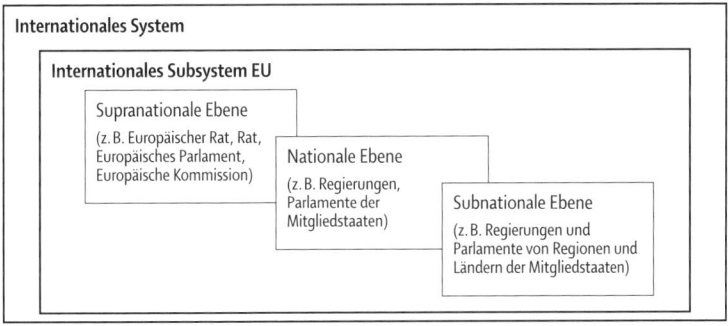

Weiterführende Literatur

Buzan, B./Little, R. (2000). *International systems in world history. Remaking the study of international relations*, Oxford.

Hill, Ch. (2003 a). *The changing politics of foreign policy*, Houndmills.

Knodt M./Heinelt, H. (Hg.) (2008). *Politikfelder im EU-Mehrebenensystem. Instrumente und Strategien europäischen Regierens*, Baden-Baden.

4 Die Europäische Politische Zusammenarbeit (EPZ)

Die GASP in ihrer Komplexität zu erfassen, die Stärken und Schwächen ihrer Institutionen und Verfahren nachzuvollziehen sowie die Interessen der beteiligten Akteure einzuordnen setzt voraus, den Blick zurück in die Zeit vor der GASP zu richten. In Kenntnis der außenpolitischen Koordination der EG-Mitgliedstaaten im Rahmen der Europäischen Politischen Zusammenarbeit (EPZ) lassen sich nicht nur spezifische, die GASP prägende Merkmale besser nachvollziehen, sondern dies ermöglicht auch, Vorschläge für die Reform der GASP abzuleiten.

4.1 Konzeptionelle Etappen der EPZ in den 1970er Jahren

Bereits in der Anfangsphase des westeuropäischen Integrationsprozesses wurden Versuche unternommen, die politische Dimension der Integration zu stärken und zu vertiefen. Damit einher gingen Überlegungen zur engeren Zusammenarbeit der Mitgliedstaaten der Gemeinschaft im Bereich der Außenpolitik. Im Entwurf zu einem Vertrag über die Satzung der Europäischen Politischen Gemeinschaft (EPG), der am 10. März 1953 von den EGKS-Staaten verabschiedet wurde, war die Koordinierung der Außenpolitiken der Mitgliedstaaten als eines der zu erreichenden Ziele genannt. Dieses Projekt wurde jedoch, ebenso wie die Europäische Verteidigungsgemeinschaft (EVG), im August 1954 von der französischen Nationalversammlung abgelehnt. Auch in den im April 1962 gescheiterten Fouchet-Plänen war eine außen- wie auch verteidigungspolitische Zusammenarbeit vorgesehen.[1]

---

1 Auf Initiative des Präsidenten der Republik Frankreich, Charles de Gaulle, war von den sechs EWG-Mitgliedstaaten im Jahr 1961 ein Komitee eingerichtet worden, das sich mit der Ausarbeitung möglicher Formen der diplomatischen und politischen Kooperation dieser Staaten befasste. Der Vorsitzende des Komitees, Christian Fouchet, präsentierte

Ein neuer Impuls, der für den weiteren Verlauf des Integrationsprozesses und die Verstärkung dessen politischer Dimension prägend war, ent-
stand auf Initiative der Regierungen von Frankreich und der Niederlande
beim Treffen der Staats- und Regierungschefs der EWG am 1. und 2. Dezember 1969 in Den Haag. Angesichts der wachsenden wirtschaftlichen
Bedeutung der Gemeinschaft wurde die Forderung nach mehr politischem
Gewicht in der internationalen Politik aufgestellt:

„Der Eintritt in die Endphase des Gemeinsamen Marktes heißt ja nicht
nur die Unumstößlichkeit des bisher von den Gemeinschaften Erreichten
anerkennen, sondern einem vereinten Europa den Weg bahnen, das seine
Verantwortung in der Welt von morgen übernehmen und den Beitrag leisten kann, der seiner Tradition und Aufgabe entspricht" (Kommuniqué Den
Haag 1969: 29).

Bereits hier findet sich, mit den Hinweisen auf ein vereintes Europa und
die Übernahme von globaler Verantwortung, ein erster Ansatzpunkt dafür,
dass das außenpolitische Handeln der Mitgliedstaaten einem an Werten und
demokratischen Ordnungsvorstellungen orientierten Ansatz folgen soll.
Wie sich später bei der GASP zeigt, hat diese Wertorientierung eine Konkre-
tisierung erfahren und ist zu einem, wenngleich zwischenzeitlich kontrovers
diskutierten, Referenzpunkt europäischer Außenpolitik geworden.

Im Luxemburger Bericht vom 27. Oktober 1970 wurde der Gedanke
von Den Haag weiter ausgebaut und darauf verwiesen, dass Europa „sich
auf die Ausübung der Verantwortlichkeiten vorbereiten [muss], die es wegen seines verstärkten Zusammenhalts und seiner immer bedeutenderen
Rolle in der Welt zu übernehmen nicht nur verpflichtet, sondern auch ge-
nötigt ist" (Luxemburger Bericht 1970: 31). In diesem Bericht wurde auch
ein konkreter Entwurf vorgelegt, demzufolge von nun an regelmäßige Treffen der Außenminister stattfanden sowie die Mitgliedstaaten sich zu Fragen
der internationalen Politik regelmäßig konsultierten und ihre Haltungen
abstimmten, „wo dies möglich und wünschenswert ist" (Luxemburger Bericht 1970: 33). Dadurch sollte ein schneller Abstimmungsprozess im Falle
von Krisen ermöglicht werden. Die Einrichtung eines Politischen Komitees,
bestehend aus den Leitern der Politischen Abteilungen der nationalen Au-

---

am 19. Oktober 1961 (Fouchet I) und am 18. Januar 1962 (Fouchet II) entsprechende
Vorschläge. Doch unter anderem aufgrund der unterschiedlichen Auffassungen hinsichtlich einer eher intergouvernementalen (Frankreich) gegenüber einer mehr földera-
listischen (Benelux-Staaten) Ausrichtung des Integrationsprojekts wurde die Arbeit des
Komitees am 17. April 1962 eingestellt.

ßenministerien, trug zur Vorbereitung der Ministertreffen sowie zur Umsetzung entsprechender, von den Ministern beschlossener Aufgaben bei. Sollten die von den Außenministern thematisierten Fragen Auswirkungen auf die Europäischen Gemeinschaften haben, konnte die Kommission der EG zur Stellungnahme aufgefordert werden. Der Luxemburger Bericht schuf das Fundament für die EPZ, die in den Folgejahren mehreren Reformen unterzogen wurde.

Vor diesem Hintergrund ist die Erklärung der Staats- und Regierungschefs der EG-Mitgliedstaaten vom 21. Oktober 1972 in Paris zu sehen, in der festgehalten wurde, dass Europa imstande sein müsse, „seiner Stimme in der Weltpolitik Gehör zu verschaffen, den eigenständigen Beitrag zu leisten, der seinen menschlichen, geistigen und materiellen Möglichkeiten entspricht, und gemäß seiner Berufung zu Weltoffenheit, Fortschritt, Frieden und Zusammenarbeit seine eigenen Konzeptionen in den internationalen Beziehungen zu vertreten" (Erklärung der Staats- und Regierungschefs Paris 1972: 38). Die im Kommuniqué von Den Haag erkennbare Werteorientierung einer zu schaffenden europäischen Außenpolitik und deren globaler Reichweite wurde in dieser Erklärung von Paris wesentlich deutlicher hervorgehoben.

Ein Jahr später kamen die neun Außenminister der EG in ihrem Dokument über die europäische Identität im Dezember 1973 in Kopenhagen zu folgender Feststellung: „Das Europa der Neun ist sich der weltpolitischen Verpflichtungen bewusst, die ihm aus seiner Einigung erwachsen. [...] Sie [die Neun, Anm. des Autors] wollen in der Weltpolitik eine aktive Rolle spielen und so unter Achtung der Ziele und Grundsätze der Charta der Vereinten Nationen dazu beitragen, dass die internationalen Beziehungen sich auf mehr Gerechtigkeit gründen, dass Unabhängigkeit und Gleichheit der Staaten besser gewahrt, der Wohlstand besser verteilt und die Sicherheit jedes einzelnen besser gewährleistet werden. Dieser Wille soll die Neun schrittweise dazu führen, auf dem Gebiet der Außenpolitik gemeinsame Positionen zu erarbeiten" (Dokument über die europäische Identität 1973: 55). Hier findet sich nun auch eine konkrete Einordnung einer wertgeleiteten Außenpolitik in den übergeordneten Bezugsrahmen der Vereinten Nationen. Wie sich im späteren Entwicklungsprozess der GASP und bei der Europäischen Sicherheitsstrategie zeigen wird, ist dieser sich an den Vereinten Nationen orientierende Ansatz noch weiter ausgebaut worden.

In den genannten Etappen hatte sich herauskristallisiert, dass eine funktionalistische Notwendigkeit für eine Außenpolitik der EG-Mitgliedstaaten bestand, die mehr beinhalten könnte als nur die Koordination von nationalen Außenpolitiken. Eine auf mehr Gemeinsamkeit beruhende Außenpolitik wurde beim Treffen der neun Staats- und Regierungschefs der EG am 29. und 30. November 1976 in Den Haag gefordert, indem die politische Zusammenarbeit im Bereich der Außenpolitik „auf die Gestaltung einer gemeinsamen Außenpolitik hinauslaufen" müsse (Erklärung des 6. Europäischen Rates 1976: 62). Konzeptionelle und deklaratorische Forderungen nach einer stärkeren Annäherung nationaler Außenpolitiken im Rahmen der EPZ waren ausreichend aufgestellt worden. Ob sich diese jedoch entsprechend umsetzen ließen, musste sich erst in der außenpolitischen Praxis erweisen.

4.2 Entwicklungsmerkmale und Schwächen der EPZ in den 1970er Jahren

Die beschriebene konzeptionelle Weichenstellung für die EPZ in den 1970er Jahren ist vor dem Hintergrund verschiedener Entwicklungen innerhalb und außerhalb der Gemeinschaft zu sehen. Exemplarisch für innere Entwicklungen stehen die Erweiterung der Gemeinschaft um Dänemark, Großbritannien und Irland im Jahr 1973, die Einrichtung des Europäischen Rates (1974) wie auch die erste Direktwahl zum Europäischen Parlament (1979). Nach außen gerichtet entwickelten die in der EPZ kooperierenden EG-Mitgliedstaaten größeres Engagement zu Fragen der internationalen Politik, insbesondere dem arabisch-israelischen Konflikt und der Konferenz für Sicherheit und Zusammenarbeit in Europa (KSZE). Darüber hinaus verbreitete sich die EPZ-Themenagenda stetig und richtete sich auch auf weiter entfernte Problembereiche wie beispielsweise die Apartheidpolitik in Südafrika.

Das erste Jahrzehnt politischer Zusammenarbeit war neben der thematischen Ausweitung durch eine notwendig gewordene Fortentwicklung der Institutionen und Verfahren gekennzeichnet. Die Zahl der über das 1973 zwischen den Außenministerien der Mitgliedstaaten eingerichtete Telegrammnetz COREU (Correspondance Européenne) ausgetauschten Nachrichten nahm beständig zu. Neben bereits bestehenden wurden neue Arbeitsgruppen geschaffen, die sich mit den unterschiedlichen Themen befassten, die die Außenpolitiken der EG-Mitgliedstaaten betrafen. Die europäische Korrespondentengruppe, zusammengesetzt aus nationalen Beamten, die sich mit der EPZ befassen, erhielt eine wichtige Rolle bei der Koordination zwischen den Außenministerien. Mit der Einrichtung informeller Außenministertreffen, sogenannter „Gymnich-Treffen"[2], war 1974 ein weiteres Konsultations- forum auf Ministerebene geschaffen worden. Simon Nuttall stellt für diese Phase fest, dass die Zusammenarbeit gemeinsame Erfahrungswerte im Umgang mit Krisen schuf, wobei er dies weniger auf die institutionellen Er- rungenschaften, sondern vielmehr auf die praktischen Erfahrungen und die Erweiterung der Diskussionsthemen zurückführt (Nuttall 1992: 81).

Bereits gegen Ende der 1970er Jahre waren jedoch die Leistungsgren- zen der EPZ ersichtlich geworden. Ein zentrales Entwicklungshemmnis lag darin, dass die politische Zusammenarbeit der Mitgliedstaaten in keinen re- gelnden rechtlichen Rahmen eingeordnet war. Des Weiteren wurde bereits frühzeitig eine Problematik erkennbar, die für die weitere Entwicklung der EPZ kennzeichnend sein sollte: Zwischen den EG-Mitgliedstaaten bestand kein Einvernehmen darüber, was die EPZ sein sollte. Beispielsweise bevor- zugte der französische Staatspräsident Valéry Giscard D'Estaing, unter Ver- weis auf die Rolle von Nationalstaaten, Initiativen außerhalb eines gemein- samen europäischen Rahmens. Die Interessendivergenzen hinsichtlich Reichweite und Form der Zusammenführung nationaler Außenpolitiken prägen auch heute noch die GASP. Folglich ist die Interessenheterogenität im Bereich der europäischen Außenpolitik kein Novum. Vielmehr spiegelt sich hier eine sich fortsetzende Grundproblematik im Kontext der Vertie- fung des europäischen Integrationsprozesses wider. Hinzu kam, dass die späten und mangelhaft koordinierten Reaktionen der EPZ im Fall interna- tionaler Krisen – wie dem Beginn der Geiselnahme in der amerikanischen Botschaft in Teheran im November 1979 und der sowjetischen Invasion in Afghanistan Ende Dezember 1979 – die Grenzen dieses Systems politischer Zusammenarbeit offenlegten.

4.3 Fortentwicklung und Verankerung der EPZ in den 1980er Jahren

Vor dem Hintergrund ihrer offensichtlichen Schwächen wurde die EPZ in ihrem zweiten Jahrzehnt durch entsprechende Reformen geprägt. Es stellte

---

2   Benannt nach Schloss Gymnich, dem früheren Gästehaus der deutschen Bundesregie- rung, wo das erste dieser Treffen stattfand.

sich nun die Frage, ob die EPZ ein „neues Plateau" (Regelsberger 1988: 11) auf ihrem Entwicklungsweg erreichen würde. Die Außenminister der zwischenzeitlich zehn Mitgliedstaaten der EG (Griechenland war 1981 zehntes Mitgliedsland der Gemeinschaft geworden) vereinbarten einige das System EPZ institutionell stärkende Neuerungen im Londoner Bericht im Oktober 1981. Diese basierten auf folgender Erkenntnis:

„Die Außenminister sind der Auffassung, dass in einer Zeit zunehmender Spannungen und Unsicherheiten in der Welt die Notwendigkeit eines kohärenten und geschlossenen Vorgehens der Mitgliedsstaaten der Europäischen Gemeinschaft in den internationalen Angelegenheiten größer denn je ist. Sie stellen fest, dass die Zehn bei allem bisher Erreichten immer noch weit davon entfernt sind, in der Welt eine ihrem Einfluss insgesamt entsprechende Rolle zu spielen. Sie sind der Überzeugung, dass die Zehn in zunehmendem Maße versuchen sollten, Ereignisse zu gestalten und nicht lediglich darauf zu reagieren." (Londoner Bericht 1981)

Die bestehenden institutionellen Strukturen und die Verfahren der Kooperation wurden im Londoner Bericht weiter verfeinert. Damit in Krisensituationen ein schnelleres und effektiveres Handeln möglich werden sollte, war vereinbart worden, dass das Politische Komitee innerhalb von 48 Stunden einberufen werden konnte. Dieses wurde erstmals im Zusammenhang mit der israelischen Invasion im Libanon im Juni 1992 genutzt. Darüber hinaus wurde unter anderem festgelegt, dass die Arbeitsgruppen, im Sinne eines Frühwarnmechanismus, mögliche Krisenbereiche beobachten, analysieren und darauf hinweisen sollten. Bemerkenswert ist außerdem, dass im Londoner Bericht ein klarer Bezug zwischen Fragen und Aspekten, die sowohl in den Bereich der EPZ wie auch der EG fallen, bestand und die EG-Kommission entsprechend an der Arbeit der EPZ beteiligt wurde.

Neben diesen konkreten institutionellen und prozeduralen Veränderungen hatte die Debatte um eine Vertiefung des europäischen Integrationsprozesses in den 1980er Jahren eine neue Dynamik entwickelt. Der deutsche Außenminister Hans-Dietrich Genscher nannte im Januar 1981 als eines der Ziele einer zu schaffenden Europäischen Union „die Entwicklung einer gemeinsamen europäischen Außenpolitik" wie auch „die Abstimmung im Bereich der Sicherheitspolitik" (Genscher 1981). In dem im November 1981 in deutsch-italienischer Initiative vorgelegten Entwurf einer Europäischen Akte fand sich erneut die Forderung, Europa solle eine weltpolitische Rolle übernehmen. Auf dem Weg zur Europäischen Union sollte „eine Abstimmung in sicherheitspolitischen Fragen und die Festlegung gemeinsamer europäischer Haltungen in diesem Bereich [erfolgen], um die Unabhängigkeit Europas zu wahren, seine lebenswichtigen Interessen zu schützen und seine Sicherheit zu stärken" (Deutsch-Italienische Initiative 1981: 100). Die sogenannte Genscher-Colombo-Initiative[3] offenbarte, dass es nicht an Ideen zur Stärkung des politischen Projekts der europäischen Integration fehlte, dieses aber keine ausreichend starke Unterstützung durch die Mitgliedstaaten erfuhr. In der Feierlichen Erklärung zur Europäischen Union forderten die Staats- und Regierungschefs der EG-Mitgliedstaaten 1983 „die schrittweise Entwicklung und Definition gemeinsamer Grundsätze und Ziele sowie die Feststellung gemeinsamer Interessen, um die Möglichkeiten für ein gemeinsames Vorgehen im Bereich der Außenpolitik zu erweitern". Hieraus leitete sich jedoch keinerlei Verbindlichkeit ab und es zeigte sich einmal mehr, dass zwischen den EG-Mitgliedstaaten keineswegs Einigkeit darüber bestand, wie weitreichend die politische Kooperation weiterentwickelt werden sollte. Beispielsweise bestanden Vorbehalte bei Dänemark, Irland und Griechenland dahingehend, dass sich diese Form der Zusammenarbeit zwischen den EG-Mitgliedstaaten auf sicherheitspolitische Fragen beziehen könnte.

Gleichzeitig fanden im internationalen Umfeld der EG Entwicklungen statt, die eine Reaktion und eine gemeinsame Haltung ihrer Mitgliedstaaten erforderten. Dominierend war der sich verschärfende amerikanisch-sowjetische Konflikt, verbunden mit einer neuen Spirale der Aufrüstung. Daneben kennzeichneten eine Reihe weiterer Konflikte diese Zeitphase. Zu nennen sind die Ausrufung des Kriegsrechts in Polen im Dezember 1981, der britisch-argentinische Konflikt um die Falkland-Inseln 1982, die sich fortsetzenden Konflikte und Spannungen im Nahen Osten, in Zentralamerika und Südafrika.

Im Rahmen des Europäischen Rates vom 28./29. Juni 1985 in Mailand bereiteten die EG-Mitgliedstaaten den Weg zur „Intensivierung der politischen Zusammenarbeit im Gesamtrahmen des Übergangs zur Europäischen Union" (Europäischer Rat Mailand 1985: 81). Eine entscheidende Reformetappe im europäischen Integrationsprozess bildete die Einheitliche Europäische Akte (EEA), die am 28. Februar 1986 von den Mitgliedstaaten der EG unterzeichnet worden war und am 1. Juli 1987 in Kraft trat. Titel III der EEA brachte einen weitreichenden Durchbruch für die Verankerung der

---

3   Benannt nach dem deutschen Außenminister Hans-Dietrich Genscher und seinem italienischen Amtskollegen Emilio Colombo.

FPZ, indem diese nun erstmals eine vertragliche Fixierung erhielt: „Die Hohen Vertragsparteien verpflichten sich, einander in allen außenpolitischen Fragen von allgemeinem Interesse zu unterrichten und zu konsultieren, damit sichergestellt ist, dass sie durch Abstimmung, Angleichung ihrer Standpunkte und Durchführung gemeinsamer Maßnahmen ihren gemeinsamen Einfluss so wirkungsvoll wie möglich ausüben" (Titel III, Art. 30(2)a EEA). Die Rolle der Akteure und die Verfahren zwischen ihnen wurden präzisiert und weiter ausgebaut. Nun war auch die Kommission in vollem Umfang an der Arbeit der EPZ beteiligt, das Europäische Parlament durch die Information durch die Präsidentschaft indirekt in die EPZ miteinbezogen und die Mitgliedstaaten verpflichteten sich, die Herausbildung eines Konsens nicht zu behindern, um rasch gemeinsame Standpunkte zu finden und gemeinsame Maßnahmen durchzuführen. Durch das in Brüssel eingerichtete Sekretariat erhielt die Präsidentschaft Unterstützung bei der Vorbereitung und Durchführung der Arbeit der EPZ.

Die Einheit der Mitgliedstaaten in außenpolitischen Fragen sollte nicht nur die Kohärenz zwischen den Politiken der Gemeinschaft und jener im Rahmen der EPZ demonstrieren, sondern es sollte auch ein diplomatisches Machtpotenzial aufgebaut werden. Die politische Abstimmung zwischen den Mitgliedstaaten und das geschlossene Auftreten im Rahmen internationaler Organisationen wurden ebenso festgelegt wie die Intensivierung der Zusammenarbeit und der politische Dialog mit Drittländern und regionalen Gruppierungen. Artikel 6(a) Titel III EEA stellte einen direkten Bezug zwischen Außenpolitik und Sicherheitspolitik her: „Die Hohen Vertragsparteien sind der Auffassung, dass eine engere Zusammenarbeit in Fragen der europäischen Sicherheit geeignet ist, wesentlich zur Entwicklung einer außenpolitischen Identität Europas beizutragen. Sie sind zu einer stärkeren Koordinierung ihrer Standpunkte zu den politischen und wirtschaftlichen Aspekten der Sicherheit bereit."

Die Einigung auf einen rechtlichen Rahmen bedeutete eine Stärkung der Akzeptanz der EPZ, was wiederum eine Stabilisierung der politischen Zusammenarbeit zwischen den einzelnen Staaten der EG bewirkte. Simon Nuttall bezeichnet die EEA als signifikante Etappe bei der Entwicklung einer europäischen Außenpolitik (Nuttall 2000: 19). Dies war umso wichtiger geworden, da sich die internationalen Beziehungen weiter im Wandel befanden und entsprechende Reaktionen von den nunmehr 12 EG-Mitgliedstaaten (Spanien und Portugal waren am 1. Januar 1986 der Gemeinschaft beigetreten) gefordert waren. Im übergeordneten Bezugsrahmen der Ost-

West-Konfrontation hatte ein Überdenken des Wettrüstens begonnen. Der Nahe Osten und die Golfregion waren durch den arabisch-israelischen Konflikt und den Iran-Irak-Konflikt destabilisiert. Die amerikanisch-libyschen Spannungen belasteten die Sicherheit in der Mittelmeerregion. Im von Apartheid gekennzeichneten Südafrika verschärfte sich der innere Konflikt und in Zentral- und Lateinamerika zeichnete sich eine Entspannung der dortigen Konflikte ab.

4.4 Resümee zur EPZ

Die EPZ war sowohl hinsichtlich ihrer systemischen Funktion wie auch hinsichtlich ihrer Wirkungsweise im globalen Kontext von Erfolgen und Misserfolgen geprägt. Im Verlauf von zwei Jahrzehnten war es den Mitgliedstaaten der EG im Rahmen der EPZ weitgehend gelungen, Konsens in unterschiedlichen Fragen herzustellen und die ursprüngliche „beschämende Stille des Nichthandelns" (Hill 1992: 149) bei relevanten Fragen der internationalen Politik zu überwinden. Die Europäische Gemeinschaft war als politischer Akteur mehr als nur eine „communauté d'information" und wurde immer deutlicher zur „communauté d'action". Hierbei stellte die EPZ „ein bedeutendes Element beim Vollzug der nationalen Außenpolitiken" (Regelsberger 1989: 62) dar. Elfriede Regelsberger verweist auf den „Konzertierungsreflex" der EPZ, d. h., für einen EG-Mitgliedstaat war es bereits in der Phase der Formulierung der eigenen Außenpolitik wichtig geworden, die Meinung der übrigen EG-Partner zu berücksichtigen, denn dies „fördert das Verständnis für die eigenen Belange und erhöht damit die Einflussnahme auf die wichtigsten Partnerstaaten" (Regelsberger 1993: 183). Diese Verstärkung der Abstimmung politischer Interessen und Positionen der Mitgliedstaaten der EG und das damit einhergehende Handeln der EPZ schufen eine wichtige Voraussetzung für die darauffolgende GASP. Die EPZ kann als eine „Mischung aus kollektiver und nationaler Diplomatie" (Pijpers/Regelsberger/Wessels 1989: 322) verstanden werden. Reinhardt Rummel bezeichnet die EPZ als „zusammengesetzte Außenpolitik" (Rummel 1982) und diese Begrifflichkeit findet auch in Bezug auf die GASP weiterhin Berechtigung. Fragen der Sicherheitspolitik im engeren Sinne bzw. der Verteidigungspolitik waren von der EPZ ausgeklammert und blieben im nationalen Kontext verortet, sodass die politische Zusammenarbeit eine klare nichtmilitärische Ausrichtung hatte (Nuttall 1997: 38). Kennzeichnend für die EPZ war des Weiteren das Nebeneinander und partielle Ineinandergreifen von Verfahren und Politiken aus dem gemeinschaftlichen, d. h. dem EG-Bereich und dem intergouvernementalen, d. h. dem EPZ-Bereich. Dieser Dualismus von Gemeinschaftsmethode einerseits und Intergouvernementalismus andererseits sollte auch in der Zeit nach der EPZ prägend bleiben.

Weiterführende Literatur

Nuttall, S. (1992). *European Political Co-operation,* Oxford.
Nuttall, S. (2000). *European Foreign Policy,* Oxford.
Pijpers, A./Regelsberger, E./Wessels, W. (Hg.) (1989). *Die Europäische Politische Zusammenarbeit in den achtziger Jahren. Eine gemeinsame Außenpolitik für Westeuropa?,* Bonn.
Regelsberger, E. (1993). „EPZ und GASP. Attraktiver Verbund mit Schlupflöchern", in: E. Regelsberger (Hg.). *Die Gemeinsame Außen- und Sicherheitspolitik der Europäischen Union. Profilsuche mit Hindernissen,* Bonn, 179–192.

5 Grundlagen und Regelwerk der Gemeinsamen Außen- und Sicherheitspolitik (GASP)

Das Ende der EPZ bedeutete den Anfang einer neuen Politik, die mehr sein sollte als nur die politische Zusammenarbeit zwischen Staaten. Im Folgenden wird zunächst die Entstehungsphase der GASP skizziert. Daran anschließend werden die vertragsrechtlichen Grundlagen erklärt, in denen die Funktionen, Kompetenzen und Handlungsspielräume der Akteure festgelegt sind, um dann die spezifischen Verfahren darzustellen. Abschließend werden die verschiedenen Reformetappen der GASP von Maastricht bis Lissabon bewertet.

5.1 Die Entstehungsphase der GASP

Auf weltpolitische Ereignisse wie die Auflösung der Sowjetunion 1991, die Öffnung der Berliner Mauer 1989, den Ausbruch von Kriegen in Jugoslawien oder die Golfkrise 1990/91 konnte mit der bis dahin praktizierten Form außenpolitischer Kooperation der EG-Mitgliedstaaten im Rahmen der EPZ nicht adäquat reagiert werden. Der offensichtliche Mangel eines effektiven institutionellen Rahmens zur Bestimmung und Umsetzung einer gemeinsamen Position der EG-Mitgliedstaaten erwies sich zum vermehrten Mal als Schwachstelle der EPZ. Erschwerend kamen die unterschiedlichen Interessenlagen und die Uneinigkeit zwischen den Mitgliedstaaten hinzu, was wiederum einem geschlossenen Erscheinungsbild der EG/EPZ entgegenwirkte (Wood 1993). Exemplarisch für die Jugoslawienkrise steht die Anerkennung Sloweniens und Kroatiens durch Deutschland, ohne dass hierüber ein Konsens zwischen den EG-Mitgliedstaaten bestanden hatte. Frankreichs diplomatische Initiativen in der Golfkrise waren wiederum ohne Berücksichtigung des EPZ-Rahmens geschehen. Mit dem Ende der bipolaren Weltordnung stellte sich für die EG-12 die Frage, welche außen- und sicherheitspolitische Rolle sie sich künftig zuschreiben wollten.

Eine Möglichkeit für die Fortentwicklung der bis dahin geübten Praxis der politischen Zusammenarbeit eröffnete sich im Rahmen einer Regierungskonferenz zur Politischen Union, zusätzlich zur der Regierungskonferenz über die Wirtschafts- und Währungsunion. Der deutsche Bundeskanzler Helmut Kohl und der französische Staatspräsident François Mitterrand hatten eine gemeinsame Initiative ergriffen, um unter anderem eine Gemeinsame Außen- und Sicherheitspolitik als Teil der Politischen Union zu schaffen. Deutschland und Frankreich forcierten das Projekt der Politischen Union, doch andere Mitgliedstaaten, insbesondere Großbritannien, zeigten eine erkennbare Zurückhaltung hinsichtlich einer Änderung des Systems der bislang praktizierten politischen Zusammenarbeit (Schoutheete de Tervarent 1992: 255).

Zum Ende der irischen Ratspräsidentschaft war im Juni 1990 von den Staats- und Regierungschefs der EG beschlossen worden, eine Regierungskonferenz zur Politischen Union einzuberufen, die schließlich im darauffolgenden Dezember startete. In der zweiten Jahreshälfte 1990 kam es unter italienischer Ratspräsidentschaft zu einer erkennbaren Intensivierung der Debatte über eine Gemeinsame Außen- und Sicherheitspolitik. Im Sinne der Begründung einer politischen Dimension als Teil des europäischen Integrationsprozesses sollten außen-, sicherheits- und verteidigungspolitische Themen „in irgendeiner Weise und unter besonderen Regelungen in die Logik der Gemeinschaft einzufügen sein" (Michelis 1990: 146). Kohl und Mitterrand forderten im Dezember 1990 in einem gemeinsamen Brief, die zu schaffende Gemeinsame Außen- und Sicherheitspolitik solle sich auf alle Bereiche erstrecken, die Interessen der Union und ihrer Mitgliedstaaten vertreten, ihre Sicherheit stärken, die Zusammenarbeit mit anderen Staaten fördern sowie zum Frieden und zur Entwicklung auf globaler Ebene beitragen (Kohl/Mitterrand 1990).

In dieser Phase der Suche nach einer Form für eine Gemeinsame Außen- und Sicherheitspolitik war noch völlig unklar, was der qualitative Unterschied zwischen der ESVP und der GASP sein sollte (Schoutheete de Tervarent 1997: 48). Unter Berücksichtigung der sicherheitspolitischen Herausforderungen, die sich aus regionalen Konflikten, Massenvernichtungswaffen und Ausgrenzungsideologien ableiten ließen, hinterfragte Kommissionspräsident Jacques Delors, ob die Gemeinschaft zu weitreichenden Veränderungen im Bereich der Außen- und Sicherheitspolitik willens wäre. „Does the Community have the political will to act in a coherent and unified way on these vital foreign policy issues? Are we ready for enhanced global cooperation, and are we prepared to devote the necessary human, financial, and economic resources?" (Delors 1990: 19). Den politischen Willen erachtete er als eine Grundvoraussetzung für die institutionelle Konstruktion eines solchen politischen Projektes: „Kann eine institutionelle Reform ein Wundermittel darstellen, wenn es keinen gemeinsamen politischen Willen gibt und noch viel weniger eine tiefgehende gemeinsame Übereinstimmung über die Grundsätze und Prinzipien einer Außenpolitik?" (Delors 2004: 406).

Diese essenziellen Fragen blieben im Rahmen der Regierungskonferenz jedoch unbeantwortet. Eine Reihe von Diskussionspapieren und Konzepten wurde kontrovers diskutiert: Luxemburg hatte während seiner Ratspräsidentschaft in der ersten Jahreshälfte 1991 ein sogenanntes „Nonpaper" vorgelegt. Frankreich hatte gemeinsam mit Deutschland, Großbritannien, Belgien und Dänemark ebenso wie die Kommission und das Europäische Parlament Überlegungen zu Fragen der Außen-, Sicherheits- und Verteidigungspolitik in einem auf die Gemeinschaft gerichteten Fokus angestellt. Zwischen den EG-Mitgliedstaaten bestand jedoch eine Reihe von Differenzen, von denen zwei besonders schwerwiegend waren: So war erstens nicht klar, wie weitreichend Sicherheitspolitik in einen gemeinsamen Rahmen eingebracht werden sollte. Zweitens zeichnete sich nicht ab, wie die Machtverteilung zwischen der intergouvernementalen Seite (Rat und Europäischer Rat) und der Gemeinschaftsseite, der Kommission, geregelt werden konnte. Erneut war es Jacques Delors, der einen wichtigen Denkanstoß lieferte, indem er den Begriff „pooled sovereignty" nutzte und argumentierte, dass Nationen nicht ihre Geschichte aufgeben müssten, sondern Synergien zum Nutzen aller entwickeln sollten (Delors 1991: 6). Unter niederländischer Präsidentschaft wurde in der zweiten Jahreshälfte 1991 weiter verhandelt: Die Präsidentschaft präsentierte eine überarbeitete Version des Luxemburger Textes und in einem britisch-italienischen Konzept sowie einem gemeinsamen spanisch-französisch-deutschen Papier wurden zusätzlich Überlegungen in die außen- und sicherheitspolitische Debatte eingebracht. Im Dezember 1991 einigten sich die Staats- und Regierungschefs der EG in Maastricht auf das neue Vertragswerk, das dann am 1. November 1993 wirksam wurde. Damit war nun die GASP an die Stelle der EPZ getreten.

5.2 Themen und Ziele der GASP im Vertragswerk

Wesentlich deutlicher als im Hinblick auf die EPZ wird mit der GASP das außenpolitische Handeln der EU als zielorientiertes Projekt konzeptualisiert. Vom Vertrag von Maastricht bis zum Vertrag von Lissabon zieht sich eine klare Zielorientierung europäischer Außenpolitik durch die verschiedenen Fassungen der Verträge.

In Titel I des Vertrags von Nizza, den gemeinsamen Bestimmungen, wird bei den in Artikel 2 angeführten Zielen unter anderem die Behauptung der Identität der Union auf internationaler Ebene genannt – dies soll insbesondere durch die GASP geschehen. Der einheitliche institutionelle Rahmen soll die Kohärenz und Kontinuität der diesbezüglichen Maßnahmen sicherstellen (Art. 3 EUV-N). Unterstrichen wird die Kohärenz aller Maßnahmen im außenpolitischen Bereich, also bezüglich der Außen-, Sicherheits-, Wirtschafts- und Entwicklungspolitik. Die Verantwortung hierfür wird dem Rat und der Kommission zugewiesen. Indem für die GASP Grundsätze und die allgemeinen Leitlinien bestimmt, gemeinsame Strategien beschlossen und gemeinsame Aktionen und Standpunkte angenommen werden sowie die regelmäßige Zusammenarbeit der Mitgliedstaaten bei der Führung ihrer Politik ausgebaut wird, bieten sich verschiedene Möglichkeiten, die Ziele zu verfolgen (Art. 12 EUV-N).

Die detaillierten Regelungen zu den Zielen der GASP sind in Titel V, Artikel 11 EUV-N zu finden. Der dort beschriebene umfassende Zielkatalog war größtenteils bereits im Vertrag von Maastricht angelegt worden. Die einzelnen Teilziele sind zusammenhängend zu lesen und bauen aufeinander auf. Als Erstes wird die Wahrung der gemeinsamen Werte, der grundlegenden Interessen, der Unabhängigkeit und der Unversehrtheit der Union im Einklang mit den Grundsätzen der Charta der Vereinten Nationen genannt. Bereits hier verdeutlicht sich, dass das System der EU als primärer Bezugsrahmen gilt. Daran anschließend folgt zweitens die Stärkung der Sicherheit der Union in allen ihren Formen. Hierzu lassen sich Ableitungen zum umfassenden Sicherheitsverständnis, zur ESVP wie auch zur inneren und äußeren Sicherheit herstellen. In engem Zusammenhang hierzu stehen drittens die Wahrung des Friedens und die Stärkung der internationalen Sicherheit entsprechend den Grundsätzen der Charta der Vereinten Nationen sowie den Prinzipien der Schlussakte von Helsinki und den Zielen der Charta von Paris, einschließlich derjenigen, welche die Außengrenzen betreffen. Im

Vertrag von Maastricht fand sich noch keine Erwähnung der Außengrenzen, dies erfolgte erst im Vertrag von Amsterdam, insbesondere aufgrund entsprechender Forderungen Griechenlands und des Europäischen Parlaments. Viertens folgt die Förderung der internationalen Zusammenarbeit. Mit Blick auf die Realität entsprechender Beispiele europäischer Außenpolitik bietet das fünfte Teilziel, die Entwicklung und Stärkung von Demokratie und Rechtsstaatlichkeit sowie die Achtung der Menschenrechte und Grundfreiheiten, immer wieder Anlass zu Kontroversen.

Damit diesem Zielkatalog in der Praxis europäischer Außenpolitik entsprochen werden kann, verpflichten sich die EU-Mitgliedstaaten in Artikel 11(2) EUV-N, die GASP nicht nur „vorbehaltlos im Geist der Loyalität und gegenseitigen Solidarität zu unterstützen", sondern sie arbeiten zusammen, „um ihre gegenseitige politische Solidarität zu stärken und weiterzuentwickeln". Im Sinne dieser Solidarität wollen die Mitgliedstaaten nicht den Interessen der EU zuwiderhandeln „oder ihrer Wirksamkeit als kohärente Kraft in den internationalen Beziehungen schaden". Gerade dieses Kohärenzgebot steht jedoch wiederkehrend auf dem Prüfstand, sei es beispielsweise mit Blick auf die Vielstimmigkeit und Interessengegensätze in der europäischen Nahost-Politik oder hinsichtlich der Politik gegenüber der VR China.

Die Ziel- und Interessendefinition ist ein wichtiges Element für die Konzeptualisierung europäischer Außenpolitik. Deren Erfolg ist jedoch in entscheidendem Maß vom effektiven Zusammenwirken zweier Faktoren abhängig. Erstens müssen die Mitgliedstaaten der EU ihr Handeln entsprechend ausrichten. In diesem Sinne ist Artikel 24(2) EUV-L zu betrachten, in dem festgelegt ist, dass die GASP „auf einer Entwicklung der gegenseitigen politischen Solidarität der Mitgliedstaaten, der Ermittlung der Fragen von allgemeiner Bedeutung und der Erreichung einer immer stärkeren Konvergenz des Handelns der Mitgliedstaaten beruht". Im Vertrag von Lissabon findet sich bereits in den gemeinsamen Bestimmungen ein klarer Hinweis auf eine wertgeleitete Außenpolitik der EU (Titel I, Art. 3(5) EUV-L). In den allgemeinen Bestimmungen über das auswärtige Handeln der Union und den besonderen Bestimmungen über die GASP (Titel V) werden in Artikel 21(2) EUV-L konkrete Punkte angeführt. Dadurch erfährt die in Artikel 11(1) des Vertrags von Nizza vorzufindende Auflistung der Ziele der GASP nicht nur eine Erweiterung, sondern auch eine Präzisierung. Wie bislang zählen hierzu:

— die Wahrung der Werte, der grundlegenden Interessen, der Sicherheit sowie die Unabhängigkeit und Unversehrtheit der Union;
— die Festigung und Förderung (im Vertrag von Nizza findet sich die Formulierung „Entwicklung und Stärkung") von Demokratie, Rechtsstaatlichkeit und Menschenrechten;
— die Friedenserhaltung und Stärkung der internationalen Sicherheit.

Als Maßgabe für das Handeln der Union dienen die Grundsätze der Charta der Vereinten Nationen sowie die Prinzipien der Schlussakte von Helsinki und die Ziele der Charta von Paris, einschließlich derjenigen, die die Außengrenzen betreffen. Explizit werden im neuen Vertragswerk die Grundsätze des Völkerrechts genannt, die von der Union zu festigen und zu fördern sind, ebenso wie die Konfliktverhütung. Bei der Zieldefinition kommen weitere neue Aspekte hinzu und somit wird verdeutlicht, dass sich innerhalb der EU ein umfassendes Verständnis von Außenpolitik und Sicherheit herausgebildet hat (Artikel 21(2) d,f,g EUV-L):

— die Förderung der nachhaltigen Entwicklung in Bezug auf Wirtschaft, Gesellschaft und Umwelt in den Entwicklungsländern mit dem vorrangigen Ziel, die Armut zu beseitigen;
— der Beitrag zur Entwicklung von internationalen Maßnahmen zur Erhaltung und Verbesserung der Qualität der Umwelt und der nachhaltigen Bewirtschaftung der weltweiten natürlichen Ressourcen, um eine nachhaltige Entwicklung sicherzustellen;
— Hilfeleistung für die Völker, Länder und Regionen, die von Naturkatastrophen oder von durch Menschen verursachten Katastrophen betroffen sind.

Im Sinne der multilateralen Konzeption europäischer Außenpolitik soll die Integration aller Länder in die Weltwirtschaft unter anderem durch den allmählichen Abbau internationaler Handelshemmnisse gefördert werden (Artikel 21(2)e EUV-L). In Unterpunkt h des Artikels 21(2) EUV-L wird als Ziel genannt, „eine Weltordnung zu fördern, die auf einer verstärkten multilateralen Zusammenarbeit und einer verantwortungsvollen Weltordnungspolitik beruht". Im Rahmen einer dem Multilateralismus verpflichteten Außenpolitik will die EU ihre Werte und Interessen in den Beziehungen zu anderen Staaten und Regionen schützen und fördern (Art. 3(5) EUV-L). Dass europäische Außenpolitik als wertgeleitet verstanden wird, ist im

Vertrag von Lissabon eindeutiger gefasst als in den Verträgen von Nizza, Amsterdam und Maastricht. So findet sich in der Präambel ein neu eingefügter Erwägungsgrund, in dem auf die „unverletzlichen und unveräußerlichen Rechte des Menschen sowie Freiheit, Demokratie, Gleichheit und Rechtsstaatlichkeit als universelle Werte" Bezug genommen wird. Artikel 2 EUV-L bezieht sich auf jene Werte, auf die sich die Mitgliedstaaten der EU in ihrem Selbstverständnis stützen und die für den europäischen Integrationsprozess als solchen grundsätzlich sind: die Achtung der Menschenwürde, Freiheit, Demokratie, Gleichheit, Rechtsstaatlichkeit und die Wahrung der Menschenrechte. Wenn dies das innere Wertegerüst der EU und ihrer Mitgliedstaaten darstellt, dann sollte sich idealtypisch die Außenpolitik dieser Union daran orientieren.

Eine Bestätigung hierfür findet sich im bereits erwähnten Artikel 3(5) EUV-L, wonach die EU als internationaler Akteur einen Beitrag zu „Frieden, Sicherheit, globaler nachhaltiger Entwicklung, Solidarität und gegenseitiger Achtung unter den Völkern, zu freiem und gerechtem Handel, zur Beseitigung der Armut und zum Schutz der Menschenrechte, insbesondere der Rechte des Kindes sowie zur strikten Einhaltung und Weiterentwicklung des Völkerrechts, insbesondere zur Wahrung der Grundsätze der Charta der Vereinten Nationen" leisten will. Artikel 21(1) EUV-L folgend orientiert sich die Union bei ihrem auswärtigen Handeln gegenüber Drittländern, regionalen Organisationen und internationalen Organisationen an folgenden Grundsätzen: „Demokratie, Rechtsstaatlichkeit, die universelle Gültigkeit und Unteilbarkeit der Menschenrechte und Grundfreiheiten, die Achtung der Menschenwürde, der Grundsatz der Gleichheit und der Grundsatz der Solidarität sowie die Achtung der Grundsätze der Charta der Vereinten Nationen und des Völkerrechts". Dieser Ansatz lässt keine geografische Einschränkung erkennen. Besondere Aufmerksamkeit finden die Nachbarregionen der EU. Artikel 8 EUV-L illustriert, dass durch besondere Beziehungen der EU zu den Ländern in ihrer Nachbarschaft deren Wohlstand gefördert werden soll und damit einhergehend die gesamtregionale Stabilität eine Stärkung erfahren kann.

Die genannten Interessen und Ziele einer global ausgerichteten GASP verdeutlichen den bislang eingeschlagenen Entwicklungspfad europäischer Außenpolitik. Der Text des Verfassungsvertrags hatte bereits eine Akzentuierung der Zielvorgaben für die GASP gegenüber dem Vertrag von Nizza beinhaltet. Im Vertrag von Lissabon wird dies in den genannten Artikeln ersichtlich. Insgesamt kann konstatiert werden, dass sich das Kondensat der mitgliedstaatlichen Interessen und des sie tragenden Begründungsgerüsts deutlicher als in den früheren Verträgen erkennen lässt.

5.3 Akteure, Organe und Institutionen

Institutionelle Strukturen und Verfahren verändern die Reichweite strategischen Handelns staatlicher Akteure, die sich an festgelegten Präferenzen orientieren. Gleichzeitig sind ein institutioneller Einfluss auf die Entwicklung und eine Veränderung dieser Präferenzen erkennbar (Weber 1997). Diese Wechselwirkung kann auf die EU als Integrationsobjekt mit staatsähnlichen Zügen übertragen werden. Schon für die Gemeinschaft der Sechs hatten Leon Lindberg und Stuart Scheingold auf die Bedeutung institutioneller Leistungsfähigkeit hingewiesen, die von der Macht und Autorität („power and authority"), die von der Kommission ausgeübt werden, wie auch von in Verhandlungsprozessen erzielten Übereinstimmungen zwischen den Mitgliedstaaten ausgeht (Lindberg/Scheingold 1970: 99). Im Zuge des sich vertiefenden europäischen Integrationsprozesses mit einer sich entwickelnden spezifischen Form von Außenpolitik hat sich gezeigt, dass zur institutionellen Leistungsfähigkeit neben der Kommission der Rat und das Europäische Parlament beitragen. Außerdem haben die Mitgliedstaaten ihre nationalen bürokratischen Strukturen verändert, um auf supranationaler Ebene eine gemeinsame Außenpolitik entwickeln und umsetzen zu können.[1]

Der für die GASP zentrale Teil im Vertrag über die Europäische Union entsprechend der Fassung von Lissabon findet sich unter Titel V „Allgemeine Bestimmungen über das auswärtige Handeln der Union und besondere Bestimmungen über die Gemeinsame Außen- und Sicherheitspolitik". Im Vergleich zu Titel V des Vertrags von Nizza finden sich in Titel V des Vertrags von Lissabon einige Einfügungen und Präzisierungen. Die Unterteilung des Titels in zwei Kapitel – „Allgemeine Bestimmungen über das auswärtige Handeln der Union" (Kap. 1) und „Besondere Bestimmungen über die Gemeinsame Außen- und Sicherheitspolitik" (Kap. 2) – verdeutlicht nun im Vertragstext, was sich in der Praxis der Ausgestaltung der EU-Außenpolitik

---

[1] Die Anpassung der nationalen bürokratischen Strukturen und Verfahren an die GASP wird am Beispiel Spaniens beschrieben von Sabá (1996) und am Beispiel Portugals von Costa Pereira (1996).

schon längst manifestiert hat, nämlich ein umfassendes Verständnis von Außen- und Sicherheitspolitik und das Ineinandergreifen unterschiedlicher Politikbereiche.

5.3.1 Der Europäische Rat

Der Europäische Rat erhielt mit dem Vertrag von Lissabon den Status eines Organs der EU (Art. 13(1) EUV-L). Er setzt sich nunmehr zusammen aus den Staats- und Regierungschefs der EU-Mitgliedstaaten, dem Präsidenten des Europäischen Rates und dem Präsidenten der Kommission (Art. 15(2) EUV-L). Tagungen des Europäischen Rates sind nicht öffentlich, sie finden, auf Einberufung seines Präsidenten, zweimal pro Halbjahr statt (wobei unter gegebenen Umständen außerordentliche Tagungen möglich sind). Entscheidungen des Europäischen Rates erfolgen im Konsens (Art. 15(4) EUV-L). Im Falle eines Beschlusses, der entsprechend der vertraglichen Grundlage mit Abstimmung angenommen wird, erfolgt diese auf Veranlassung des Präsidenten des Europäischen Rates.

Basierend auf den entsprechenden Arbeiten des Rates „Allgemeine Angelegenheiten" sind der Präsident des Europäischen Rates und der Präsident der Kommission für die Vorbereitung und Kontinuität der Arbeiten des Europäischen Rates verantwortlich. Durch regelmäßige Treffen des Präsidenten des Europäischen Rates, des jeweiligen Vorsitzes des Rates und des Präsidenten der Kommission soll die Kooperation und Abstimmung zwischen diesen Akteuren gewährleistet sein. Das Generalsekretariat des Rates unterstützt den Europäischen Rat sowie dessen Präsidenten und der Generalsekretär des Rates nimmt an den Tagungen des Europäischen Rates teil.

Mit dem Vertrag von Lissabon wird die strategische Leitfunktion des Europäischen Rates in der europäischen Außenpolitik ausgeweitet, indem dieser die strategischen Interessen und Ziele der Union festlegt (Art. 22(1) EUV-L). Grundsätzlich ist er der Impulsgeber für die Entwicklung der EU. Damit einhergehend legt er die notwendigen allgemeinen politischen Zielvorstellungen und Prioritäten fest (Art. 15(1) EUV-L). Im Bereich der GASP bestimmt er deren Grundsätze und allgemeine Leitlinien, dies betrifft auch Fragen mit verteidigungspolitischen Bezügen (Art. 26(1) EUV-L). Diese Bestimmungsfunktion im Bereich der Verteidigungspolitik war im Vertrag von Maastricht noch nicht vorgesehen und erfolgte erst durch den Vertrag von Amsterdam.

Als neuem Akteur kommt dem bereits im Verfassungsvertrag vorgesehenen Präsidenten des Europäischen Rates unter anderem eine die Außen- und Sicherheitspolitik betreffende Funktion zu. Bei der informellen Tagung der Staats- und Regierungschefs der EU am 19. November 2009 in Brüssel einigten sich diese auf den belgischen Politiker Herman Van Rompuy als ersten Präsidenten des Europäischen Rates, er trat mit Inkrafttreten des Vertrags von Lissabon am 1. Dezember 2009 sein Amt an. Der für zweieinhalb Jahre vom Europäischen Rat mit qualifizierter Mehrheit gewählte Präsident „nimmt auf seiner Ebene und in seiner Eigenschaft, unbeschadet der Befugnisse des Hohen Vertreters der Union für Außen- und Sicherheitspolitik, die Außenvertretung der Union in Angelegenheiten der Gemeinsamen Außen- und Sicherheitspolitik wahr" (Art. 15(6) EUV-L). Um im Falle einer entsprechenden Entwicklung in der internationalen Politik eine europäische Position zustande zu bringen, kann der Präsident des Europäischen Rates ein außerordentliches Treffen des Europäischen Rates einberufen, sodass die „strategischen Vorgaben für die Politik der Union" festgelegt werden können (Art. 26(1) EUV-L). In Verbindung mit dem Krisenreaktionsmechanismus im Rahmen des Rates verdeutlicht sich somit, dass die Verbesserung der Krisenreaktionsfähigkeit ein andauerndes Thema der Reform europäischer Außenpolitik darstellt.

Der Europäische Rat ist im Verlauf der Reformetappen von Maastricht bis Lissabon in seiner übergeordneten Funktion nicht nur bestätigt, sondern auch aufgewertet worden. Dass der Europäische Rat zu einem Organ der EU geworden ist,[2] stellt sich „aber als zwangsläufige Folge der Verschmelzung der bisherigen Säulen der Union" dar (Streinz/Ohler/Herrmann 2008: 48). Mit dem im Vertrag von Lissabon eingeführten Präsidenten des Europäischen Rates wirkt zusätzlich zum Hohen Vertreter ein neuer Akteur in der außenpolitischen Arena mit. Ob es für Dritte dadurch einfacher wird, einen, neben dem Hohen Vertreter, längerfristigen Ansprechpartner in der institutionellen Struktur der EU zu identifizieren, bleibt abzuwarten. Wie sich im Zusammenhang mit der Darstellung des Hohen Vertreters zeigt, kann sich ein erhoffter Kontinuitäts- und Sichtbarkeitseffekt im Bereich der GASP jedoch auch als problematisch erweisen (siehe Kapitel 5.3.5).

Wie in der Vergangenheit wird die Rolle des Europäischen Rates dann wichtig sein, wenn es gilt, „letztinstanzlicher Schlichter bei unüberwind-

---

2 Zu den Unionsorganen zählen entsprechend dem Vertrag von Lissabon das Europäische Parlament, der Europäische Rat, der Rat, die Europäische Kommission, der Gerichtshof der EU, die Europäische Zentralbank und der Rechnungshof (Art. 13(1) EUV-L).

lichen Meinungsverschiedenheiten der unteren Entscheidungsgremien" (Regelsberger 2004: 54) zu sein. Können sich die im Rat zusammentreffenden Außenminister in einer spezifischen Frage nicht einigen, so besteht die Möglichkeit, diese Frage auf die Ebene der Staats- und Regierungschefs zu übertragen. Durch eine derartige ebenenübergreifende Entscheidungsverschiebung bietet sich unter anderem die Möglichkeit, in prekären Fragen mehr Zeit für die gegenseitige Abstimmung der mitgliedstaatlichen Positionen zu gewinnen.

Wird die Entwicklung der Funktion und des Einflusses des Europäischen Rates in der GASP in den genannten Reformetappen berücksichtigt, so kann festgestellt werden, dass durch die Aufwertung des Europäischen Rates als Akteur in der GASP sich deren intergouvernementaler Charakter verstärkt hat. Dies kann als ein Argument dafür stehen, weshalb eine Vergemeinschaftung der GASP nicht zur Debatte steht und das Spannungsverhältnis zwischen einerseits intergouvernemental und andererseits gemeinschaftlich geregelten Politikbereichen die Außenpolitik der EU weiterhin prägen wird.

5.3.2 Der Ministerrat

Der Rat der EU konnte bislang, entsprechend der Thematik, in neun unterschiedlichen Formationen gebildet werden (Amtsblatt der Europäischen Union L 285, 2006, Anhang I). Für die GASP relevant war der Rat „Allgemeine Angelegenheiten und Außenbeziehungen". Er tagte gesondert in „Allgemeine Angelegenheiten" und „Außenbeziehungen" einmal im Monat. Im Vertrag von Lissabon wird explizit eine Unterscheidung zwischen dem Rat „Allgemeine Angelegenheiten" und dem Rat „Auswärtige Angelegenheiten" getroffen (Art. 16(6) EUV-L), sodass nunmehr zehn Ratsformationen bestehen. Letzterer wird hierbei für die Gestaltung des auswärtigen Handelns der Union genannt. Die Mitgliedstaaten sind im Rat entsprechend ihrer Wahl auf ministerieller oder Staatssekretärsebene vertreten. Der Rat „Allgemeine Angelegenheiten" ist gemeinsam mit dem Präsidenten des Europäischen Rates und mit der Kommission für die Vor- und Nachbereitungen der Tagungen des Europäischen Rates zuständig.

Übersicht 2: Ratsformationen

— Allgemeine Angelegenheiten
— Auswärtige Angelegenheiten
— Wirtschaft und Finanzen
— Justiz und Inneres
— Beschäftigung, Sozialpolitik, Gesundheit und Verbraucherschutz
— Wettbewerbsfähigkeit (Binnenmarkt, Industrie und Forschung)
— Verkehr, Telekommunikation und Energie
— Landwirtschaft und Fischerei
— Umwelt
— Bildung, Jugend und Kultur

Neben dem Europäischen Rat bildet der Rat das Forum zur gegenseitigen Konsultation und Abstimmung hinsichtlich der Außen- und Sicherheitspolitik der EU-Mitgliedstaaten. Hierbei ist es Aufgabe der solidarisch auftretenden Mitgliedstaaten, „konvergent" zu handeln, damit die Union „ihre Interessen und Werte auf internationaler Ebene geltend machen kann" (Art. 32 EUV-L). Das zentrale Gestaltungsorgan für die GASP ist der Rat (Art. 26(2) EUV-L), dieser fasst die für deren Festlegung und Durchführung erforderlichen Beschlüsse auf der Grundlage der vom Europäischen Rat festgelegten allgemeinen Leitlinien und strategischen Vorgaben. Gemeinsam mit dem Hohen Vertreter obliegt dem Rat die Sorge dafür, dass die Mitgliedstaaten der EU die Außen- und Sicherheitspolitik der Union nicht nur aktiv, sondern auch vorbehaltlos, loyal und solidarisch unterstützen (Art. 24(3) EUV-L).

Die grundsätzliche Funktionsbeschreibung für den Rat war bereits im Vertrag von Maastricht angelegt worden und wurde in den nachfolgenden Reformetappen bestätigt. Da der Vertrag von Lissabon den Europäischen Rat hinsichtlich der strategischen Interessen- und Zielbestimmung aufwertet, wird der Rat nun gefordert sein, seine Rolle bei der Bestimmung der GASP, die sich wiederum aus gemeinsamen Vorschlägen des Hohen Vertreters (bezüglich GASP-Themen) und der Kommission (hinsichtlich der anderen Bereiche der Außenbeziehungen) ableitet (Art. 22(2) EUV-L), neu zu justieren.

GASP-relevante Initiativen oder Vorschläge können von jedem Mitgliedstaat der Union, vom Hohen Vertreter oder von diesem, unterstützt durch die Kommission, an den Rat gerichtet werden (Art. 30(1) EUV-L).

Sollte rascher Entscheidungsbedarf bestehen, kann der Hohe Vertreter von sich aus oder auf Antrag eines Mitgliedstaates innerhalb von 48 Stunden oder auch noch kurzfristiger eine außerordentliche Ratssitzung einberufen (Art. 30(2) EUV-L). In diesem Zusammenhang sei auf den bereits in der EPZ geschaffenen Krisenreaktionsmechanismus hingewiesen (siehe Kapitel 4.3).

5.3.3 Die Präsidentschaft

Bis zum Inkrafttreten des Vertrags von Lissabon bot die sechsmonatige Präsidentschaft für einen Mitgliedstaat der EU im Bereich der GASP die Möglichkeit zur Profilierung gegenüber den anderen Mitgliedstaaten. Für den Mitgliedstaat, der die Präsidentschaft innehatte, ergaben sich Möglichkeiten, das Agenda-Setting europäischer Außenpolitik in einem klar begrenzten Zeitraum entsprechend zu prägen, und spezifische Interessen der nationalen Außenpolitik konnten im supranationalen Kontext verstärkt werden. Der Präsidentschaft kam durch den Vorsitz im Rat sowohl eine koordinierende wie auch repräsentierende Funktion zu (Art. 18 EUV-N). Als Vertreter der EU im Bereich der GASP lag es in der Zuständigkeit des Vorsitzes, die entsprechenden Beschlüsse durchzuführen und in internationalen Organisationen und bei internationalen Konferenzen den Standpunkt der EU darzulegen. Unterstützt wurde der Vorsitz vom Generalsekretär des Rates/Hohen Vertreter für die GASP sowie von der Kommission. Die Präsidentschaft übernahm insbesondere dann eine entscheidende Rolle, wenn sich die Positionen der Mitgliedstaaten in einer Verhandlungsphase nicht zusammenfügten und sich keine Einigung abzeichnete. Da die Präsidentschaft durch ihre Koordinationsfunktion in einer privilegierten Position war, über mehr Informationen hinsichtlich der einzelstaatlichen Interessenlagen verfügte, konnte sie entsprechende Verhandlungsergebnisse herbeiführen (Tallberg 2004).

Gemäß eines Ratsbeschlusses vom September 2006 werden seit Januar 2007 die strategischen Leitlinien der EU jeweils zwischen den drei aufeinanderfolgenden Präsidentschaften abgestimmt (Amtsblatt der Europäischen Union L 285, 2006). Bei der Zusammenstellung des Programmentwurfs arbeiten die drei entsprechenden Mitgliedstaaten mit der Kommission zusammen. Die Billigung des Programms erfolgt im Rat. Durch dieses Modell der „Trio-Präsidentschaften" soll nicht nur eine Rationalisierung der Tätigkeit des Rates erreicht werden, sondern auch eine Verbesserung der Kohärenz der Politiken der Union. Unter deutscher Ratspräsidentschaft im ersten

Halbjahr 2007 wurde erstmals eine Achtzehnmonatspräsidentschaft begonnen. Doch obwohl Präsidentschaften strukturiert vorbereitet werden, kommt es immer wieder vor, dass aktuelle Entwicklungen außerhalb der EU, wie beispielsweise die Georgienkrise 2008, die Präsidentschaft zu einem raschen Aufgreifen der entsprechenden Themen zwingen und der Arbeitsplan dadurch erweitert bzw. geändert werden muss.

Mit dem Vertrag von Lissabon verliert die Präsidentschaft im Bereich der GASP ihre beschriebenen Handlungs- und Einflussmöglichkeiten. Nunmehr übernimmt der Hohe Vertreter (siehe Kapitel 5.3.5) die vorrangige Koordinations- und Gestaltungsfunktion im Bereich europäischer Außenpolitik. Dadurch werden die Außenminister der EU-Mitgliedstaaten hinsichtlich ihrer Bedeutung im Kontext der EU marginalisiert. Ähnliches gilt für den jeweiligen Staats- bzw. Regierungschef des Präsidentschaftslandes, denn im Rahmen des Europäischen Rates ist nun dessen Präsident der federführende Akteur (siehe Kapitel 5.3.1).

5.3.4 Der Ausschuss der Ständigen Vertreter (AStV) und das Politische und Sicherheitspolitische Komitee (PSK)

Der größte Teil der Vorbereitungen und Entscheidungen des Rates geschieht bereits in Arbeitsgruppen und im Ausschuss der Ständigen Vertreter (AStV)[3]. Der Ausschuss der Ständigen Vertreter der Mitgliedstaaten der EU bereitet die Arbeiten des Rates vor und führt die ihm von diesem übertragenen Aufträge durch (Art. 240 AEUV-L). Ihm kommt eine wichtige koordinierende Funktion zur Gewährleistung der Kohärenz verschiedener Politikbereiche der EU zu (Council of the European Union 2006, 14072/06; Amtsblatt der Europäischen Union L 285, 2006: 56) und er trägt dazu bei, die Arbeit des Rates zu strukturieren und zu beschleunigen. Er hat jedoch „grundsätzlich keine eigene Entscheidungsbefugnis" (Hummer/Obwexer 2003: 1928).

Durch das Verfahren der A-Punkte und der B-Punkte wird es dem Rat möglich, sich nicht mit jeder einzelnen Frage ausführlich befassen zu müssen (Häge 2008: 535–538; Mentler 1996: 112–126). Zu den A-Punkten werden die Themen zugeordnet, über die Einigung zwischen den Mitgliedstaaten erzielt werden konnte und die vom Rat ohne weitere Aussprache

---

3 Häufig wird auch die französische Abkürzung COREPER (Comité des Représantants Permanants) genutzt.

verabschiedet werden können. Hingegen findet zu den B-Punkten (den Themen, über die Uneinigkeit besteht) vor der Verabschiedung eine Aussprache im Rat statt.

In einer funktionalen Arbeitsteilung befassen sich zwei unterschiedliche AStV-Formationen mit den einzelnen Themen. Der AStV I (in der Zusammensetzung der Stellvertreter der Ständigen Vertreter) konzentriert sich hauptsächlich auf Themen, die technischer Natur sind. Die politischen Themen werden im AStV II (in der Zusammensetzung der Ständigen Vertreter) behandelt. Zur Unterstützung der Arbeiten des AStV und zu dessen Vorbereitung werden wesentliche Arbeiten in Arbeitsgruppen und Ausschüssen durchgeführt. Für das Jahr 2003 ist festgestellt worden, dass etwa ein Drittel der Entscheidungen zu Gemeinschaftspolitiken auf Ministerebene selbst getroffen wurde. Dies widerspricht der Meinung, dass die Minister einen minimalen direkten Anteil an Entscheidungen hätten, da bereits auf unterer bürokratischer Ebene die Entscheidungen getroffen würden (Häge 2008).

Für die GASP bildet das Politische und Sicherheitspolitische Komitee (PSK)[4] das zentrale Koordinationsforum auf supranationaler Ebene (Amtsblatt der Europäischen Gemeinschaften L 27, 2001a). In der EPZ hatte bereits das Politische Komitee eine Schlüsselfunktion inne. In den Verträgen von Maastricht und Amsterdam wurde die Funktion des Politischen Komitees als Beobachtungsforum der internationalen Politik und Geber von Stellungnahmen für den Rat weitergeführt. Mit dem Beschluss des Rates vom 22. Januar 2001 wurde das PSK als ständige Konfiguration eingesetzt (Amtblatt der Europäischen Gemeinschaften L27, 2001a).

Das Politische und Sicherheitspolitische Komitee beschäftigt sich mit allen Aspekten der GASP und ist auch als „Motor" der ESVP konzeptioniert worden (Bericht des Vorsitzes über die Europäische Sicherheits- und Verteidigungspolitik 2000). Des Weiteren liegt bei ihm die Verantwortung für die politische Leitung und Entwicklung der militärischen Fähigkeiten. Seine Wirkungsweise kann in vier ineinander verzahnte Funktionen geordnet werden:

---

4   Die entsprechende französische Abkürzung ist COPS: Comité politique et de sécurité.

1. Analytisch-konzeptionelle Funktion

Das PSK untersucht und bewertet die internationale Politik unter den für die GASP relevanten Gesichtspunkten, prüft die Entwürfe für die Schlussfolgerungen des Rates und befasst sich mit den vom Hohen Vertreter, dem Militärausschuss (unterstützt vom Militärstab), dem Ausschuss für nichtmilitärische Aspekte sowie den verschiedenen Arbeitsgruppen erhaltenen Informationen.

2. Leitlinien- und Empfehlungsfunktion

Stellungnahmen zur Festlegung der Politiken können dem Rat vom PSK vorgelegt werden. Dem Militärausschuss, dem Ausschuss für nichtmilitärische Aspekte, anderen Ausschüssen und den verschiedenen Arbeitsgruppen gibt es Leitlinien vor.

3. Koordinations- und Überwachungsfunktion

Das PSK überwacht und koordiniert die Durchführung der vereinbarten Politiken und das Wirken der verschiedenen Arbeitsgruppen.

4. Dialogfunktion

Mit allen für die GASP relevanten Akteuren, einschließlich der NATO, pflegt das PSK einen Kommunikations- und Informationsaustausch. Darüber hinaus kann es, entsprechend den vertraglichen Vorgaben, den politischen Dialog führen.

In einer Krisensituation erhält das PSK eine noch stärkere Bedeutung im EU-Entscheidungsprozess, indem es unter der Verantwortung des Rates die politische Kontrolle und strategische Leitung von Operationen zur Krisenbewältigung wahrnimmt (Art. 38 EUV-L). Grundsätzlich war festgelegt worden, dass der Hohe Vertreter für die GASP im PSK den Vorsitz übernehmen kann und der Vorsitzende des Militärausschusses an Sitzungen teilnimmt, in denen verteidigungspolitische Beschlüsse gefasst werden. Rechtlich bindende Beschlüsse können jedoch nur vom Rat und der Kommission gefasst werden. Damit der Ausschuss der Ständigen Vertreter seine vorbereitende Aufgabe für den Rat erfüllen kann, wird er hierzu vom PSK rechtzeitig befasst; falls erforderlich, kann der Vorsitzende des PSK an AStV-Treffen teilnehmen.

Gegenüber dem früheren Politischen Komitee ergaben sich mit der Schaffung des Politischen und Sicherheitspolitischen Komitees deutliche Veränderungen hinsichtlich dieses Akteurs und seiner ihm übertragenen Rolle. Daniel Thym bezeichnet das PSK als „political mind" der GASP, das zu einer Konvergenz nationaler Positionen beiträgt (Thym 2006a: 110). Durch die Ansiedlung des PSK in Brüssel und die damit verbundene intensive und regelmäßige Zusammenarbeit zwischen den nationalen Vertretern im PSK wurde ein problemlösungsorientierter Konsultationsmechanismus geschaffen und der bereits die EPZ prägende „Konzertierungsreflex" konnte gestärkt werden. Im Verlauf von wenigen Jahren hat das PSK eine Schlüsselrolle eingenommen: „The PSC is now already a key player within the institutional architecture of the European Union, and indeed European security more generally, as well as the central actor in the day-to-day management of the EU's foreign and security policy, including crisis management operations" (Juncos/Reynolds 2007: 146). Mit zunehmender Ausweitung der Themenpaletten von GASP und ESVP nahm aber nicht nur die Bedeutung des PSK, sondern auch dessen Arbeitsbelastung zu. Hiermit kommt dem im Vertrag von Lissabon festgelegten Europäischen Auswärtigen Dienst eine arbeitsteilige Rolle zu.

5.3.5 Der Hohe Vertreter der Union für Außen- und Sicherheitspolitik

Mit der GASP erhöhte sich die Anforderung an supranationale Politikkoordination. Dadurch war es notwendig geworden, administrative Strukturen entsprechend auszubauen beziehungsweise neue Strukturen einzurichten. Für das Generalsekretariat des Rates ergab sich nun eine zentrale Input-Funktion für die GASP betreffende Aspekte, mit denen sich die EU-Präsidentschaft zu beschäftigen hatte. Der Vertrag von Amsterdam führte zu einer wichtigen Fortschreibung des Regelwerks, um der GASP „Gesicht und Stimme" zu geben. Javier Solana, der unter anderem spanischer Außenminister und NATO-Generalsekretär war, wurde von den Mitgliedstaaten der EU im Oktober 1999 und 2004 erneut für eine Amtszeit von fünf Jahren zum „Generalsekretär des Rates/Hohen Vertreter für die GASP" ernannt.[5] Im Folgenden wird die Funktionsbeschreibung des Hohen Vertreters bis zum

---

5   Im Folgenden wird die Bezeichnung „Hoher Vertreter" verwendet.

Inkrafttreten des Vertrags von Lissabon dargestellt: Zu seinen Aufgaben zählte es, den Rat im Kontext der GASP zu unterstützen. Hierzu konnte er politische Entscheidungen formulieren, vorbereiten und durchführen wie auch im Auftrag des Ratsvorsitzes den politischen Dialog mit Dritten führen (Art. 26 EUV-N). Durch die Zuordnung der WEU-Aufgaben zur EU wurde der Hohe Vertreter zunächst auch deren Generalsekretär.

Eine wichtige Unterstützungsfunktion für den Hohen Vertreter übernimmt die im Generalsekretariat des Rates ansässige Strategieplanungs- und Frühwarneinheit ("Policy Unit").[6] Aufgabe dieser Einheit ist es, die Funktion der GASP zu überwachen und zu analysieren sowie Ereignisse, die sich auf die GASP bedeutend auswirken können, rechtzeitig zu bewerten und frühzeitig davor zu warnen. Sie kann auf Anforderung des Rates, des Vorsitzes oder von sich aus Analysen, Empfehlungen und Strategien für die GASP erarbeiten. Durch die Bereitstellung entsprechender Informationen seitens der Mitgliedstaaten und der Kommission wird der Strategieplanungsprozess unterstützt. Eine Schlüsselstellung für die Vorbereitung und Koordination von GASP-Themen innerhalb des Generalsekretariats nimmt die für Außenwirtschaftsbeziehungen und politisch-militärische Fragen zuständige Generaldirektion E ein. Hinzu kommen themenspezifische Arbeitsgruppen, die eine ausschlaggebende Funktion im Prozess der Vorbereitung von Erklärungen, Aktionen und Ausarbeitungen von Instrumenten der GASP haben (Duke/Vanhoonacker 2006: 171). Bezüglich der ESVP sind der EU-Militärausschuss und der EU-Militärstab wichtige Akteure (siehe Kapitel 6.4.1 und 6.4.2). Es hat sich herausgestellt, dass für das Funktionieren der GASP die enge Zusammenarbeit zwischen den Einheiten im Generalsekretariat des Rates und entsprechenden Einheiten in der Kommission einschließlich deren Vertretungen außerhalb der EU, den Außenministerien der Mitgliedstaaten wie auch der WEU unabdingbar geworden war. Ein Teil der beschriebenen Innerorganstrukturen wird sich infolge des Inkrafttretens des Vertrags von Lissabon verändern und neue institutionelle Zuordnungen werden entstehen (siehe Kapitel 5.3.6).

Der Hohe Vertreter ist hinsichtlich seiner Konzeption und Befugnisse, die sich aus den Verträgen von Amsterdam und Nizza ableiten, nicht als eine Art Außenminister der EU zu verstehen. Beispielsweise war es Frankreich während der Verhandlungen zum Vertrag von Amsterdam nicht gelungen,

---

6   In der Policy Unit sind Beamte aus dem Generalsekretariat des Rates, den Mitgliedstaaten, der Kommission und der WEU vertreten.

einen Repräsentanten für die GASP zu bestimmen, der in seiner Stellung und seinen Kompetenzen über der letztendlich vereinbarten Persönlichkeit gestanden hätte.[7] Javier Solana hatte kurz nach seiner Amtseinführung seine Rolle primär als Unterstützer der Präsidentschaft und der Mitgliedstaaten beschrieben (Solana 2000). Diese unterschiedlichen Wahrnehmungen veranschaulichen das anhaltende Spannungsverhältnis zwischen intergouvernementalen und gemeinschaftlichen Ansätzen. Aus Sicht des für Außenbeziehungen zuständigen EU-Kommissars Chris Patten hätte diese Spannung auch nicht durch den Akteur des Hohen Vertreters überwunden werden können. Vielmehr sah Patten in dieser Konstruktion eine neue institutionelle Kompliziertheit (Patten 2000). Das Zusammenspiel zwischen dem Hohen Vertreter und dem für die Außenbeziehungen zuständigen Kommissionsmitglied war in hohem Maße wichtig geworden für das Funktionieren der GASP. Bürokratische Rivalitäten und Kompetenzstreitigkeiten hätten eine Einschränkung der Handlungsfähigkeit der EU insgesamt zur Folge gehabt. Die Wahrnehmung eines geschlossen auftretenden außenpolitischen Akteurs EU seitens dritter Staaten und Organisationen hätte dadurch negativ beeinflusst werden können. Annäherungsprobleme zwischen Rat und Europäischer Kommission konnten überwunden werden und ihr Zusammenspiel in der täglichen Praxis der GASP hat sich eingespielt, wenngleich hin und wieder – wie auch in bürokratischen Systemen auf nationaler Ebene – Meinungsverschiedenheiten auftreten.

Ein wichtiges Element, das zur Profilbildung des Hohen Vertreters beiträgt, ist der politische Dialog der EU mit dritten Staaten und Organisationen. Die Komplexität der Entscheidungsverfahren der EU, die Wechselwirkungen zwischen verschiedenen Akteuren und Zuständigkeitsebenen bei der Formulierung und Ausgestaltung europäischer Außenpolitik sowie wechselnde Ratspräsidentschaften erschwerten es den Dialog- und Kooperationspartnern der Union, eine zentrale außenpolitische Anlaufstelle innerhalb der EU zu finden. Und auch in der Binnenwahrnehmung der GASP zeigten sich Schwierigkeiten: „In der Union selbst hat der Mangel an Kontinuität [...] zur Folge, dass der Öffentlichkeit nur selten klar ist, welche Einrichtung oder welche Persönlichkeit ihre Interessen vertritt, was zu einer gewissen Entfremdung gegenüber der Union führt" (Amt für Veröffentlichungen der Euro-

---

7   Der deutsche Außenminister Klaus Kinkel zeigte beispielsweise wenig Interesse an einer solchen Persönlichkeit. Siehe hierzu: Un certain Monsieur PESC, in: Le Monde (28. März 1996), 12. Interview mit dem deutschen Außenminister Klaus Kinkel, in: Süddeutsche Zeitung (7. März 1996), 10.

päischen Gemeinschaften 1995: 67). Im Rückblick auf das Wirken Javier Solanas kann festgestellt werden, dass der Hohe Vertreter zu einem „Profilgewinn für die GASP" beigetragen hat (Regelsberger 2004: 62–65). Es gelang somit, eine bessere Wahrnehmung europäischer Außenpolitik zu erreichen, ohne hierbei die GASP in den Zusammenhang einer Vergemeinschaftungsdebatte zu rücken. Vielmehr blieb der Hohe Vertreter stets Symbol eines intergouvernemental ausgerichteten Politikfeldes.

Vor diesem Hintergrund lag eine bemerkenswerte Innovation des Verfassungsvertrags in der Schaffung des Amts eines Außenministers der Union. Im Juni 2004 war Javier Solana von den Staats- und Regierungschefs der EU als Hoher Vertreter für die Gemeinsame Außen- und Sicherheitspolitik bestätigt worden und mit dem designierten Kommissionspräsidenten José Manuel Barroso hatte Einigung darüber bestanden, Solana mit Inkrafttreten des Verfassungsvertrags zum Außenminister der Union zu ernennen (Council of the European Union 2004, 10995/04). In der nach dem Scheitern des Verfassungsprojekts jedoch neu stattfindenden Reformdebatte fand die Bezeichnung „Außenminister" nicht mehr die notwendige Zustimmung aller Mitgliedstaaten und so ging die Symbolik der Begrifflichkeit, die eine stärkere Identität in der europäischen Außenpolitik vermittelt hätte, verloren. Im Sinne der bisherigen Bezeichnung „Hoher Vertreter für die GASP" findet sich nun im Vertrag von Lissabon die leicht umformulierte Benennung „Hoher Vertreter der Union für Außen- und Sicherheitspolitik".

Artikel 18(2) EUV-L ordnet dem Hohen Vertreter die Leitungsfunktion für die GASP zu: „Er trägt durch seine Vorschläge zur Festlegung dieser Politik bei und führt sie im Auftrag des Rates durch. Er handelt ebenso im Bereich der Gemeinsamen Sicherheits- und Verteidigungspolitik." Im Rat Auswärtige Angelegenheiten wird ihm die Vorsitzfunktion zugeordnet (Art. 18(3) EUV-L und Art. 27(1) EUV-L); dies war während der Vertragsverhandlungen seitens Großbritanniens zunächst jedoch hinterfragt worden (EPC/Egmont/CEPS 2007: 45). Durch den Hohen Vertreter soll sichergestellt werden, dass die vom Europäischen Rat und vom Rat erlassenen Beschlüsse durchgeführt werden (Art. 27(1) EUV-L). Außerdem nimmt der Hohe Vertreter an den Arbeiten des Europäischen Rates teil (Art. 15(2) EUV-L).

Interessant ist die zweifache institutionelle Zuordnung des Hohen Vertreters der Union im Rat einerseits und in der Europäischen Kommission andererseits. Als einer der Vizepräsidenten der Kommission (Art. 17(4) EUV-L und Art. 18(4) EUV-L) wird er in das Kollegium eingebettet, jedoch nimmt er darin eine Sonderstellung ein. So wird er nicht, wie die anderen

Vizepräsidenten, vom Präsidenten der Kommission ernannt (Art. 17(6) EUV-L), sondern vom Europäischen Rat mit qualifizierter Mehrheit und durch Zustimmung des Präsidenten der Kommission (Art. 18(1) EUV-L). Der Regelung des Vertrags von Nizza folgend war der Hohe Vertreter vom Rat mit qualifizierter Mehrheit ernannt worden (Art 207 EGV-N). Er kann vom Präsidenten der Kommission aufgefordert werden, sein Amt niederzulegen, doch muss dies der Europäische Rat mit qualifizierter Mehrheit beschließen (Art. 17(5) EUV-L und Art. 18(1) EUV-L). Zusammen mit den anderen Mitgliedern der Kommission muss er sich als Kollegium einem Zustimmungsvotum des Europäischen Parlaments stellen (Art. 17(1) EUV-L). Im Falle eines Misstrauensvotums durch das Europäische Parlament, demzufolge die Mitglieder der Kommission geschlossen ihr Amt niederlegen müssen, hat auch der Hohe Vertreter sein im Rahmen der Kommission ausgeübtes Amt niederzulegen (Art. 17(8) EUV-L).

Durch die Doppelfunktion des Hohen Vertreters im Rat und in der Kommission soll die Kohärenz des Außenhandelns der EU verbessert werden. Außer im Bereich der GASP und entsprechend geregelter Fälle nimmt die Kommission die Außenvertretung der EU wahr (Art. 17(1) EUV-L). Im Rahmen der GASP vertritt der Hohe Vertreter die EU, führt in deren Namen den Dialog mit Dritten und repräsentiert den Standpunkt der EU in internationalen Organisationen und auf internationalen Konferenzen (Art. 27(2) EUV-L). Wie bereits beschrieben, weicht der Außenminister der Ratspräsidentschaft dem Vertretungsrecht des Hohen Vertreters. Für die Wahrnehmbarkeit eines einheitlichen Akteurs EU durch Dritte kann dies durchaus förderlich sein.

Innerhalb der Kommission fallen die Außenbeziehungen in den Zuständigkeitsbereich des Hohen Vertreters, er ist mit den übrigen Aspekten des auswärtigen Handelns der EU betraut (Art. 18(4) EUV-L). Hierbei unterliegt er den Verfahren, die für die Arbeitsweise der Kommission gelten, aber nur, insoweit sie nicht im Widerspruch zu seiner Ratsfunktion stehen. Auf die Unabhängigkeit der Mitglieder der Kommission gegenüber den Mitgliedstaaten wird in Artikel 245 AEUV hingewiesen, doch die Erkenntnisse der Vergangenheit belegen, dass ein gutes Zusammenwirken der Regierungen von größeren Mitgliedstaaten mit dem Kollegium als wichtig erachtet wird (EPC/Egmont/CEPS 2007: 31). Gegenüber dem Präsidenten des Europäischen Rates verleiht der Vertrag von Lissabon dem Hohen Vertreter zwei wesentliche Vorteile, denn er wird erstens über einen umfangreichen Stab und zweitens über finanzielle Mittel verfügen (Garton Ash 2009). Im Gegensatz zu den Kommissaren der Politikfelder Außenbeziehungen, Entwicklungspolitik oder Handelspolitik hatte der Hohe Vertreter entsprechend der Vertragsgrundlage von Nizza keine gegenüber Dritten einzusetzenden finanziellen Ressourcen zur Verfügung.

Die Staats- und Regierungschefs der EU ernannten am 19. November 2009 die bis dahin als Handelskommissarin tätige Britin Catherine Ashton zur ersten Hohen Vertreterin der Union für Außen- und Sicherheitspolitik. Wie auch der Präsident des Europäischen Rates trat sie ihr Amt mit dem Inkrafttreten des Vertrags am 1. Dezember 2009 an. Es wird sich nun in der täglichen Praxis der europäischen Außenpolitik zeigen müssen, wie sich die Hohe Vertreterin am wirkungsvollsten in den unterschiedlichen institutionellen Welten bewegen kann, ohne Gefahr zu laufen, dabei in ihrem Handlungsspielraum eingeschränkt zu werden. Durch ihre Zuordnung zum Rat und zur Kommission wie auch im Hinblick auf die Möglichkeiten des Präsidenten des Europäischen Rates im Bereich der Außenpolitik befindet sie sich in einem sich gegenseitig beeinflussenden Dreiecksverhältnis. Wie sich dies auf die Möglichkeiten der Hohen Vertreterin zur Gestaltung ihrer Handlungsmacht auswirken kann, ob dies unter Umständen zu einer Einschränkung ihrer Macht führt, bleibt abzuwarten. Diese Problematik war bereits im Verfassungsvertrag angelegt. In einem Negativszenario, das von Macht- und Prestigekämpfen zwischen Kommission und Rat und zwischen dem Präsidenten des Europäischen Rates und dem Hohen Vertreter gekennzeichnet ist, kann es neben institutionellen „Kompetenzrangeleien" (Klein/Wessels 2004: 22) zu einer Schwächung bis hin zur Einschränkung der Effektivität außen- und sicherheitspolitischen Handelns der EU kommen.

Die Diskussionen über die Kompetenzzuordnung zwischen Kommission und Rat haben in der Umsetzungsphase des Vertrags von Lissabon an Vehemenz gewonnen. Da sich der Sicherheitsbegriff immer weiter erstreckt, besteht beispielsweise seitens der Kommission die Befürchtung, dass sich der Rat insbesondere im Bereich des Krisenmanagements zunehmend Kompetenz zuordnet, die wiederum die Kommission für sich beansprucht (Dijkstra 2009). Inwieweit sich ein kooperatives oder konfrontatives Zusammenwirken der Akteure entwickeln wird, hängt unter anderem mit den jeweiligen Führungspersönlichkeiten zusammen. In einer Erklärung zu Artikel 18 EUV-L findet sich der Hinweis, dass bei der Auswahl der Personen für das Amt des Präsidenten des Europäischen Rates, des Präsidenten der Kommission und des Hohen Vertreters auch auf die „geografische und demografische Vielfalt der Union und ihrer Mitgliedstaaten angemessen geachtet werden muss". Im Vorfeld der Benennung von Ashton und Van Rompuy waren eine Vielzahl von Namen für diese Positionen gehandelt worden. Die letztendliche Auswahl rief durchaus Verwunderung hervor, da manche Beobachter für diese Ämter auf charismatische und international gewichtige Persönlichkeiten gehofft hatten. Doch hinsichtlich der Auswahlkriterien gab es unter anderem die regionale und parteipolitische Zugehörigkeit wie auch das Verhältnis der Geschlechter zu berücksichtigen.[8] Des Weiteren zeigt sich, dass es den Mitgliedstaaten mehr um Personen geht, die über gute Verhandlungsfähigkeiten verfügen und Einigungen und Kompromisse zwischen unterschiedlichen Positionen erzielen können. Die Etablierung starker und charismatischer Führungspersönlichkeiten, die möglicherweise eine eigene Handlungsdynamik entwickeln und somit die Position der Mitgliedstaaten beeinträchtigen könnten, liegt nicht im Interesse der Regierungen der EU-Mitgliedstaaten. Es bleibt abzuwarten, wie weiterhin bestehende und neu geschaffene Akteure sowie institutionelle Strukturen umgesetzt werden und wie diese in der Praxis interagieren. Grundsätzlich müssen die betreffenden Akteure erst „ein Amtsverständnis entwickeln [...], das dem neuen institutionellen Gefüge entspricht. Gerade deshalb wird den ersten Funktionsträgern eine entscheidende Rolle zukommen, werden sie doch die Grundrichtung vorgeben. Sie werden auch einen Weg finden müssen, das Vertrauen der Mitgliedstaaten zu erringen, um so zu erreichen, dass die Mitgliedstaaten selbst die neue Außen- und Sicherheitspolitik mittragen" (Fischer 2008: 66).

5.3.6 Der Europäische Auswärtige Dienst (EAD)

Eine bereits im Verfassungsvertrag vorgesehene und im Vertrag von Lissabon fortgeführte institutionelle Neuerung ist der Europäische Auswärtige Dienst (EAD). Veränderungen in den institutionellen Strukturen innerhalb der Europäischen Kommission und des Generalsekretariats des Rates verdeutlichen seit den 1990er Jahren eine sich kontinuierlich vollziehende Anpassung an die sich politisch wie thematisch rasch fortentwickelnde Außenpolitik der EU (EPC/Egmont/CEPS 2007: 123–127; Missiroli 2007). In diesem Kontext ist die Errichtung eines Europäischen Auswärtigen Dienstes gleichermaßen zu einem viel beachteten Thema im europawissen-

---

8   Ashton gehört der britischen Labour Party und Van Rompuy den belgischen Christdemokraten an.

schaftlichen Diskurs geworden (EPC 2007; Ladzik 2006; Grevi/Cameron 2005; Maurer/Reichel 2004).

Nachdem der Vertrag über eine Verfassung für Europa am 29. Oktober 2004 in Rom von den Staats- und Regierungschefs der damals noch 25 EU-Mitgliedstaaten unterzeichnet worden war, hatten der Hohe Vertreter für die GASP, die Kommission und die Mitgliedstaaten mit den ersten Arbeiten zur Errichtung des EAD begonnen. Einer Aufforderung des Europäischen Rates vom Dezember 2004 folgend (Rat der Europäischen Union 2005, 16238/1/04 REV 1: Punkt 73) legten der Hohe Vertreter für die GASP, Javier Solana, und Kommissionspräsident José Manuel Barroso dem Europäischen Rat am 9. Juni 2005 einen gemeinsamen Sachstandbericht vor (Council of the European Union 2005). Im Ausschuss der Ständigen Vertreter fanden erstmals im März 2005 Gespräche zur Errichtung eines EAD statt. Nach dem ersten negativen Referendum in Irland zum Vertrag von Lissabon im Juni 2008 waren die Diskussionen hierzu im Rahmen der EU eingestellt worden. Nach dem zweiten und positiven Referendum im Oktober 2009 wurden die Arbeiten während der schwedischen EU-Ratspräsidentschaft umgehend wieder aufgenommen. Entsprechend der Erklärung zu Artikel 27 EUV-L sollten der Hohe Vertreter für die GASP, die Kommission und die Mitgliedstaaten nach Unterzeichnung des Vertrags die Vorarbeiten zur Errichtung des Diensts einleiten.

Schon frühzeitig war deutlich geworden, dass sich mit dem EAD Erwartungen hinsichtlich einer verbesserten Kohärenz der Außenbeziehungen der EU verbanden. Gleichzeitig war darauf hingewiesen worden, dass Dopplungen der außenpolitischen Verantwortungen vermieden werden sollten. Auch das Europäische Parlament hatte sich seit Beginn der Debatte mit dieser neuen Einrichtung innerhalb der institutionellen Struktur der EU auseinandergesetzt und sprach sich für die organisatorische und haushaltbezogene Eingliederung des EAD in die Dienststellen der Kommission aus (Amtsblatt der Europäischen Union C 117E 2006; Europäisches Parlament 2009, A7-0041/2009). Antonio Missiroli erkennt in dieser neuen Einrichtung durchaus die Möglichkeit einer „funktionalen Schnittstelle" („functional interface") aller wichtigen an der europäischen Außenpolitik beteiligten Akteure (Missiroli 2007: 23). Grundsätzlich kann argumentiert werden, dass die Einrichtung des EAD die Integrationsdynamik im Bereich der europäischen Außenpolitik und deren zunehmende Institutionalisierung unterstreicht. Hierdurch wird sich auch die Zahl der am außenpolitischen Formulierungs-

und Gestaltungsprozess beteiligten Akteure erhöhen und sich dessen Komplexität verstärken. Aus mitgliedstaatlicher Perspektive wurden in der Diskussion um den EAD unterschiedliche Interessen erkennbar. Die großen Mitgliedstaaten versuchen eine Schwächung ihrer nationalen Apparate zu vermeiden, während kleinere Mitgliedstaaten sich durch den EAD eine Stärkung ihrer Positionen auf europäischer Ebene erwarten (Maurer/Reichel 2004). Gleichzeitig soll aus Sicht der kleineren Mitgliedstaaten jedoch kein unabhängiger Apparat geschaffen werden, der von den großen Mitgliedstaaten dominiert würde.

Gemäß Artikel 27(3) EUV-L wird der Hohe Vertreter durch den Europäischen Auswärtigen Dienst unterstützt. Des Weiteren soll dieser den Präsidenten des Europäischen Rates sowie den Kommissionspräsidenten und die Mitglieder der Kommission unterstützen. Die inhaltliche Reichweite des EAD wird sich in seinen einzelnen geografisch und thematisch orientierten Einheiten widerspiegeln. Die Handelspolitik wie auch die Entwicklungspolitik werden in der Verantwortung der Kommission bleiben. Der EAD wird als Dienst *sui generis* verstanden, der getrennt von der Europäischen Kommission und dem Generalsekretariat des Rates wirkt (Council of the European Union 2009, 14930/09: 6). Sein Personal kommt aus den entsprechenden Abteilungen des Generalsekretariats des Rates, der Kommission und der Mitgliedstaaten der EU. Im mitgliedstaatlichen Interesse ist es, dass mindestens ein Drittel des Personals aus den Mitgliedstaaten kommt. Um die Rolle des Hohen Vertreters im Rahmen der Sicherheits- und Verteidigungspolitik zu stärken, ist geplant, das Crisis Management and Planning Directorate (CMPD), die Civilian Planning and Conduct Capability (CPCC), den EU-Militärstab (EUMS) und das Lagezentrum (SitCen) in den EAD zu integrieren.

Ein wichtiger Aspekt verbindet sich mit der Rolle der Vertretungen der Europäischen Kommission in dritten Staaten und bei dritten Organisationen sowie der dortigen diplomatischen Vertretungen der Mitgliedstaaten (Rijks/Whitman 2007). Mit Inkrafttreten des Vertrags von Lissabon wurden die Vertretungen der Europäischen Kommission zu Vertretungen der Union und sie werden nun in den strukturellen Kontext des EAD eingebunden. Mit den diplomatischen Vertretungen der Mitgliedstaaten ist eine enge Zusammenarbeit angestrebt. Die Einbeziehung und das Zusammenwirken von nationalen und Unionsvertretungen in die Arbeit des EAD sind nicht nur für die Binnenwirkung der GASP von Interesse. Darüber hinaus kann sich eine verbesserte Außenwirkung der EU insgesamt und in einzelnen Ländern und Regionen im Besonderen einstellen.

Die Hohe Vertreterin, Catherine Ashton, ist vom Europäischen Rat im Dezember 2009 ersucht worden, einen Vorschlag zur Organisation und Arbeitsweise des EAD vorzulegen, der dann ab April 2010 diskutiert werden kann (Europäischer Rat Brüssel 2009: 2). Erst ab diesem Zeitpunkt werden sich sukzessive Erkenntnisse hinsichtlich der praktischen Erfahrungen und des Mehrwerts, den der EAD für die Optimierung europäischer Außenpolitik bringt, ergeben. Der Erfolg des EAD hängt von der beschriebenen Vielfalt der daran in unterschiedlicher Weise beteiligten Akteure und Institutionen ab. Von entscheidender Bedeutung für sein Funktionieren ist das Vertrauen zwischen den daran beteiligten Akteuren auf supranationaler wie auf nationaler Ebene (Lieb/Maurer 2007: 35). Der Vorschlag einer Selbstverpflichtung der EU-Mitgliedstaaten zu einer loyalen Zusammenarbeit mit dem EAD ist bemerkenswert (Friedrich-Ebert-Stiftung/Arbeitsgruppe Europäische Integration 2009: 5), jedoch sollten mögliche institutionelle Abgrenzungsreflexe bis hin zu Rivalitäten zwischen Bürokratien und Akteuren sowohl auf supranationaler wie auf nationaler Ebene sowie zwischen diesen Ebenen nicht unberücksichtigt bleiben. Sicherlich kann der EAD nicht von Anfang an als eine Art Föderator dieser unterschiedlichen Interessen wirken und es wird eines längeren Lern- und Anpassungsprozesses dieses neuen Akteurs an bestehende Akteurs- und Institutionenkonstellationen sowie vice versa bedürfen. Im Übrigen wird sich erweisen müssen, ob der EAD mehr darstellt als eine Harmonisierung oder Europäisierung des Handelns der unterschiedlichen Akteure auf nationaler und supranationaler Ebene, die in verschiedenen Formen an der Bestimmung und Ausgestaltung europäischer Außenpolitik beteiligt sind (Howorth/Le Gloannec 2007: 33f.).

Inwieweit eine außenpolitische Kultur innerhalb der EU und ihrer Mitgliedstaaten entsteht (Monar 2000: 286) und ob sich die Sozialisation von Beamten unterschiedlicher bürokratischer Kulturen in diesem neuen Gebilde ermöglichen lässt, bleibt abzuwarten. Mit dem EAD verknüpfen sich Erwartungen hinsichtlich einer besseren Koordination der auf nationaler und supranationaler Ebene beteiligten außenpolitischen Akteure und damit verbunden eines effizienteren Politikfeldgestaltungsprozesses (Paul 2008). Eine wichtige Voraussetzung für die Wirkung dieses Diensts ist es, ihm eine eindeutige Aufgabenbeschreibung zuzuordnen (Avery 2007: 76–79). Des Weiteren muss Einverständnis über seine Mittel und Ziele erreicht werden (Edwards/Rijks 2008: 83). Ähnlich wie sich in Reaktion auf die mit dem Vertrag von Maastricht geschaffene GASP unterschiedliche mit Außenpolitik befasste bürokratische Akteure auf nationaler wie supranationaler Ebene in einem Lernprozess aufeinander zubewegen mussten, kann ein entsprechender Effekt mit dem Europäischen Auswärtigen Dienst eintreten.

5.3.7 Sonderbeauftragte

Die ersten Erfahrungen der GASP zeigten, dass die Konzentration einer EU-Präsidentschaft auf eine bestimmte Krisenregion nur von begrenzter Dauer ist und häufig nicht mehr als symbolischen Charakter hat. Auch war ersichtlich geworden, dass die Position und Glaubwürdigkeit des Hohen Vertreters gegenüber Konfliktparteien dann geschwächt wurden, wenn das ihm vom Rat übertragene Mandat zu eingeschränkt war oder einzelne Mitgliedstaaten eigene diplomatische Initiativen ergriffen.[9] Mit dem Vertrag von Amsterdam wurde der sogenannte „Sonderbeauftragte" als neuer Akteur eingeführt. Zur zusätzlichen Stärkung der Außenvertretung der Union liegt es im Ermessen des Rates, einen „Sonderbeauftragten für besondere politische Fragen" zu ernennen (Art. 18(5) EUV-A). Entsprechend Artikel 31(2) EUV-L werden Sonderbeauftragte mit qualifizierter Mehrheit vom Rat bestimmt. Damit ist nicht nur eine Möglichkeit geschaffen worden, um der Kontinuitätsschwäche europäischer Außenpolitik zu begegnen. Mit der Person eines Sonderbeauftragten verbindet sich auch die Erwartung, einen verbesserten Kommunikationsfluss zwischen der EU und den Konfliktparteien in einer bestimmten Krisenregion zu entwickeln, was wiederum Auswirkungen auf das Krisenmanagement der EU haben kann.

Seit 1996 hatten bislang 33 Personen das Amt eines Sonderbeauftragten inne. Ende 2009 sind Sonderbeauftragte der EU für folgende Staaten und Regionen tätig: Afghanistan, die Region der Großen Seen in Afrika, die Afrikanische Union (AU), Bosnien und Herzegowina, Zentralasien, die frühere jugoslawische Republik Mazedonien, Georgien, das Kosovo, den Nahen Osten, Moldawien, den Südkaukasus und den Sudan. Ein Sondergesandter für Birma/Myanmar ist seit 2007 eingesetzt. Diese Akteure übernehmen eine wichtige Unterstützungsfunktion für den Hohen Vertreter. Sie verhelfen dazu, eine bestimmte außenpolitische Position der EU zu

---

9   Beispielsweise kam es im Rahmen der Nahost-Friedensmission im Herbst 1996 zu parallelen Initiativen des französischen Präsidenten, des italienischen Außenministers wie auch des irischen Außenministers, Letzterer in seiner Funktion als EU-Ratsvorsitzender.

entwickeln und zu konsolidieren und tragen dadurch zur Stärkung der Kohärenz europäischer Außenpolitik bei (Adebahr 2009: 234). Die Sonderbeauftragten wirken als Mitgestalter von Politik, Krisenmanager und Koordinationsschaltstellen (Grevi 2007: 141–144). Für die Formulierung und Umsetzung europäischer Außen-, Sicherheits- und Verteidigungspolitik sind sie zu multifunktionalen Bestandteilen geworden.

5.3.8 Das Europäische Parlament und die Europäische Kommission

Die GASP war als Politikbereich konzipiert worden, in dem das Europäische Parlament eine eher marginale Rolle von den Mitgliedstaaten der EU zugewiesen bekam. Zwar ergibt sich aus Artikel 21 EUV-N ein Informations- und Anhörungsrecht, doch dieser Artikel ist eine Widerspiegelung für „das Grundverständnis der Mitgliedsregierungen [...], wonach die GASP Sache der Exekutive ist und als solche keiner besonderen parlamentarischen Legitimation und Kontrolle auf der europäischen Ebene bedarf" (Regelsberger/Kugelmann 2003: 92). Im Jahr 2008 waren Vertreter des Rates annähernd 100-mal und der Hohe Vertreter für die GASP 14-mal bei offiziellen Treffen im Parlament. Hinzu kamen Parlamentsbesuche der Sonderbeauftragten, von Vertretern des Militärausschusses sowie Angehörigen des Generalsekretariats des Rates (Rat der Europäischen Union/Generalsekretariat 2009: Annex II).

Das Parlament erfüllt die Aufgaben der politischen Kontrolle und Beratungsfunktion. Des Weiteren ist es ihm hinsichtlich der GASP-Ausgaben, die im Rahmen des Haushaltsverfahrens behandelt werden, möglich, Einfluss auf diesen Politikbereich zu nehmen. Hierbei hat sich aber in der Vergangenheit gezeigt, dass „die Einwirkungsmöglichkeiten durch den begrenzten Finanzrahmen der für die GASP vorgesehenen Mittel relativiert" (Regelsberger 2004: 89) wurden. Weiterführend nennt Daniel Thym verschiedene Gründe, die für eine begrenzte Rolle des Europäischen Parlaments in der GASP sprechen (Thym 2006a: 124 f.): Erstens unterscheidet sich die politische Dimension der GASP deutlich von Aspekten des Gemeinschaftsbereichs wie beispielsweise der Binnenmarktregelung. Zweitens ist der Entscheidungsprozess in der Außenpolitik oftmals notwendigerweise durch Vertraulichkeit geprägt. Drittens verlangt Außenpolitik hinsichtlich neuer Ereignisse einen gewissen Grad an Flexibilität und Reaktionsgeschwindigkeit.

Entsprechend den Neuerungen im Vertrag von Lissabon muss der Hohe Vertreter regelmäßig zu den wichtigen Fragen der GASP und der Gemeinsamen Sicherheits- und Verteidigungspolitik (GSVP) angehört werden und umgekehrt hat er das Parlament über die entsprechenden Entwicklungen zu unterrichten (Art. 36 EUV-L). Hierbei soll er die Auffassungen des Parlaments gebührend berücksichtigen. Unterstützend können die Sonderbeauftragten das Parlament unterrichten. Anfragen und Empfehlungen können vom Parlament an den Rat und den Hohen Vertreter gerichtet werden. Über die Entwicklung und Fortschritte der GASP und GSVP werden vom Parlament zweimal jährlich Aussprachen durchgeführt. Der Europäische Rat wird von seinem Präsidenten vor dem Europäischen Parlament vertreten. Im Anschluss an jede Tagung des Europäischen Rates legt der Präsident dem Parlament einen Bericht vor (Art. 15(6) EUV-L).

Die Rolle des Europäischen Parlaments in der GASP und GSVP bleibt zwar weiterhin begrenzt, doch durch die verstärkte Informationspflicht kann im Verlauf der weiteren außen-, sicherheits- und verteidigungspolitischen Entwicklung der EU der indirekte Einfluss des Parlaments verbessert werden (Quille 2008: 10). Eine indirekte und begrenzte Form der Machtausübung eröffnet sich für das Parlament auch dadurch, dass sich der Hohe Vertreter zusammen mit dem Präsidenten und den anderen Mitgliedern der Kommission als Kollegium einem Zustimmungsvotum des Europäischen Parlaments stellen muss (Art. 17(7) EUV-L) und, wie bereits erwähnt, im Falle eines Misstrauensvotums durch das Europäische Parlament ebenfalls sein Amt niederlegen muss (siehe Kapitel 5.3.5).

Im Bereich der Außenbeziehungen der EU hat die Europäische Kommission in unterschiedlichen Politikbereichen (beispielsweise Handelspolitik, Entwicklungspolitik oder Nachbarschaftspolitik) umfassende Kompetenzen und Handlungsinstrumente. An den Arbeiten im Bereich der GASP war sie bis zum Inkrafttreten des Vertrags von Lissabon „in vollem Umfang" beteiligt (Art. 27 EUV-N). In den verschiedenen die GASP betreffenden Themen und bei den entsprechenden Verfahren war sie je nach spezifischer Regelung im Vertragswerk stärker oder schwächer in die Außen- und Sicherheitspolitik miteinbezogen (Regelsberger/Kugelmann 2003: 106 f.). Aufgrund der Neuerungen des Vertrags von Lissabon wird die Rolle der Kommission, insbesondere durch die institutionelle Zuordnung des Hohen Vertreters als Mitglied der Kommission, ausgeweitet. So können dem Rat gemeinsame Vorschläge des Hohen Vertreters (bezüglich GASP-Themen) und der Kommission (hinsichtlich der anderen Bereiche der Außenbeziehungen) vorgelegt werden (Art. 22(2) EUV-L). GASP-spezifische Themen, mit denen sich der Rat befassen soll, können von jedem Mitgliedstaat, dem Hohen Vertreter oder dem Hohen Vertreter, unterstützt durch die Kommission, unterbreitet werden (Art. 30(1) EUV-L). Insgesamt betrachtet, wird die Kommission als Akteur der GASP nun deutlich aufgewertet.

5.4 Beschlussfassung, Instrumente und Verfahren

Entsprechend den Regelungen des Vertrags von Nizza wurden die Ziele der GASP unter anderem durch gemeinsame Strategien, gemeinsame Aktionen und gemeinsame Standpunkte verfolgt (Art. 12 EUV-N). Der Vertrag von Amsterdam hatte den bereits im Vertrag von Maastricht festgelegten Instrumenten des gemeinsamen Standpunkts und der gemeinsamen Aktion als weiteres Instrument die gemeinsame Strategie hinzugefügt. Die gemeinsamen Strategien werden dem Europäischen Rat vom Rat empfohlen, Letzterer führt diese durch, „indem er insbesondere gemeinsame Aktionen und gemeinsame Standpunkte annimmt" (Art. 13(3) EUV-N). Gemeinsame Aktionen beziehen sich auf „spezifische Situationen, in denen eine operative Aktion der Union für notwendig erachtet wird" (Art. 14(1) EUV-N). In gemeinsamen Standpunkten wird „das Konzept der Union für eine bestimmte Frage geographischer oder thematischer Art bestimmt" (Art. 15 EUV-N). Artikel 25 EUV-L sieht nun vor, dass die Union die GASP unter anderem durch den Erlass von Beschlüssen zur Festlegung der von der Union durchzuführenden Aktionen und einzunehmenden Standpunkte verfolgt. Die Regelungen des Artikels 28 EUV-L entsprechen jenen der bisherigen gemeinsamen Aktion. Für das operative Vorgehen der Union als Reaktion auf eine spezifische internationale Situation erlässt der Rat die erforderlichen Beschlüsse, in denen die Ziele, der Umfang, die der Union zur Verfügung stehenden Mittel und gegebenenfalls auch der Zeitraum zur Durchführung der Aktion festgelegt sind. Entsprechend reflektiert Artikel 29 EUV-L den bisherigen gemeinsamen Standpunkt.

Die GASP ist ein intergouvernementaler Politikbereich. Folglich ist für Entscheidungen und Beschlüsse in diesem Bereich die Einstimmigkeit der EU-Mitgliedstaaten kennzeichnend. In klar begrenzten Fällen kann von der Einstimmigkeit jedoch abgewichen werden. Die Möglichkeit, mit qualifizierter Mehrheit zu entscheiden, bestand nicht nur bei Durchführungsbeschlüssen zu gemeinsamen Aktionen und Standpunkten, sondern auch, wenn der Rat „auf der Grundlage einer gemeinsamen Strategie gemeinsame Aktionen oder gemeinsame Standpunkte annimmt oder andere Beschlüsse fasst" (Art. 23(2) EUV-N). Die Anregung, dass der Europäische Rat Bereiche von prioritärem Interesse für die GASP definieren kann, bei deren Umsetzungsmaßnahmen es zu einer häufigeren Anwendung von Mehrheitsentscheidungen kommen soll, ist auf eine gemeinsame Initiative des deutschen Bundeskanzlers Helmut Kohl und des französischen Staatspräsidenten Jacques Chirac vom Dezember 1996 zurückzuführen (Kohl/Chirac 1997; Schildt 1997). Den französischen Bedenken, eine Ausweitung von Mehrheitsentscheidungen im Bereich der GASP könne staatliche Souveränität bei außen- und sicherheitspolitischen Entscheidungen aushebeln, wurde durch die bestimmende Funktion des Europäischen Rates bei der gemeinsamen Strategie Rechnung getragen. Dies bedeutet: Der Europäische Rat bestimmt die Themen und Regionen, auf die gemeinsame Strategien angewandt werden, einvernehmlich. Die Umsetzung konnte dann im Rat durch Mehrheitsentscheidungen festgelegt werden.

Von den genannten Ausnahmen abgesehen, blieb die Beschlussfassung im Rat einstimmig. Grundsätzlich ausgenommen von Mehrheitsentscheidungen blieben Beschlüsse mit militärischen und verteidigungspolitischen Bezügen. Um einer möglichen Selbstblockade des Rates zu entgehen, war die Möglichkeit geschaffen worden, dass, wenn sich ein Ratsmitglied der Stimme enthält, es in diesem Fall eine förmliche Erklärung abgeben kann und sich dadurch der Verpflichtung entzieht, „den Beschluss durchzuführen, [es] akzeptiert jedoch, dass der Beschluss für die Union bindend ist" (Art. 23(1) EUV-N). Als Zeichen der gegenseitigen Solidarität wird der betreffende Mitgliedstaat dem Vorgehen der Union nicht zuwiderhandeln und sein Standpunkt wird von den übrigen Mitgliedstaaten respektiert. Über die konstruktive Enthaltung sollte es einem Mitgliedstaat möglich gemacht werden, sich der Stimme zu enthalten, ohne dass das Zustandekommen des Beschlusses dadurch verhindert würde. Zu diesem Verfahren ist angemerkt worden, dass diese Form der Enthaltung nicht nur eine Aufsplitterung in handlungswillige und -unwillige Staaten bewirkt, sondern zur möglichen Ursache des Nicht-Handelns der Union werden kann. Letzteres würde dann eintreten, wenn genügend handlungsunwillige Staaten die Annahme des Beschlusses verhinderten. Eine weitere Einschränkung des Mehrheitsprinzips ergab sich aus der in Art. 23(2) EUV-N verankerten Möglichkeit, eine Abstimmung im Rat zu verhindern: Im Geiste des Luxemburger Kompromisses kann ein Ratsmitglied erklären, „dass es aus wichtigen Gründen der nationalen Politik, die es auch nennen muss, die Absicht hat, einen mit qualifizierter Mehrheit zu fassenden Beschluss abzulehnen". In diesem Fall erfolgt keine Abstimmung, der Rat kann jedoch „mit qualifizierter Mehrheit verlangen, dass die Frage zur einstimmigen Beschlussfassung an den Europäischen Rat verwiesen wird". Dieses Abschieben einer Entscheidung auf die Ebene der Staats- und Regierungschefs soll es ermöglichen, die in diesem Artikel erkennbare Blockadefalle zu umgehen.

Der Vertrag von Lissabon führt die Fixierung auf das Einstimmigkeitsprinzip im Bereich der GASP fort, erlaubt aber, dass wie bisher entsprechende Ausnahmen mit geringen Erweiterungen möglich sind (Art. 31 EUV-L). Die Möglichkeit zu qualifizierten Mehrheitsentscheidungen besteht, wenn der Rat (Art. 31(2) EUV-L)

— auf der Grundlage eines Beschlusses des Europäischen Rates über die strategischen Interessen und Ziele der Union nach Artikel 22(1) EUV-L einen Beschluss erlässt, mit dem eine Aktion oder ein Standpunkt der Union festgelegt wird;
— auf einen Vorschlag hin, den ihm der Hohe Vertreter auf spezielles Ersuchen des Europäischen Rates unterbreitet hat, der auf dessen eigene Initiative oder auf eine Initiative des Hohen Vertreters zurückgeht, einen Beschluss erlässt, mit dem eine Aktion oder ein Standpunkt der Union festgelegt wird;
— einen Beschluss zur Durchführung eines Beschlusses, mit dem eine Aktion oder ein Standpunkt der Union festgelegt wird, erlässt;
— einen Sonderbeauftragten ernennt.

Wie bisher kann ein Mitgliedstaat aber unter Nennung „wesentlicher Gründe der nationalen Politik" die Abstimmung mit qualifizierter Mehrheit verhindern (Art. 31(2) EUV-L). Gelingt es dem Hohen Vertreter nicht, eine Lösung herbeizuführen, so kann durch eine qualifizierte Mehrheitsentscheidung dieses Problem an den Europäischen Rat weitergeleitet werden, der hierzu einstimmig beschließen kann. Neu im Vertrag von Lissabon ist die Möglichkeit, dass der Europäische Rat einstimmig einen Beschluss erlassen kann, wonach der Rat in den anderen als den genannten Fällen mit qualifizierter Mehrheit entscheiden kann (Art. 31(3) EUV-L). Für Beschlüsse mit militärischen oder verteidigungspolitischen Bezügen bleibt hingegen das Einstimmigkeitsprinzip bestehen (Art. 31(4) EUV-L).

Bereits in den 1990er Jahren hatte sich gezeigt, dass eine Ursache für die geringe Effizienz der GASP „die Anwendung der Einstimmigkeitsregel selbst da, wo der Vertrag bereits die Möglichkeit einer qualifizierten Mehrheit vorsieht", ist (Amt für Veröffentlichungen der Europäischen Gemeinschaften 1995: 64). An dieser Stelle kann argumentiert werden, dass allein das Bewusstsein der Mitgliedstaaten, im Rat überstimmt zu werden, die Bereitschaft erhöht, einvernehmliche Lösungen zu erzielen. Angesichts eines sich stetig ausweitenden Themenspektrums der GASP und bei steigender Mitgliederzahl offenbarten sich aber die Grenzen dieses Mechanismus. Das „Beharren auf Einstimmigkeit" (Regelsberger 2004: 118) wird unter Berücksichtigung der anhaltenden, nicht ausreichenden Bereitschaft der EU-Mitgliedstaaten zur Supranationalisierung von Außen- und Sicherheitspolitik auch weiterhin die GASP beeinflussen. Im Zusammenhang der Machteinschränkung der supranationalen Ebene ist auch die seit dem Vertrag von Maastricht bestehende Nichtzuständigkeit des Europäischen Gerichtshofs zu sehen. Dies stellt „eines der gravierenden rechtsstaatlichen Defizite der GASP" dar (Streinz/Ohler/Herrmann 2008: 122).

5.5 Verstärkte Zusammenarbeit

Die Flexibilisierung der europäischen Außen- und Sicherheitspolitik ist ein seit den 1990er Jahren in der wissenschaftlichen Debatte präsentes Thema (Missiroli 2000). Was in der Vertragsrevision von Amsterdam nicht erreicht wurde, kam in der darauffolgenden Reformetappe von Nizza zustande: Die verstärkte Zusammenarbeit wurde auf die Außen- und Sicherheitspolitik ausgedehnt. Grundsätzlich gilt, dass die verstärkte Zusammenarbeit nur als „letztes Mittel" angewandt werden soll, falls sich die Vertragsbestimmungen als nicht ausreichend erweisen, um die Ziele dieser Zusammenarbeit „in einem vertretbaren Zeitraum" zu verwirklichen (Art. 43a EUV-N). Von Anfang an lag es im mitgliedstaatlichen Interesse, dass die verstärkte Zusammenarbeit nicht zu unkoordinierten Initiativen einzelner Gruppen von Mitgliedstaaten führen sollte. Vielmehr sollte die verstärkte Zusammenarbeit als Verstärkung der Integration zu verstehen sein.

Unter Berücksichtigung des Kohärenzgebots (Art. 27a(1) EUV-N) konnte die verstärkte Zusammenarbeit im Bereich der GASP nur die Durchführung einer gemeinsamen Aktion oder die Umsetzung eines gemeinsamen Standpunkts betreffen, nicht jedoch Fragen mit militärischen oder verteidigungspolitischen Bezügen (Art. 27b EUV-N). Die Ermächtigung zur verstärkten Zusammenarbeit erfolgte durch den Rat mit qualifizierter Mehrheit (Art. 27c EUV-N). Dem Hohen Vertreter ordnete der Vertrag von Nizza im Rahmen der verstärkten Zusammenarbeit eine Unterrichtungsfunktion gegenüber den Ratsmitgliedern und dem Europäischen Parlament zu (Art. 27d EUV-N). Jedem Mitgliedstaat der Europäischen Union stand es offen, sich der verstärkten Zusammenarbeit anzuschließen (Art. 27e EUV-N).

Eine wirksamere Außen- und Sicherheitspolitik der EU und eine flexiblere Vorgehensweise der Mitgliedstaaten sollten bereits durch das im Vertrag von Amsterdam verankerte Instrument der gemeinsamen Strategie und einer damit einhergehenden Ausdehnung der Mehrheitsentscheidungen im Bereich der GASP erreicht werden, doch ein zu verzeichnender Mehrwert blieb aus. Mit der verstärkten Zusammenarbeit verband sich die Erwartung, dass sie sich hinsichtlich der Erweiterung der EU als adäquates Mittel erweisen würde, um die Erweiterung und den Vertiefungsprozess in Einklang zu bringen (Algieri/Emmanouilidis 2000). Bestehende Schwächen sollten überwunden werden und es sollte gewährleistet sein, dass die EU auf Krisen in möglichst kurzer Zeit reagieren kann (Solana 2001).

In der weiteren Reformdebatte richten sich die Erwartungen mit Blick auf die Gemeinsame Außen- und Sicherheitspolitik in besonderer Weise auf die verstärkte Zusammenarbeit (Jaeger 2002). Sollte sie zur Zauberformel werden, um potenzielle, aus der ungleichen Interessenlage der Mitgliedstaaten entstehende Handlungsblockaden zu überwinden? Der Verfassungsvertrag führte den im Vertrag von Nizza festgelegten Ansatz in großen Teilen fort (Emmanouilidis 2005). Im Vertrag von Lissabon ist die verstärkte Zusammenarbeit darauf ausgerichtet, „die Verwirklichung der Ziele der Union zu fördern, ihre Interessen zu schützen und ihren Integrationsprozess zu stärken" (Art. 20(1) EUV-L). Die verstärkte Zusammenarbeit soll weiterhin nur als letztes Mittel vom Rat erlassen werden, „wenn dieser feststellt, dass die mit dieser Zusammenarbeit angestrebten Ziele von der Union in ihrer Gesamtheit nicht innerhalb eines vertretbaren Zeitraums verwirklicht werden können und sofern an der Zusammenarbeit mindestens neun Mitgliedstaaten beteiligt sind" (Art. 20(2) EUV-L). In Artikel 329 des Vertrags über die Arbeitsweise der EU wird geregelt, dass die Mitgliedstaaten, die im Rahmen der GASP eine verstärkte Zusammenarbeit anstreben, den entsprechenden Antrag an den Rat richten, der dem Hohen Vertreter und der Kommission übermittelt wird. Der Hohe Vertreter muss die Kohärenz der verstärkten Zusammenarbeit mit der GASP beurteilen und die Kommission die Kohärenz der verstärkten Zusammenarbeit mit den anderen Politikbereichen der EU. Das Europäische Parlament wird unterrichtet.

Über Artikel 333(1) AEUV bietet sich die Möglichkeit, dann zu einer Mehrheitsentscheidung zu gelangen, wenn die an der verstärkten Zusammenarbeit teilnehmenden Mitgliedstaaten im Rat einstimmig festlegen, zur Mehrheitsentscheidung überzugehen. Hiervon ausgenommen sind Beschlüsse mit militärischen und verteidigungspolitischen Bezügen (Art. 333(3) AEUV). Die verstärkte Zusammenarbeit ist als offenes Verfahren ausgerichtet. Will ein Staat an einer bestehenden verstärkten Zusammenarbeit im Bereich der GASP teilnehmen, so hat er dies dem Hohen Vertreter und der Kommission mitzuteilen. Die an der bestehenden verstärkten Zusammenarbeit beteiligten Mitglieder des Rates entscheiden nach Anhörung des Hohen Vertreters einstimmig, ob der betreffende Staat in die verstärkte Zusammenarbeit einbezogen werden kann oder nicht (Art. 331(2) AEUV). In der GASP-Praxis wird zu beobachten bleiben, inwieweit die verstärkte Zusammenarbeit überhaupt Anwendung findet und ob sich dadurch eine Optimierung und Flexibilisierung in diesem Politikbereich ergibt.

5.6 Finanzierung der GASP

Die Finanzierung der außenpolitischen Maßnahmen der EU erfolgt zu einem großen Teil über Mittel des Gemeinschaftshaushalts, weshalb es seit dem Vertrag von Maastricht immer wieder zu „erheblichen Abstimmungsproblemen zwischen den europäischen Institutionen und darüber hinaus zu Verzögerungen bei der Durchführung beschlossener Aktionen, welche die Wirksamkeit derselben gefährdeten", kam (Hölscheidt/Brökelmann 2004: 25 f.). Bei den Verhandlungen zum Vertrag von Maastricht konnten sich die Mitgliedstaaten auf keine klare Vereinbarung zur Finanzierung der GASP einigen. Zwar wurden Verwaltungsausgaben dem Haushalt der EG zugeordnet, für operative Ausgaben gab es hingegen keine genaue Zuordnung. Dies führte zu mühsamen Auseinandersetzungen zwischen dem Rat, dem Europäischen Parlament und der Kommission, schränkte die Effektivität außen- und sicherheitspolitischer Aktivitäten ein und schuf Klärungsbedarf (Monar 1997a). Die Verwaltungsausgaben, die den EU-Organen im Zusammenhang mit der Durchführung der GASP entstehen, gehen ebenso wie die operativen GASP-Ausgaben zulasten des Haushalts der EG (Art. 28 EUV-N). Für die militärischen und verteidigungspolitischen Ausgaben gelten spezifische Regelungen (siehe Kapitel 6.5). Der Vertrag von Lissabon sieht weiterhin vor, dass die bei der Durchführung der GASP anfallenden Verwaltungsausgaben zulasten des Unionshaushalts gehen, ebenso die operativen Ausgaben, wobei jene mit militärischen und verteidigungspolitischen Bezügen ausgenommen sind, außer der Rat beschließt anders (Art. 41 EUV-L). Neu gegenüber dem Vertrag von Nizza ist die Festlegung, dass der Rat besondere Verfahren beschließen kann, um einen schnellen Zugriff auf Haushaltsmittel der Union zu gewährleisten, was sich insbesondere auf Maßnahmen im Bereich der GSVP bezieht (Art. 41(3) EUV-L).

In einer interinstitutionellen Vereinbarung zwischen dem Europäischen Parlament, dem Rat und der Europäischen Kommission über die Haushaltsdisziplin und die wirtschaftliche Haushaltsführung wird, vor dem Hintergrund des mehrjährigen Finanzrahmens 2007–2013, zur Finanzierung der GASP fixiert, dass sich die Organe im Rahmen eines festgelegten Konzertierungsverfahrens darum bemühen, sich auf den Betrag für die operativen Ausgaben zu einigen (Amtsblatt der Europäischen Union C 139, 2006: 7). Aus der Aufschlüsselung des GASP-Kapitels im Haushaltsplan ergeben sich Hinweise auf die Schwerpunkte der außen- und sicherheitspolitischen Aktivitäten der Union:

—— „Krisenmanagementoperationen, Konfliktverhütung, Konfliktbeilegung und Stabilisierung, Monitoring und Umsetzung von Friedens- und Sicherheitsprozessen,
—— Nichtverbreitung von Kernwaffen und Abrüstungsmaßnahmen,
—— Sofortmaßnahmen,
—— Vorbereitungsmaßnahmen und Folgemaßnahmen,
—— Sonderbeauftragte der Europäischen Union" (Amtsblatt der Europäischen Union C 139, 2006: 7).

Die finanzielle Aufstockung des Budgets für die europäische Außenpolitik wurde als „eines der wichtigsten Ergebnisse der Interinstitutionellen Vereinbarung" genannt (Bendiek/Whitney-Steele 2006: 1). Für den Zeitraum 2007–2013 kamen die Organe überein, für die GASP einen Betrag von mindestens 1,74 Milliarden Euro bereitzustellen (Amtsblatt der Europäischen Union C 139, 2006: 7). Im Vergleich zu anderen Politikbereichen nimmt die Außenpolitik der EU im Finanzrahmen der EU noch einen vergleichsweise bescheidenen Teil ein. Die Mittelausstattung für den Bereich „EU als globaler Akteur" ist im Haushaltsjahr 2009 gegenüber dem Vorjahr um 7,3 Prozent auf eine Summe von 8,1 Milliarden Euro aufgestockt worden, doch insgesamt nimmt dieser Bereich lediglich 6,1 Prozent des gesamten Finanzrahmens ein (Europäische Kommission 2009: 8f.).[10] Innerhalb dieses Bereichs entfallen drei Prozent auf die GASP (Europäische Kommission 2009: 25).[11] Um die unzureichende finanzielle Ausstattung der europäischen Außenpolitik zu kompensieren und damit die EU handlungsfähig bleiben kann, erscheint es umso wichtiger, „auf die Kohärenz der verschiedenen außenpolitischen Maßnahmen zu achten" (Bendiek 2006: 15).

10 Zum Vergleich: Die finanziellen Verpflichtungen für die Verwaltung betragen 5,7 Prozent und jene für nachhaltiges Wachstum 45 Prozent.
11 Im Vergleich hierzu entfallen beispielsweise auf das Finanzierungsinstrument für Entwicklungszusammenarbeit 29,3 Prozent, auf das Europäische Nachbarschafts- und Partnerschaftsinstrument 20 Prozent und auf das Europäische Instrument für Demokratie und Menschenrechte zwei Prozent.

Übersicht 3: Die EU als globaler Akteur, Haushaltsplan 2009

	Prozent
Finanzierungsinstrument für Entwicklungszusammenarbeit (DCI)	29,3%
Europäisches Nachbarschafts- und Partnerschaftsinstrument (ENPI)	20,0%
Instrument für Heranführungshilfe (IPA)	18,8%
Humanitäre Hilfe	9,6%
Nahrungsmittelfazilität	7,0%
Sonstige Maßnahmen und Programme (einschließlich dezentraler Agenturen)	3,5%
Gemeinsame Außen- und Sicherheitspolitik (GASP)	3,0%
Stabilitätsinstrument	2,3%
Soforthilfereserve	2,1%
Europäisches Instrument für Demokratie und Menschenrechte (EIDHR)	2,0%
Makroökonomische Unterstützung	1,2%
Instrument für die Zusammenarbeit im Bereich der nuklearen Sicherheit (INSC)	0,9%
Instrument für die Zusammenarbeit mit Industrieländern (ICI)	0,3%

	Euro
Finanzierungsinstrument für Entwicklungszusammenarbeit (DCI)	2 377 086 160
Europäisches Nachbarschafts- und Partnerschaftsinstrument (ENPI)	1 621 450 000
Instrument für Heranführungshilfe (IPA)	1 521 103 000
Humanitäre Hilfe	777 051 000
Nahrungsmittelfazilität	568 000 000*
Sonstige Maßnahmen und Programme (einschließlich dezentraler Agenturen)	286 636 000
Gemeinsame Außen- und Sicherheitspolitik (GASP)	242 900 000
Stabilitätsinstrument	188 083 000
Soforthilfereserve	166 000 000*
Europäisches Instrument für Demokratie und Menschenrechte (EIDHR)	157 361 200
Makroökonomische Unterstützung	99 000 000
Instrument für die Zusammenarbeit im Bereich der nuklearen Sicherheit (INSC)	73 973 000
Instrument für die Zusammenarbeit mit Industrieländern (ICI)	25 287 000
Insgesamt	**8 103 930 360**

** Unter Berücksichtigung einer spezifischen Übertragung
von der Soforthilfereserve auf die Nahrungsmittelfazilität.*

*Quelle: Europäische Kommission: Gesamthaushaltsplan der Europäischen Union für das
Haushaltsjahr 2009. Übersicht in Zahlen. Luxemburg: Amt für amtliche Veröffentlichungen
der Europäischen Gemeinschaften, 2009, 25.*

5.7 Bewertung der GASP-Reformetappen

Die Konzeption einer GASP, im Sinne der Überlegungen von Helmut Kohl und François Mitterrand (siehe Kapitel 5.1), spiegelt sich im Text des Vertrags von Maastricht wider. Allerdings weist Philippe de Schoutheete de Tervarent auf den Zeitdruck während der Verhandlungen im Rahmen der Regierungskonferenz hin, unter dem der Text zustande kam (Schoutheete de Tervarent 1997: 61). Dies hatte zur Folge, dass keine intensive Diskussion über die Bedeutung dieses gemeinsamen Politikfeldes und ebenso wenig über die damit verbundenen Implikationen für den Integrationsprozess, die daran teilnehmenden Mitgliedstaaten und spezifische Teilaspekte wie Entscheidungs- und Abstimmungsmechanismen, die Finanzierung, die Rolle von Gemeinschaftsinstitutionen oder eine gemeinsame Verteidigungspolitik stattfinden konnte. Simon Nuttall beurteilt die Entstehung der GASP weniger als ein idealistisches Integrationsprojekt, sondern als einen auf nationalen Interessen begründeten pragmatischen Schritt Deutschlands und Frankreichs. Frankreich wollte die Wirtschafts- und Währungsunion schaffen und Deutschland forderte für seine Zustimmung einen entsprechenden Preis. „Both were in urgent need of finding an initiative to mend the rift between them caused by the movement towards German unification. To Paris and Bonn, the CFSP was more important as symbol than as substance. In the circumstance, it is hardly surprising that proposals on the substance were slow to come, and when they did were of varying interest and difficult to relate to an overall scheme" (Nuttall 2000: 271).

Mehr als ein Minimalkonsens konnte von den Mitgliedstaaten der EG zu jenem Zeitpunkt nicht erreicht werden. Dass dieser nicht ausreichend sein würde, um den Wirkungsgrad des außenpolitischen Handelns der Union entscheidend zu vergrößern, konnte nicht bezweifelt werden. Die Koordination und Kooperation zwischen den verschiedenen an der GASP beteiligten Akteuren verlief schwerfällig, es herrschte Uneinigkeit darüber, welche Aktivitäten, die nun der GASP zugeordnet waren, auch im Rahmen des EG-Vertrags hätten durchgeführt werden können. Der Gegensatz von gemeinschaftlichen Verfahren einerseits und intergouvernementalen andererseits ließ ein Nebeneinander von Bereichen unterschiedlicher Integrationsdichte entstehen. Ob es sich bei der GASP tatsächlich um eine neue Politik handelte oder nur um eine Fortführung der EPZ unter anderem Namen, blieb umstritten (Foster/Wallace 1996). Als besonders problematisch erschien die Klassifizierung der Außen- und Sicherheitspolitik als gemeinsam, was zu der kritischen Anmerkung führte, dies sei ein „Etikettenschwindel" (Oppermann 1993: 108). Reinhardt Rummel sah in der GASP nach Maastricht eine „Reproduktion" alter und von den Mitgliedstaaten geprägter Strukturen (Rummel 1997: 13 f.): „It is not designed to defend the vital interests of the Union and has hardly dared to incorporate some of the more recent international issues in the field of foreign and security policy or to make CFSP more meaningful by shifting its focus to problems that are of prime interest for citizens but less for diplomats." Antworten auf Grundsatz- und Detailfragen zu finden war somit zu einem wichtigen Teil der Post-Maastricht-Reformdebatte geworden.

Die erste Reformetappe der GASP fand ihre Festlegung im Vertrag von Amsterdam und brachte eine teilweise Präzisierung sowie einige institutionelle Neuerungen. Hervorzuheben ist die Aufwertung der sicherheitspolitischen Dimension durch die Aufnahme der sogenannten Petersberg-Aufgaben in Titel V. Einen qualitativen Fortschritt brachte auch die Schaffung des Amts des Hohen Vertreters für die GASP. Die Amsterdamer Änderungen stellten jedoch nur einen weiteren Zwischenschritt im Entwicklungsprozess der europäischen Außen- und Sicherheitspolitik dar. Es blieb weiterhin eine Kluft zwischen den an die EU gerichteten Erwartungen und den verfügbaren Handlungsinstrumenten bestehen. Dies lag nicht zuletzt an der erkennbaren Zurückhaltung der EU-Mitgliedstaaten, außen- und sicherheitspolitische Kompetenzen in einen gemeinsamen Entscheidungsfindungsprozess zu überführen. Jörg Monar bewertet die Ergebnisse der Amsterdamer Reformetappe als „Reformfragmente" und erklärt die begrenzten Ergebnisse zum Teil dadurch, dass die EU während der Verhandlungen im Rahmen der Regierungskonferenz keinem „immanenten externen Druck" ausgesetzt war (Monar 1997b: 435).

Sowohl die Vorgaben des Vertrags von Maastricht wie jene des Vertrags von Amsterdam erwiesen sich als teilweise zu wenig flexibel, um auf die sich verstärkende Interessenheterogenität in einer größer werdenden Union eingehen zu können. Der Vertrag von Nizza führte zu keiner echten Aufwertung von Flexibilität durch verstärkte Zusammenarbeit (Janning 2001). Im Bereich der GASP ist diesem Verfahren nur eine sehr eingeschränkte Anwendung zugeordnet worden. Auch hinsichtlich der Möglichkeit zu Mehrheitsentscheidungen sind die Vorgaben des Vertrags von Nizza für die GASP nur von minimaler Relevanz. In der Regierungskonferenz war die GASP lediglich ein „Randthema" und dies war nicht zuletzt auf einen „begrenzten Reformeifer" seitens der Mitgliedstaaten zurückzuführen (Regelsberger 2001). Insgesamt betrachtet, sind die Ergebnisse der Reformetappen von der Einheitlichen Europäischen Akte bis zum Vertrag von Nizza „wesentliche Wegmarken in der Geschichte der europäischen Einigung" (Wessels 2001: 32), sie haben zur Herausbildung und Fortentwicklung der GASP jeweils einen spezifischen Beitrag geleistet. Dennoch konnte nie ein derart weitreichender Qualitätssprung erzielt werden, der dazu beigetragen hätte, die Kritik an den Reformen schwächer werden zu lassen.

In Anbetracht des Projekts der weiteren Vertiefung des europäischen Integrationsprozesses durch einen Vertrag über eine Verfassung für Europa wurden all die ungelösten Fragen vorangegangener Reformen erneut aufgeworfen (Jopp/Matl 2005). Bei dieser Reformetappe war von grundsätzlicher Bedeutung gewesen, dass mit dem Europäischen Konvent ein neues Verhandlungsmodell erprobt wurde, das sich deutlich von den intergouvernementalen Regierungskonferenzen unterschied und der parlamentarischen Beteiligung an der Reformdebatte Raum bot (Maurer/Göler 2004). Vor dem Hintergrund der unterschiedlichen Positionen europäischer Staaten während des Irak-Krieges im Jahr 2003 waren inner- und außerhalb der EU die kritischen Kommentare gegenüber der GASP lauter geworden. Vom Ende der GASP zu reden war jedoch aus zwei Gründen unzutreffend. Erstens handelte es sich bei der Irak-Debatte um unterschiedliche Positionen hinsichtlich der entsprechenden Politik der USA und nicht um eine Infragestellung des Politikfelds der EU. Zweitens funktionierte die GASP als Teil der europäischen Außenpolitik ohne Beeinträchtigung weiter. Dies berücksichtigend, kann die im Juli 2003 vorgelegte Fassung des Verfassungsvertrags als eine „neue Angebotsvielfalt mit Chancen und Mängeln" (Jopp/Regelsberger 2003) interpretiert werden. Diese Einschätzung trifft auch auf die im Juni 2004 vom Europäischen Rat angenommene Fassung zu. Dass der Verfassungsvertrag nicht bereits im Dezember 2003 die Zustimmung der Staats- und Regierungschefs gefunden hatte, lag nicht an den die Außen- und Sicherheitspolitik betreffenden Teilen. Die grundsätzliche Unterstützung der EU-Mitgliedstaaten für die Reform der GASP war vorhanden und so konnte zu diesem Zeitpunkt die Europäische Sicherheitsstrategie von den Staats- und Regierungschefs angenommen werden. Dennoch bleibt zu konstatieren, dass die Regelungen zur GASP im Verfassungsvertrag in der Tradition einer in Etappen erfolgenden Fortschreibung und Ausdifferenzierung der vertraglichen Grundlagen bei gleichzeitiger

Untermauerung der europäischen Außen- und Sicherheitspolitik als eines von den Mitgliedstaaten kontrollierten Integrationsprojekts standen.

Das Scheitern des Verfassungsvertrags hatte die EU in eine ernste Reformkrise gestürzt. Der Ausweg aus dieser Krise wurde unter anderem mittels einer weiteren Vertragsreform in der Logik früherer Regierungskonferenzen gesucht. Gewiss bietet der Vertrag von Lissabon keine „tragfähige und abschließende Antwort auf konstitutionelle Grundfragen" (Hofmann/Wessels 2008) und er bedeutet kein Optimum für diejenigen, die den Einklang zwischen Vertiefung und Erweiterung der EU erwarten. Auf die Außen-, Sicherheits- und Verteidigungspolitik bezogen, wird sich auch in Zukunft die Frage als relevant erweisen, inwiefern diese Politikbereiche als „gemeinsam" bezeichnet werden können und welcher Reformbedarf besteht. Obwohl mit der rechtlichen Gleichrangigkeit des Vertrags über die Europäische Union und des Vertrags über die Arbeitsweise der Europäischen Union[12] von einer Überwindung der Pfeilerstruktur gesprochen werden kann (Auswärtiges Amt 2007: 5), besteht weiterhin eine erkennbare Trennung zwischen dem bisherigen Gemeinschaftsbereich und dem intergouvernementalen Bereich der GASP/ESVP (GSVP), d. h. in früherer Terminologie gesprochen zwischen dem ersten und dem zweiten Pfeiler. Außen-, Sicherheits- und Verteidigungspolitik bleiben unter der Kontrolle der Mitgliedstaaten, der Intergouvernementalismus ist folglich kennzeichnend für diese Politikbereiche. Wolfgang Wessels und Franziska Bopp interpretieren die Regelungen im Vertrag von Lissabon als „rationalised intergovernmentalism", d. h., die Staats- und Regierungschefs gewähren dem Europäischen Parlament und der Europäischen Kommission einerseits begrenzte Rollen und andererseits halten sie an der Einstimmigkeit im Rat und an der zentralen Funktion des Europäischen Rates fest (Wessels/Bopp 2008: 4). In der Summe zeigt sich, dass die Wahrung staatlicher Souveränitätsbereiche und das Denken in nationalen Dimensionen weiterhin bestimmend bleiben. Über die verstärkte Zusammenarbeit oder die Ständige Strukturierte Zusammenarbeit bietet der Vertrag von Lissabon sicherlich Flexibilisierungsinstrumente, doch entscheidend wird sein, wann und wie von ihnen Gebrauch gemacht wird. In diesem Zusammenhang wird zu beobachten bleiben, ob sich eine die Außen-, Sicherheits- und Verteidigungspolitik bestimmende Gruppe innerhalb der EU herausbilden wird.

---

12 Der EG-Vertrag wurde begrifflich verändert in „Vertrag über die Arbeitsweise der Europäischen Union" (AEUV).

Weiterführende Literatur

Emmanouilidis, J. A. (2008). *Conceptualizing a differentiated Europe,* ELIAMEP Policy Paper 10.

Fischer, K. H. (2008). „Europäische Außen- und Sicherheitspolitik nach Lissabon", in: *Zeitschrift für Außen- und Sicherheitspolitik* 1/1, 57–67.

Rat der Europäischen Union/Generalsekretariat (2009). *Jahresbericht des Rates an das Europäische Parlament über die Hauptaspekte und grundlegenden Optionen der GASP 2008,* Brüssel.

Regelsberger, E. (2004). *Die Gemeinsame Außen- und Sicherheitspolitik (GASP). Konstitutionelle Angebote im Praxistest 1993–2003,* Baden-Baden.

Wessels, W./Bopp, F. (2008). *The institutional architecture of CFSP after the Lisbon Treaty. Constitutional breakthrough or challenges ahead?,* Challenge Research Paper 10.

Website

Europäischer Rat/Rat der Europäischen Union:
www.consilium.europa.eu/showPage.aspx?id=1&lang=DE.

6 Die Europäische Sicherheits- und Verteidigungs-politik (ESVP) als Teil der GASP[1]

Mit der Einigung auf die GASP hatten die Mitgliedstaaten der EU in den 1990er Jahren einen qualitativen Sprung auf dem Weg der Vertiefung des europäischen Integrationsprozesses ausgelöst. Doch die sicherheitspoliti-schen Entwicklungen in Europa und anderen Regionen der Welt verlangten eine weiterführende Antwort auf die Frage, wie sich die EU als sicherheits- und verteidigungspolitischer Akteur positionieren wolle und werde. Der Zerfall des ehemaligen Jugoslawien hatte den EU-Mitgliedstaaten im letz-ten Jahrzehnt des 20. Jahrhunderts verdeutlicht, dass sie trotz all ihrer wirt-schaftlichen Macht nicht über den notwendigen politischen Konsens und die notwendigen Instrumente verfügten, einen eskalierenden Konflikt in der unmittelbaren Nachbarschaft einzudämmen und letztendlich zu been-den. In diesem Zusammenhang wurde innerhalb der EU unter anderem die Forderung erhoben, Europa müsse sich mit „strategischen Machtinstru-menten" ausstatten, die dem „neuen strategischen Umfeld" nach dem Ende des Ost-West-Konflikts angepasst sind (Scharping 1999).

6.1 Sicherheit: ein Begriff im Wandel

Mit dem Ende der Ost-West-Konfrontation und dem Aufkommen neuer sicherheitspolitischer Themen hat der Begriff „Sicherheit" als „erweiterter Sicherheitsbegriff" oder auch „umfassender Sicherheitsbegriff" eine neue Wertigkeit bekommen (Algieri 1996; Bundesakademie für Sicherheitspolitik 2001, 2004, 2009; Gärtner/Hyde-Price/Reiter 2001). Hiermit einhergehend verfestigte sich die Erkenntnis, dass ein Staat alleine nicht in der Lage ist,

[1] Einige Teile dieses Kapitels beziehen sich auf Algieri/Bauer 2008.

ausreichende Maßnahmen und Instrumente zu entwickeln, mit denen der Vielfalt sicherheitspolitischer Herausforderungen begegnet werden kann. Konsequenterweise erhöhte sich der Bedarf an kooperativen Foren und Maßnahmen zur Stärkung staatlicher, regionaler und globaler Sicherheit. In diesem Kontext ist zwischen unterschiedlichen Motivlagen zu unterscheiden, die für die sicherheitspolitische Kooperation europäischer Staaten förderlich sind:

a) Sicherung der wirtschafts- und handelspolitischen Position
Die Sicherung und der Ausbau der wirtschafts- und handelspolitischen Position der EU sind zentrale Motive europäischer Außenpolitik. Die EU kann unter Berücksichtigung ihres handelspolitischen Potenzials als Weltmacht bezeichnet werden. Zu Beginn des 21. Jahrhunderts betrug der Anteil der EU-Ausfuhren ein Fünftel der gesamten Ausfuhren weltweit und lag über den jeweiligen Anteilen der USA, Japans und der VR China. Der Anteil der Einfuhren in die EU belief sich auf etwas weniger als ein Fünftel der gesamten Einfuhren weltweit, die Union lag auf dem zweiten Rang hinter den USA. Aus dieser Sachlage heraus wird nachvollziehbar, dass für die EU und ihre Mitgliedstaaten zur Sicherung und für den Ausbau dieser Rolle als Wirtschafts- und Handelsmacht stabile und berechenbare Rahmenbedingungen im europäischen und globalen Kontext notwendig sind.

b) Sicherheit in den Nachbarregionen
Die Erweiterung der EU hat neue Außengrenzen zu Ländern und Regionen geschaffen, von denen manche durch Instabilität gekennzeichnet sind (Missiroli 2003). Dadurch hat die Sicherheit der Nachbarstaaten und -regionen sowie deren politische, wirtschaftliche und gesellschaftliche Stabilisierung einen wesentlichen Stellenwert bei der sicherheitspolitischen Konzeption der EU und ist zu einem wesentlichen Motiv der Europäischen Nachbarschaftspolitik geworden.[2]

c) Territoriale Sicherheit in neuem Verständnis
Territoriale Sicherheit ist für europäische Staaten nicht mehr so wie in der Phase der Ost-West-Konfrontation zu verstehen. Das Begriffsverständnis hat sich gewandelt und so sind heute unterschiedlichste Risikofaktoren,

---

2   Exemplarisch zu der Vielzahl von Publikationen zur Nachbarschaftspolitik siehe Bendiek 2008.

wie beispielsweise Terrorismus, organisierte Kriminalität, die Verbreitung von Massenvernichtungswaffen oder Migration, in die Auseinandersetzung mit territorialer Sicherheit einzubeziehen.

d) Beherrschung vielfältiger alter und neuer Sicherheitsaspekte
Neben den genannten Sicherheitsaspekten haben weitere Themen für die EU an sicherheitspolitischer Relevanz gewonnen. Diese umfassen Fragen der regionalen Sicherheit in weiter entfernten Regionen, von Afrika über den Nahen Osten bis nach Asien, ebenso beispielsweise die Folgen der Umweltzerstörung, des Klimawandels oder die Energiesicherheit.

Aspekte militärischer und nichtmilitärischer Sicherheit greifen zunehmend ineinander und müssen in ihrem Zusammenwirken erfasst werden. Die Gewährleistung umfassender Sicherheit ist im 21. Jahrhundert zum beherrschenden Thema des europäischen Integrationsprozesses geworden. Wie sich am Beispiel der internationalen Finanzkrise ab der zweiten Jahreshälfte 2008 zeigte, erweitert sich das Sicherheitsverständnis immer wieder um neue Facetten. Für die EU stellt sich deshalb die Aufgabe, den Aspekt der Sicherheit über alle Politikbereiche hinweg zu berücksichtigen und die Ursachen für Instabilität frühzeitig zu erfassen. Der Begriff Sicherheit ist mehrdimensional und die Politikbereiche der EU müssen übergreifend erfasst werden. Dies verlangt, entsprechende Frühwarnfähigkeiten, Präventionsinstrumente und Reaktionsmechanismen zu schaffen, um derartigen Entwicklungen entgegenwirken zu können. Hierfür bedurfte und bedarf es aber nicht nur einer Verfeinerung der außen-, sicherheits- und verteidigungspolitischen Fähigkeiten der Union, sondern auch der unmissverständlichen Bestimmung ihrer Interessen und ihrer strategischen Ausrichtung. Zwar konnten die EU-Mitgliedstaaten seit Ende der 1990er Jahre auf die Entwicklung der ESVP verweisen und die Europäische Kommission verbesserte stetig ihr Handlungspotenzial und die Instrumente zur Ausgestaltung der Außenbeziehungen, doch mangelte es an einer strategischen Debatte ebenso wie an einer gemeinsamen Perzeption der sicherheitspolitischen Herausforderungen (Solana 2004: 17).

6.2 Die Entstehungsphase der ESVP

Mit der Europäischen Sicherheits- und Verteidigungspolitik eröffnete sich
eine Möglichkeit für die EU, den Handlungsspielraum europäischer Gestaltungsmacht entscheidend zu erweitern. Die ESVP ist als Teil der GASP zu
verstehen und ihr Zustandekommen beruht auf einer Reihe von nationalen
und bilateralen Initiativen von EU-Mitgliedstaaten (in der Anfangsphase
insbesondere von Deutschland, Frankreich, Großbritannien, Italien sowie
den Benelux-Staaten).[3] Einen wichtigen Anstoß zur Stärkung der GASP
gab der britische Premierminister Tony Blair während Österreichs erster EU-
Präsidentschaft beim Treffen der Staats- und Regierungschefs der EU im
Oktober 1998 in Pörtschach. Seine – wenngleich allgemeinen – Äußerungen
zur Verstärkung der europäischen Sicherheits- und Verteidigungsidentität
innerhalb der NATO und zur Integration der Westeuropäischen Union (WEU)
in die Europäische Union wiesen auf eine beachtenswerte Entwicklung
Großbritanniens bei der Diskussion um eine europäische Sicherheits- und
Verteidigungspolitik hin.

In ihrer gemeinsamen Erklärung von St. Malo forderten Frankreich und
Großbritannien vor dem Wiener Treffen des Europäischen Rates im Dezember 1998, dass die EU über die Fähigkeit zu autonomem Handeln und über
entsprechend einsetzbare militärische Mittel verfügen sollte (Joint declaration issued at the British-French summit). Hierbei blieben beide Staaten
dem intergouvernementalen Ansatz verbunden und betonten, dass eine
derartige Entwicklung keine Abwendung von der NATO bedeute. Die bri-
tisch-französische Annäherung war wichtig, da sich hier zwei bezüglich der
Entwicklung einer europäischen Sicherheits- und Verteidigungspolitik unterschiedliche Denkkulturen trafen. Während Frankreich ein stärkeres Gewicht
der EU in der Sicherheits- und Verteidigungspolitik anstrebte, blieb es das
Ziel Großbritanniens, die europäische Dimension innerhalb der NATO zu
stärken (Howorth 2000; Grant 1998; Lindley-French 1998).

Im Verlauf der deutschen EU-Ratspräsidentschaft im ersten Halbjahr
1999 erhöhte der Kosovo-Krieg den Druck auf die Mitgliedstaaten der
Union, die sicherheits- und verteidigungspolitische Debatte zu vertiefen,

---

3   Umfassend zur Entwicklung von Sicherheits- und Verteidigungspolitik in Europa siehe
     Lindley-French 2007.

denn er legte die Grenzen des sicherheitspolitischen Gestaltungspotenzials der Europäischen Union offen. Gleichzeitig war dieser Krieg das „katalytische Element" zum Ausbau der GASP durch die ESVP (Europäisches Parlament 2000, A5-0339/2000 endgültig: Teil 2, Punkt 16). Hieraus resultierte die vom Europäischen Rat in Köln am 3./4. Juni 1999 festgelegte Wegvorgabe für die ESVP (Europäischer Rat Köln 1999). Die weitere Ausarbeitung und Verfeinerung der Grundlagen zur Herstellung militärischer und nichtmilitärischer Fähigkeiten wurde zu einem dynamischen und anhaltenden Charakteristikum der sicherheitspolitischen Vertiefung des europäischen Integrationsprozesses (Europäischer Rat Helsinki 1999, Europäischer Rat Santa Maria da Feira 2000), der weiter andauerte.[4] Die ESVP wurde von nun an für alle EU-Mitgliedstaaten, mit der Ausnahme von Dänemark, zum sicherheits- und verteidigungspolitischen Bezugsrahmen innerhalb des europäischen Integrationsprozesses. Seit Maastricht wird durch ein Protokoll zum EU-Vertrag die Sonderstellung Dänemarks geregelt.[5] Dänemark beteiligt sich „nicht an der Ausarbeitung und Durchführung von Beschlüssen und Maßnahmen der Union, die verteidigungspolitische Bezüge haben", es nimmt nicht an der Annahme solcher Maßnahmen und der Finanzierung teil und wird die anderen Mitgliedstaaten nicht an der Weiterentwicklung ihrer Zusammenarbeit in diesem Politikbereich hindern (Protokoll über die Position Dänemarks, Art. 6 EUV-N; Art 5 EUV-L). Kein Mitgliedstaat der EU kann „letztlich [...] zur Übernahme sämtlicher GASP-Pflichten gezwungen werden, wenn hierfür die entsprechende innenpolitische gesellschaftliche Basis fehlt" (Regelsberger/Kugelmann 2003: 83).

6.3 Zielvorgaben und Aufgabenspektrum

Die Ziele der GASP umfassen ein breites Themenfeld (siehe Kapitel 5.2), das durch die ESVP noch erweitert wird. Mit dem Vertrag von Lissabon wird die ESVP nunmehr in Gemeinsame Sicherheits- und Verteidigungspolitik

---

4 Eine umfassende Sammlung der wichtigsten Dokumente zur Sicherheits- und Verteidigungspolitik der EU findet sich in zwischenzeitlich neun Bänden (Stand Juli 2009) im Rahmen der Serie Chaillot Papers des EU Instituts für Sicherheitsstudien in Paris: www.iss.europa.eu/publications/chaillot-papers/.

5 Das negative dänische Referendum zum Vertrag von Maastricht hatte 1992 unter anderem zum Opt-out bei der Verteidigungspolitik im Rahmen der EU geführt.

(GSVP) umbenannt. Artikel 17 Abs. 1 EUV-N gab für die Sicherheits- und Verteidigungspolitik der EU eine Richtungsvorgabe, die bis hin zu einer gemeinsamen Verteidigung reicht: „Die Gemeinsame Außen- und Sicherheitspolitik umfasst sämtliche Fragen, welche die Sicherheit der Union betreffen, wozu auch die schrittweise Festlegung einer gemeinsamen Verteidigungspolitik gehört, die zu einer gemeinsamen Verteidigung führen könnte, falls der Europäische Rat dies beschließt." Im Vergleich hierzu ist die entsprechende Passage im Vertrag von Lissabon eindeutiger: „Die Gemeinsame Sicherheits- und Verteidigungspolitik umfasst die schrittweise Festlegung einer gemeinsamen Verteidigungspolitik der Union. Diese führt zu einer gemeinsamen Verteidigung, sobald der Europäische Rat dies einstimmig beschlossen hat" (Art. 42(1) EUV-L). Dass die sicherheits- und verteidigungspolitische Zusammenarbeit der Mitgliedstaaten der EU im Sinne eines Automatismus zu einer gemeinsamen Verteidigung führt, ist daraus aber nicht abzuleiten. Im Gegenteil, es bleibt im Ermessen der Mitgliedstaaten und ist deren souveräne Entscheidung, ob sie jemals diesen Integrationsschritt gehen werden. Wie schon in der Anfangsphase der ESVP, so zeigt sich auch zehn Jahre danach, dass insbesondere die Verteidigungspolitik als intergouvernementales Projekt zu verstehen ist. Auch führt die Teilnahme an der ESVP/GSVP für die EU-Mitgliedstaaten, die auch Mitglieder der NATO sind, zu keiner Einschränkung ihrer Verpflichtungen im Rahmen der Atlantischen Allianz.

Nichtmilitärische und militärische Krisenbewältigung ist eine übergeordnete sicherheits- und verteidigungspolitische Aufgabe der EU. Im Rahmen ihrer Außenbeziehungen verfügte die EU schon seit den 1990er Jahren über Instrumente und Handlungsmöglichkeiten, die zur Regelung und zum Management von Konflikten eingesetzt werden konnten. Was jedoch fehlte, war ein entsprechend kohärentes Konzept. Im Rahmen des Europäischen Rates in Köln 1999 forderten die Staats- und Regierungschefs der Europäischen Union den Rat auf, sich mit allen Sicherheitsaspekten zu befassen, „um das nichtmilitärische Krisenreaktionsinstrumentarium der Union und der Mitgliedstaaten zu verbessern und besser zu koordinieren" (Europäischer Rat Köln 1999). Letztendlich sollte die EU in die Lage versetzt werden, in abgestufter Form auf Konflikte zu reagieren, indem durch ein Eingreifen der Ausbruch oder die Verschärfung von Konflikten verhindert wird, Maßnahmen zur Konsolidierung des Friedens und der inneren Sicherheit in Übergangszeiten entwickelt werden sowie eine Komplementarität der militärischen und der nichtmilitärischen Aspekte der Krisenbewältigung im gesamten Spektrum der Petersberg-Aufgaben hergestellt werden soll (Europäischer

Rat Santa Maria da Feira 2000: Anlage 3 zu Anlage I). Im Verlauf der weiteren Entwicklung der ESVP wurden Krisenreaktion und Krisenbewältigungs-
mechanismen weiter ausdifferenziert. Im Vertrag von Lissabon, in dem die
Gemeinsame Sicherheits- und Verteidigungspolitik als integraler Bestand-
teil der GASP definiert wird, findet sich eine explizite Verknüpfung zwischen
der zivilen und der militärischen Dimension von Außen-, Sicherheits- und
Verteidigungspolitik: „Sie [Die Gemeinsame Sicherheits- und Verteidigungspolitik, Anm. des Autors] sichert der Union eine auf zivile und militärische
Mittel gestützte Operationsfähigkeit. Auf diese kann die Union bei Missionen
außerhalb der Union zur Friedenssicherung, Konfliktverhütung und Stärkung der internationalen Sicherheit in Übereinstimmung mit den Grundsätzen der Charta der Vereinten Nationen zurückgreifen. Sie erfüllt diese
Aufgaben mit Hilfe der Fähigkeiten, die von den Mitgliedstaaten bereitge-
stellt werden" (Art. 42(1) EUV-L). Hier verdeutlichen sich noch klarer als im
Vertrag von Nizza die Umrisse des Aufgabenspektrums der EU. Letzteres
kann in zwei Themenbereiche unterteilt werden: militärische Aufgaben
und nichtmilitärische Aufgaben.

6.3.1 Nichtmilitärisches Aufgabenspektrum und Ziviles Planziel [6]

Der Europäische Rat von Feira hatte im Juni 2000 als Prioritäten für die
nichtmilitärischen Aspekte der Krisenbewältigung die Bereiche Polizei,
Stärkung des Rechtsstaat, Stärkung der Zivilverwaltung und Katastrophen-
schutz genannt (Europäischer Rat Santa Maria da Feira 2000: Anlage 3 zu
Anlage I). Bei der ersten Civilian Capabilities Commitment Conference im
November 2004 unterstrichen die Außenminister der EU-Mitgliedstaaten
die Wichtigkeit der Festlegung eines zivilen Planziels. Die Billigung des
Zivilen Planziels (Civilian Headline Goal) 2008 erfolgte durch den Europäischen Rat im Dezember 2004. Die Evaluierung dieses Planziels ergab, dass
sich durchaus eine deutliche Verbesserung der zivilen Krisenmanagement-
aktivitäten ergeben hatte, doch die sich andauernd wandelnden sicherheitspolitischen Einflussfaktoren eine Anpassung dieses Ziels notwendig
machten. Das Zivile Planziel 2010 soll bis Ende 2010 verwirklicht werden
und die Fähigkeit der EU zur wirksamen Wahrnehmung von Krisenbewälti-

---

6   Im Zivilen Planziel sind Ziele und Aufgaben, einschließlich der dafür notwendigen
    Kapazitäten und Fähigkeiten, beschrieben, die für die nichtmilitärische Krisenbewältigung
    in einem festgelegten Zeitraum erreicht werden sollen.

gungsaufgaben im zivilen Bereich verbessern (Rat der Europäischen Union 2007, 14823/07). Hierzu sollen die Qualität und die Verfügbarkeit des zivilen Krisenmanagements verbessert, Instrumente erweitert und Synergien mit Akteuren des zivilen Krisenmanagements, die nicht der EU angehören, erzielt werden. Auch dieses Konzept muss, wie auch schon das Planziel 2008, an Veränderungen des sicherheitspolitischen Umfelds, aufgrund der Erfahrungen aus der praktischen Umsetzung und entsprechender institutioneller Entwicklungen in der EU, fortlaufend angepasst werden (Rat der Europäischen Union 2008, 15255/08).

6.3.2 Militärisches Aufgabenspektrum und Streitkräfte-Planziel [7]

Ein qualitativer Sprung europäischer Sicherheits- und Verteidigungspolitik ergab sich aus der Aufnahme der sogenannten Petersberg-Aufgaben in den Vertrag von Amsterdam. Diese umfassen „humanitäre Aufgaben und Rettungseinsätze, friedenserhaltende Aufgaben sowie Kampfeinsätze bei der Krisenbewältigung einschließlich friedensschaffender Maßnahmen" (Art. 17(2) EUV-A). Der Europäische Rat von Köln stellte im Juni 1999 fest, für die Krisenverhütung und Krisenbewältigung „muss die Union die Fähigkeit zu autonomem Handeln, gestützt auf glaubwürdige militärische Fähigkeiten, sowie die Mittel und die Bereitschaft besitzen, dessen Einsatz zu beschließen, um – unbeschadet von Maßnahmen der NATO – auf internationale Krisensituationen zu reagieren" (Europäischer Rat Köln 1999: Anhang III, Punkt 1). Im Helsinki-Planziel (Headline Goal), das auf eine Initiative Deutschlands, Frankreichs und Großbritanniens entwickelt worden war, wurde festgelegt, wie die EU-Mitgliedstaaten sich in die Lage versetzen wollen, das gesamte Spektrum der Petersberg-Aufgaben militärisch zu verwirklichen (Europäischer Rat Helsinki 1999: Anlage 1 zu Anlage IV):

„Bis zum Jahr 2003 werden sie im Rahmen der freiwilligen Zusammenarbeit in der Lage sein, bei entsprechenden Operationen Streitkräfte bis zur Korpsgröße (d. h. bis zur Stärke von 15 Brigaden bzw. mit einer Stärke von 50 000 bis 60 000 Personen), die in der Lage sind, den im Vertrag von Amsterdam genannten Petersberg-Aufgaben, einschließlich von Aufgaben mit größten Anforderungen, in vollem Umfang gerecht zu werden, rasch

---

7   Im Streitkräfte-Planziel sind Ziele und Aufgaben einschließlich der dafür notwendigen Kapazitäten und Fähigkeiten beschrieben, die für die militärische Krisenbewältigung in einem festgelegten Zeitraum erreicht werden sollen.

zu verlegen und dann einsatzfähig zu halten. Diese Streitkräfte sollten militärisch durchhaltefähig sein und über die erforderlichen Fähigkeiten in Bezug auf Streitkräfteführung und strategische Aufklärung, die entsprechende Logistik, andere Kampfunterstützungsdienste und gegebenenfalls zusätzlich Komponenten der See- und Luftstreitkräfte verfügen. Die Mitgliedstaaten sollten in der Lage sein, in dieser Größenordnung innerhalb von 60 Tagen die Streitkräfte in vollem Umfang zu verlegen und in diesem Rahmen in kleinerem Umfang Kräfte zur raschen Reaktion auf Krisen vorzusehen, die mit einem sehr hohen Bereitschaftsgrad verfügbar und verlegbar sind. Sie müssen in der Lage sein, einen solchen Einsatz für mindestens ein Jahr aufrechtzuerhalten. Dies wird zusätzlich bereitzustellende verlegbare Einheiten (und Unterstützungselemente) mit einem geringeren Bereitschaftsgrad erfordern, damit eine Ablösung der ursprünglichen Streitkräfte vorgesehen werden kann."

Wie auch beim Zivilen Planziel erfolgte angesichts der vielfältigen EU-externen und -internen Veränderungen und der Erfahrungen mit militärischem Krisenmanagement eine Adaptierung des Helsinki-Planziels. Im Mai 2003 hatte der Rat festgestellt, „dass die EU nunmehr im gesamten Spektrum der Petersberg-Aufgaben einsatzfähig ist, wobei es Einschränkungen und Zwänge durch anerkannte Defizite gibt. Diese Einschränkungen und/oder Zwänge bestehen bei der Verlegungszeit, und ein hohes Risiko kann am oberen Ende des Spektrums von Größenordnung und Intensität des Einsatzes auftreten, insbesondere wenn Operationen gleichzeitig durchgeführt werden" (Rat Allgemeine Angelegenheiten und Außenbeziehungen 2003, 9379/03: 8). Hinzu kam, dass die EU-Mitgliedstaaten mit der Europäischen Sicherheitsstrategie von 2003 einen erweiterten Rahmen für militärisches Handeln der EU geschaffen hatten. Das Streitkräfte-Planziel (Headline Goal) 2010 fand im Juni 2004 die Unterstützung des Europäischen Rates. Bis zum Jahr 2010 wollen die Mitgliedstaaten in der Lage sein, schnell, entschieden und umfassend auf Krisen reagieren zu können. Hierzu wird die Interoperabilität zwischen Streitkräften und deren schneller Einsatz als notwendig erachtet. Zur Verbesserung der militärischen Fähigkeiten und des militärischen Engagements der EU sind in dem Planziel unter anderem vorgesehen: die Einrichtung einer zivil-militärischen Planungszelle im EU-Militärstab, die Schaffung einer Verteidigungsagentur, Verbesserungen beim strategischen Transport sowie die Einrichtung schnell verlegbarer Gefechtsverbände (sogenannte „Battle Groups"). Diese 1500 Personen umfassenden multinationalen Einheiten, mit je einer „Lead-Nation", sollen für

die schnelle Krisenreaktion einsetzbar sein und entsprechend dem Streitkräfte-Planziel 2010 im gesamten Spektrum der Petersberg-Aufgaben eingesetzt werden können.[8] Letztere waren bereits im Vertrag über eine Verfassung für Europa präzisiert und erweitert worden. Artikel 43(1) EUV-L
nennt entsprechend: „gemeinsame Abrüstungsmaßnahmen, humanitäre
Aufgaben und Rettungseinsätze, Aufgaben der militärischen Beratung und
Unterstützung, Aufgaben der Konfliktverhütung und der Erhaltung des
Friedens sowie Kampfeinsätze im Rahmen der Krisenbewältigung einschließlich Frieden schaffender Maßnahmen und Operationen zur Stabilisierung
der Lage nach Konflikten".

6.3.3 Zivil-militärisches Aufgabenspektrum

Die zivil-militärische Kooperation hat drei Kernfunktionen: 1. die Verbindung zwischen militärischen Kräften der EU und zivilen Akteuren, die nicht
der EU angehören (einschließlich internationaler Organisationen, Nichtregierungsorganisationen, lokaler Akteure und der Zivilbevölkerung), zur
Unterstützung von Missionen; 2. die zivile Unterstützung der militärischen
Kräfte; 3. militärische Unterstützung der zivilen Aktivitäten in besonderen
Situationen. Der Rat definiert den Begriff zivil-militärische Kooperation wie
folgt (Council of the European Union 2008, 11716/1/08 REV 1: 8): „Civil-
Military Co-operation (CIMIC) is the co-ordination and co-operation at all
levels – between military components of EU-led military operations and civil
actors external to the EU, including the local population and authorities, as
well as international, national and nongovernmental organisations and
agencies – in support of the achievement of the military mission along
with all other military functions."

Zivil-militärische Koordination (Civil-Military Co-Ordination – CMCO)
bezieht sich auf die effektive Koordination der entsprechenden EU-
Akteure, die an der Planung und der Implementierung von Reaktionen der
EU auf eine Krise beteiligt sind (Council of the European Union 2003,
14457/03). Dies bezieht sich insbesondere auf den Hohen Vertreter, der

---

8   In einem EU-Battle-Groups-Bereitschaftsplan sind die verschiedenen Zusammen-
     setzungen der Einheiten bis 2013 weitgehend festgelegt (Heise 2009: 18). In diesen
     Zusammensetzungen bleiben sie für jeweils sechs Monate in Bereitschaft und können
     innerhalb von zehn Tagen nach einer entsprechenden Entscheidung des Rates eingesetzt
     werden. Der Einsatzzeitraum der Battle Groups ist auf höchstens vier Monate konzipiert.

einen entscheidenden Impuls für die Definition und das Follow up der EU-Reaktion auf eine Krise gibt, sowie das Politische und Sicherheitspolitische Komitee, das die politische Kontrolle und strategische Richtung einer EU-geführten Krisenmanagementoperation ausübt und eine zentrale Funktion bei der Koordination der vom Rat beschlossenen Entscheidungen hat. Weitere wichtige Akteure in dieser Koordinationskonstellation sind die Sonderbeauftragten, das Generalsekretariat des Rates und die Kommission.

Am Beispiel des Engagements der EU im Rahmen der ESVP-Missionen in Bosnien und Herzegowina können Erkenntnisse zur Parallelität von zivilem und militärischem Krisenmanagement in einer Region gewonnen werden. Eine Grundvoraussetzung für den Erfolg von Missionen sind klare Mandate mit entsprechenden Koordinationsstrukturen für die unterschiedlichen Akteure. Dem Sonderbeauftragen kommt eine zentrale Funktion zur Koordination der ESVP-Aktivitäten vor Ort zu. Als hinderlich für den Erfolg erweisen sich unter anderem mangelnde Kenntnisse der Aktivitäten von Nicht-EU-Akteuren in der Region (Staaten, internationale Organisationen oder Nichtregierungsorganisationen), Kommunikations- und Sprachenprobleme oder gegensätzliche nationale Agenden (Mustonen 2008).

6.3.4 Missionen und Operationen

Werden quantitative Bewertungsmaßstäbe angelegt, so wird seitens der EU darauf verwiesen, dass das Zustandekommen von bislang mehr als zwanzig EU-Missionen und -Operationen[9] als ein Erfolgsindikator für die ESVP verstanden werden kann.[10] Diese Missionen und Operationen haben unterschiedlichste Zielsetzungen und beziehen sich schwerpunktmäßig auf Europa und Afrika, hinzu kommen der Nahe Osten und die Golfregion sowie Asien. Im Bereich des zivilen und militärischen Krisenmanagements hat sich die EU einen anspruchsvollen Aufgabenkatalog geschaffen (Rat der Europäischen Union 2008, 17271/08 REV 1: 16):

„Europa sollte in den kommenden Jahren im Rahmen der festgelegten Zielvorgaben – insbesondere des Ziels, binnen 60 Tagen 60.000 Mann für eine größere Operation innerhalb des Spektrums der im Planziel 2010 und im Zivilen Planziel 2010 vorgesehenen Operationen verlegen zu können –

---

9 Sprachlich zu unterscheiden ist zwischen zivilen Missionen und militärischen Operationen.
10 Siehe beispielsweise die Präsentation „ESDP@10" auf der Homepage des Rates der EU (www.esdp10years.eu/e-mag.php).

effektiv in der Lage sein zu einer gleichzeitigen Planung und Durchführung von

—— zwei umfangreichen Operationen zur Stabilisierung und zum Wiederaufbau mit einer entsprechenden zivilen Komponente, die mindestens zwei Jahre lang mit bis zu 10.000 Mann im Einsatz gehalten werden kann;
—— zwei zeitlich befristeten Krisenreaktionsoperationen insbesondere unter Einsatz der Gefechtsverbände der EU;
—— einer Operation zur Notevakuierung europäischer Staatsbürger (in weniger als zehn Tagen) unter Berücsichtigung der zentralen Rolle, die jedem Mitgliedstaat in Bezug auf seine Bürger zukommt, und unter Rückgriff auf das Konzept des federführenden Staates bei der konsularischen Zusammenarbeit;
—— einer Mission zur Überwachung/Abriegelung des See- oder Luftraums;
—— einer bis zu 90 Tage dauernden zivil-militärischen Operation zur Leistung humanitärer Hilfe;
—— einem Dutzend ziviler ESVP-Missionen unterschiedlichen Formats (insbesondere Polizeimissionen, Rechtsstaatlichkeitsmissionen, Zivilverwaltungsmissionen, Bevölkerungsschutzmissionen, Missionen zur Unterstützung der Reform des Sicherheitssektors und Beobachtermissionen), auch im Rahmen der Krisenreaktion, einschließlich einer größeren Mission (mit eventuell bis zu 3000 Experten), die mehrere Jahre andauern könnte.

Bei ihren Operationen und Missionen greift die Europäische Union in angemessener Weise und gemäß ihren Verfahren auf die Mittel und Fähigkeiten der Mitgliedstaaten, der Europäischen Union und im Falle ihrer militärischen Operationen gegebenenfalls auf die der NATO zurück."

Tabelle 2: Abgeschlossene ESVP-Missionen und -Operationen
(Stand: Dezember 2009)

Bezeichnung	Militärische Operation	Zivile Mission	Zeitraum
CONCORDIA,			
Frühere jugoslawische Republik von Mazedonien	●	—	2003
EUJUST THEMIS, Georgien	—	●	2004–2005
EUPOL PROXIMA,			
Frühere jugoslawische Republik von Mazedonien	—	●	2004–2005
Unterstützung für AMIS II, Sudan/Darfur	●	●	2005–2006
AMM Monitoring Mission, Aceh (Indonesien)	—	●	2005–2006
EUPOL Kinshasa, Kongo	—	●	2005–2007
ARTEMIS Kongo	●	—	2006
EUFOR Kongo	●	—	2006
EUPAT, Frühere jugoslawische Republik von Mazedonien	—	●	2006
EUFOR Tschad/Zentralafrikanische Republik	●	—	2008–2009

Tabelle 3: Laufende ESVP-Missionen und -Operationen
(Stand: Dezember 2009)

Bezeichnung	Militärische Operation	Zivile Mission	Seit
EUPM Bosnien & Herzegowina	—	●	2003
EUFOR ALTHEA Bosnien & Herzegowina	●	—	2004
EUBAM Moldau/Ukraine	—	●	2005
EUBAM Rafah, Palästinensisches Gebiet	—	●	2005
EUJUST LEX, Irak/Brüssel	—	●	2005
EUSEC Kongo	●	●	2005
EUPOL COPPS, Palästinensisches Gebiet	—	●	2006
EUPOL Afghanistan, Polizeimission	—	●	2007
EUPOL Kongo	—	●	2007
EULEX Kosovo	—	●	2008
EUMM Georgien	—	●	2008
EU NAVFOR-Atalanta, Somalia	●	—	2008
EU SSR, Guinea Bissau	●	●	2008

6.4 Akteure und Verfahren

Mit der ESVP erhöhte sich die Zahl der an der Ausformulierung und Umsetzung der GASP beteiligten Akteure, die institutionelle Komplexität nahm zu. Auf ministerieller Ebene wirken neben den Außenministern auch die Verteidigungsminister, wenngleich in informellen Ratsformationen, am Politikgestaltungsprozess mit. Das Politische und Sicherheitspolitische Komitee ist als zentraler institutioneller Akteur an allen Aspekten der GASP beteiligt, für die politische Leitung sowie für die Entwicklung der militärischen Fähigkeiten zuständig (siehe Kapitel 5.3.4). Unter der Verantwortung des Rates nimmt das PSK die politische Kontrolle und strategische Leitung von Operationen zur Krisenbewältigung wahr.

6.4.1 Der Militärausschuss der EU (EUMC)

Als höchstes militärisches Gremium im Rahmen des Rates wirkt der Militärausschuss der EU (EU Military Committee – EUMC), unter dessen Leitung alle militärischen Aktivitäten stehen (Amtsblatt der Europäischen Gemeinschaften L 27, 2001b). Gegenüber dem PSK übernimmt er eine beratende Funktion, gegenüber dem Militärstab gibt er die Leitlinien vor und im Krisenfall erarbeitet er, in Zusammenarbeit mit dem Militärstab, Empfehlungen für das PSK. „Er ist das Forum für die militärische Konsultation und Kooperation zwischen den EU-Mitgliedstaaten im Bereich der Konfliktverhütung und der Krisenbewältigung" (Rat der Europäischen Union 2000, 13222/1/00 REV 1: 2). Der Ausschuss setzt sich aus den Generalstabschefs der Mitgliedstaaten zusammen, die von ihren militärischen Delegierten vertreten werden.

6.4.2 Der Militärstab der EU (EUMS)

Der Militärstab der EU (EU Military Staff – EUMS) ist Teil des Generalsekretariats des Rates (Amtsblatt der Europäischen Gemeinschaften L 27, 2001c). Er ist dem Hohen Vertreter für die GASP direkt unterstellt und führt die Weisungen des Militärausschusses direkt durch (Rat der Europäischen Union 2000, 14038/00). Sein Aufgabenbereich umfasst die Frühwarnung, Lagebeurteilung und strategische Planung im Hinblick auf die Ausführung der Petersberg-Aufgaben, einschließlich der Identifizierung der europäischen nationalen und multinationalen Streitkräfte. Im Zusammenspiel mit dem Lagezentrum im Rat, den Stäben auf nationaler und multinationaler Ebene sowie den entsprechenden Gremien der NATO besteht ein ständiger Informationsaustausch. In Krisenfällen kann er unter anderem strategische Optionen entwickeln und auch zu den nichtmilitärischen Aspekten der militärischen Optionen beitragen. Er übernimmt folglich eine zivil-militärische Kooperationsaufgabe. Im Zuge der Einrichtung des Europäischen Auswärtigen Diensts soll der EUMS diesem zugeordnet werden.

6.4.3 Weitere Ratseinheiten und Agenturen[11]

Innerhalb des Militärstabs der EU unterstützt die Zivil-Militärische Zelle (Civil-Military Cell – CivMilCell) seit 2004 die Koordination ziviler und militärischen Aktivitäten. Das seit 2007 einsatzfähige EU Operations Centre (OpsCen) kann vom Europäischen Rat für die Durchführung autonomer EU-Operationen aktiviert werden, d. h., es handelt sich hierbei nicht um ein ständiges operatives Hauptquartier (Operational Headquarter – OHQ).[12] Die Civilian Planning and Conduct Capability (CPCC) wurde 2007 als Teil des Generalsekretariats des Rates eingerichtet und ist, unter der politischen und strategischen Leitung des PSK und in enger Zusammenarbeit mit der Europäischen Kommission, zuständig für die Planung und Koordination ziviler Missionen im Rahmen der ESVP. Der Ausschuss für die nichtmilitärischen Aspekte der Krisenbewältigung (Committee for civilian aspects of crisis management – CIVCOM) informiert und berät das PSK und andere Gremien des Rates. Im Zusammenhang der ESVP sind innerhalb der für Außenwirtschaftsbeziehungen und politisch-militärische Fragen zuständigen Generaldirektion E im Generalsekretariat des Rates die Direktionen für Verteidigungsfragen und für zivile Krisenbewältigung zu nennen. Das Gemeinsame Lagezentrum der EU (Situation Center – SitCen) ist für die Beobachtung und Bewertung internationaler Ereignisse zuständig, insbesondere Risikoregionen, den Terrorismus und die Verbreitung von Massenvernichtungswaffen

---

11 Im Zuge der Einrichtung des Europäischen Auswärtigen Diensts und der institutionellen Neuausrichtung nach Inkrafttreten des Vertrags von Lissabon wird es entsprechende Verschiebungen hinsichtlich der Zuordnung dieser Einheiten geben.

12 Deutschland, Frankreich, Griechenland, Italien und Großbritannien haben sich bereit erklärt, ihre nationalen OHQs im Sinne einer Multinationalisierung für Militäroperationen der EU bereitzustellen. Das OpsCen wurde im Rahmen der Militärübung MILEX 07/CPX aktiviert.

betreffend, und unterstützt den Hohen Vertreter sowie entsprechende Akteure im Rat.

Neben dem EU-Satellitenzentrum (European Union Satellite Center – EUSC) in Torrejón und dem EU Institute for Security Studies (EU ISS) in Paris bildet die Europäische Verteidigungsagentur (European Defence Agency – EDA) eine der EU-Agenturen im Rahmen der ESVP. Außer Dänemark sind alle EU-Mitgliedstaaten an der EDA beteiligt. Ihre primäre Aufgabe besteht darin, den Rat und die Mitgliedstaaten hinsichtlich der Verbesserung der Verteidigungsfähigkeiten der EU im Bereich der Krisenbewältigung zu unterstützen und die ESVP dauerhaft zu stärken. Die EDA ermittelt die sicherheits- und verteidigungspolitischen Fähigkeiten der EU-Mitgliedstaaten, fördert europäische Forschung und Entwicklung in der Verteidigungstechnologie, wirkt auf die Harmonisierung des operativen Bedarfs hin, unterstützt die europäische Kooperation im Ausrüstungsbereich und ermittelt den wirkungsvollen Einsatz von Verteidigungsausgaben (Art. 45(1) EUV-L). Durch die EDA sind „langfristige Planungsperspektiven und die damit möglich gewordene systematische Verknüpfung von Bedarfsträgern und Bedarfsdeckern auf europäischer Ebene" eingeführt und Synergieeffekte können bei konsequenter Umsetzung „den finanziellen Spielraum der Mitgliedstaaten zur Schließung bestehender Fähigkeitslücken nicht unerheblich vergrößern" (Bauer/Rohde 2008: 58).

6.4.4 Die Europäische Kommission und das Europäische Parlament

Sicherheits- und Verteidigungspolitik sind als intergouvernementale Politikbereiche konzipiert. Somit haben die Europäische Kommission und das Europäische Parlament nur sehr eingeschränkte Möglichkeiten an der Mitwirkung. Die Europäische Kommission ist in die GASP einbezogen (siehe Kapitel 5.3.8) und in der ESVP ist die Kommission in unterschiedlichen Bereichen relevant: Erstens besteht ein Koordinations- und Arbeitskontext mit der Europäischen Verteidigungsagentur. Zweitens wird beim zivilen Krisenmanagement auf Fähigkeiten zurückgegriffen, die Instrumente und Politiken des Gemeinschaftsbereiches betreffen (beispielsweise das Europäische Instrument für Demokratie und Menschenrechte, European Instrument for Democracy and Human Rights – EIDHR oder die Nachbarschaftspolitik). Drittens verfügt die Kommission über Finanzmittel, die auch für das Krisenmanagement genutzt werden (beispielsweise humanitäre Hilfe und Entwicklungspolitik). Mittels des Instruments für Stabilität verfügt die

Kommission über eine weitere Möglichkeit, um in einem Krisenfall bestehende Politiken und Maßnahmen der Gemeinschaft in den betreffenden Krisengebieten zu stabilisieren und zu ergänzen (Amtsblatt der Europäischen Union L 327, 2006).

Das Europäische Parlament verfügt in der GASP über eine als begrenzt beschriebene Rolle (siehe Kapitel 5.3.8). Im Zusammenhang der Anhörung und Information des Parlaments zur GASP findet der Meinungsaustausch zwischen Ratsvorsitz, dem Hohen Vertreter und anderen Akteuren des Rates mit dem Parlament zu Fragen der ESVP statt. Innerhalb des Parlaments ist der Ausschuss Auswärtige Angelegenheiten (Affaires étrangères – AFET) für die GASP und ESVP zuständig. Mit Bezug auf die ESVP wird der Ausschuss durch den Unterausschuss Sicherheit und Verteidigung unterstützt (Sécurité et défense – SEDE). In Debatten und Resolutionen äußert sich das Europäische Parlament zu allen Aspekten der ESVP, außerdem besuchen Delegationen des Parlaments ESVP-Operationen und -Missionen. Der Vertrag von Lissabon nennt bezüglich Anhörung und Information des Parlaments neben der GASP auch die GSVP.

6.5 Finanzierung der ESVP

Vor dem Hintergrund der internationalen Finanz- und Wirtschaftskrise hat der Hohe Vertreter für die GASP, Javier Solana, den Zusammenhang von Herausforderungen, gemeinsamem Handeln und Finanzierung wie folgt zusammengefasst: „The challenges we face require collective action which is cheaper through collective financing. With scare resources, and in the current economic crisis, we have to develop the right capabilities to meet our challenges, we must be cost-effective in doing so and we must ensure that the result is greater flexibility and interoperability" (Council of the European Union 2009, S066/09). Doch die Forderung nach einer gemeinsamen Finanzierung trifft auf Einschränkungen. Von den rund 285 Millionen Euro des GASP-Haushalts 2008 entfiel der größte Teil auf Maßnahmen der zivilen Krisenbewältigung, unter anderem auf EULEX Kosovo, EUPOL Afghanistan und EUMM Georgien (Rat der Europäischen Union/Generalsekretariat 2009: 36). Über den Gemeinschaftshaushalt kann nur die zivile und nicht die militärische Dimension finanziert werden. Artikel 28(3) EUV-N bzw. Artikel 41(2) EUV-L legen fest, dass operative Ausgaben mit militärischen oder verteidigungspolitischen Bezügen nicht zulasten des Haushalts der Gemeinschaft bzw. der Union gehen. Entsprechende Maßnahmen gehen nach dem Bruttosozialprodukt-Schlüssel zulasten der Mitgliedstaaten, sollte der Rat nicht einstimmig ein anderes Verfahren beschließen. Die Finanzierung militärischer Operationen erfolgt seit 2004 über den sogenannten „Athena-Mechanismus" (Amtsblatt der Europäischen Union L 345, 2008), an dem, bis auf Dänemark, alle Mitgliedstaaten teilnehmen (Bendiek/Bringmann 2008). Im Jahr 2008 wurden hierüber EUFROR ALTHEA in Bosnien und Herzegowina, EUFOR Tchad/RCA und EU NAVFOR Somalia/Operation ATALANTA mitfinanziert (Rat der Europäischen Union/Generalsekretariat 2009: 37).

Eine für die Finanzierung der Sicherheits- und Verteidigungspolitik relevante Neuerung bringt der Vertrag von Lissabon: Der Rat kann besondere Verfahren beschließen, um einen schnellen Zugriff auf Haushaltsmittel der Union zu gewährleisten (Art. 41(3) EUV-L). Damit für EU-Missionen außerhalb der Union zur Friedenssicherung, Konfliktverhütung und Stärkung der internationalen Sicherheit und im erweiterten Spektrum der Petersberg-Aufgaben ein schneller Zugriff auf die Haushaltmittel der Union erfolgen kann, wird vom Rat ein Beschluss zur Festlegung besonderer Verfahren gefasst. Das Europäische Parlament wird vor der Beschlussfassung angehört. Um die entsprechenden Missionen auch in den Bereichen, die nicht zulasten des Unionshaushalts gehen, zu finanzieren, bilden die Mitgliedstaaten einen Anschubfonds. Mitgliedstaaten, die eine entsprechende Erklärung abgeben, sind nicht verpflichtet, zur Finanzierung von Ausgaben für Maßnahmen mit militärischen oder verteidigungspolitischen Bezügen beizutragen (Art. 41(2) EUV-L).

6.6 Beistandsregelung und Solidaritätsklausel

Eine Beistandsregelung bietet Artikel 42(7) EUV-L. Sollte es zu einem bewaffneten Angriff auf einen Mitgliedstaat kommen, „schulden die anderen Mitgliedstaaten ihm alle in ihrer Macht stehende Hilfe und Unterstützung, im Einklang mit Artikel 51 der Charta der Vereinten Nationen". Hiervon unberührt bleibt der besondere Charakter der Sicherheits- und Verteidigungspolitik bestimmter Mitgliedstaaten. Die Beistandsregelung weist deutliche Unterschiede zu Artikel 5 des Nordatlantikvertrags auf und kann in keiner Weise mit dem Prinzip der kollektiven Verteidigung verglichen werden, das kennzeichnend für die NATO ist. Hieraus leitet sich auch keine Einschränkung der Verpflichtungen im Rahmen der NATO ab, „die für die ihr angehörenden Staaten weiterhin das Fundament ihrer kollektiven Verteidigung und die Instanz für deren Verwirklichung ist" (Art. 42(7) EUV-L). Die Beistandsregelung orientiert sich an Artikel V WEU-Vertrag, unterscheidet sich jedoch von diesem dadurch, dass die anderen Mitgliedstaaten „alle in ihrer Macht stehende Hilfe und Unterstützung leisten" müssen, während im WEU-Vertrag von „alle[r] in ihrer Macht stehende[n] militärische[n] und sonstige[n] Hilfe und Unterstützung" gesprochen wird. Dies bedeutet, die Regelung im Vertrag von Lissabon beinhaltet zwar die Möglichkeit militärischer Hilfe, jedoch wird sie nicht explizit hervorgehoben.

Von der Beistandsregelung zu unterscheiden ist die Solidaritätsklausel im Vertrag von Lissabon. Die Solidaritätsklausel (Art. 222 AEUV) nimmt explizit auf die Möglichkeit der terroristischen Bedrohung des Hoheitsgebiets, der Institutionen und der Zivilbevölkerung der Mitgliedstaaten Bezug. Diese Klausel umfasst darüber hinaus auch Naturkatastrophen oder „vom Menschen verursachte Katastrophen". Wenn ein Mitgliedstaat betroffen ist, leisten ihm die anderen Mitgliedstaaten Beistand. Dies bedeutet jedoch keinen Automatismus. Vielmehr bedarf es des Ersuchens der politischen Organe des betroffenen Staates. In einem Beschluss, den der Rat entsprechend einem gemeinsamen Vorschlag der Kommission und des Hohen Vertreters der Union für Außen- und Sicherheitspolitik erlässt, werden die Einzelheiten zur Anwendung der Solidaritätsklausel festgelegt. Das Politische und Sicherheitspolitische Komitee und der im Rat einzurichtende ständige Ausschuss zur Sicherstellung der operativen Zusammenarbeit im Bereich der inneren Sicherheit wirken unterstützend. Das Europäische Parlament wird über die Anwendung der Solidaritätsklausel unterrichtet.

6.7 Gruppenbildung und Ständige Strukturierte Zusammenarbeit

Flexibilität und die Übertragung von Handlungsverantwortung auf eine Gruppe von Staaten sind wichtige Voraussetzungen, damit die EU nicht zum sich selbst blockierenden System wird und wirksames sicherheits- und verteidigungspolitisches Handeln nicht erschwert wird. Eine Ständige Strukturierte Zusammenarbeit (Art. 42 Abs. 5 und Art. 46 EUV-L) kann von den EU-Mitgliedstaaten begründet werden, die anspruchsvolle Kriterien bezüglich der militärischen Fähigkeiten erfüllen und sich zu Missionen mit höchsten Anforderungen verpflichten. Die Ständige Strukturierte Zusammenarbeit steht prinzipiell allen Mitgliedstaaten offen. Jene Mitgliedstaaten, die sich dieser Kooperationsform anschließen wollen, sind jedoch zur Einhaltung bestimmter Voraussetzungen verpflichtet hinsichtlich der Entwicklung der Verteidigungsfähigkeit (beispielsweise der Beteiligung an multinationalen Streitkräften oder der Beteiligung an der Tätigkeit der Europäischen Verteidigungsagentur). Sven Biscop erwartet von der Ständigen Strukturierten Zusammenarbeit eine Dynamisierung der GSVP: „Once in, peer pressure and the need to avoid exclusion for no longer fulfilling the criteria should stimulate Member States' efforts" (Biscop 2008: 19).

Eine Ständige Strukturierte Zusammenarbeit berührt nicht die Bestimmungen zu Missionen im Bereich des erweiterten Spektrums der Petersberg-Aufgaben. Für die Durchführung einer Mission zur „Wahrung der Werte der Union und im Dienste ihrer Interessen" kann vom Rat eine Gruppe von Mitgliedstaaten beauftragt werden (Art. 42(5) EUV-L). Voraussetzung hierfür ist, dass diese Staaten es wünschen und dazu fähig sind (Art. 44(1) EUV-L). Die beteiligten Staaten vereinbaren untereinander die Ausführung der Mission im Einvernehmen mit dem Hohen Vertreter und unterrichten den Rat regelmäßig über den Stand der Mission.

6.8 Resümee zur ESVP und Ausblick auf die GSVP

Nach zehn Jahren ESVP kann unter anderem positiv angemerkt werden, dass dieser noch junge Politikbereich der EU sich sehr dynamisch entwickelt hat (siehe umfassend Grevi/Helly/Keohane 2009). Aus den regelmäßigen Präsidentschaftsberichten zur ESVP lässt sich ein facettenreiches Bild über die Aktivitäten der EU im Bereich der Sicherheits- und Verteidigungspolitik gewinnen (Rat der Europäischen Union 2009, 10748/09). Unter Berücksichtigung des Entwicklungspfads der europäischen Integration kann die „ESVP als europäische Politik im Werden" (Marchetti 2009: 305) bezeichnet werden. Durch den Fortgang der Vertiefung des europäischen Integrationsprozesses kann sich die ESVP aus dem „Schatten der Ungewissheit" (Ondarza 2008) herausbewegen. Mit der erfolgreichen Umsetzung der ESVP stellt sich die Frage, ob die EU Teil einer Gewaltordnung wird, die im Sinne Karl Otto

Hondrichs „nicht das Ende aller Gewalt" bedeutet. „Es bedeutet das Sich-Einstellen von kleineren und potenziellen Gewalten auf eine große und aktuelle Gewalt – und umgekehrt. Das gegenseitige Sich-Einstellen bewirkt ein Ruhigstellen – vorausgesetzt, das Gewaltgefälle ist groß genug und wird, wenn nötig, überzeugend demonstriert" (Hondrich 2003). Auch ergibt sich aus der Summe der militärischen Fähigkeiten und Möglichkeiten der EU-Mitgliedstaaten, dass diese für die EU eine breite Basis für ihre Verteidigungspolitik bieten. Hierbei bestehen jedoch große Diskrepanzen zwischen den mitgliedstaatlichen Potenzialen (International Institute for Strategic Studies 2008). Es mangelt nicht an Vorschlägen und Aufforderungen zur Zusammenführung der unterschiedlichen nationalen Fähigkeiten und Ressourcen und es liegt letztendlich im Entscheidungsbereich der Mitgliedstaaten der EU, welche und wie weitreichend sie Schritte hin zu einer verteidigungspolitischen Integration gehen wollen (Keohane/Valasek 2008; Bertelsmann Foundation 2004).

Tabelle 4: Verteidigungsausgaben der an der EDA beteiligten Mitgliedstaaten 2006/2007

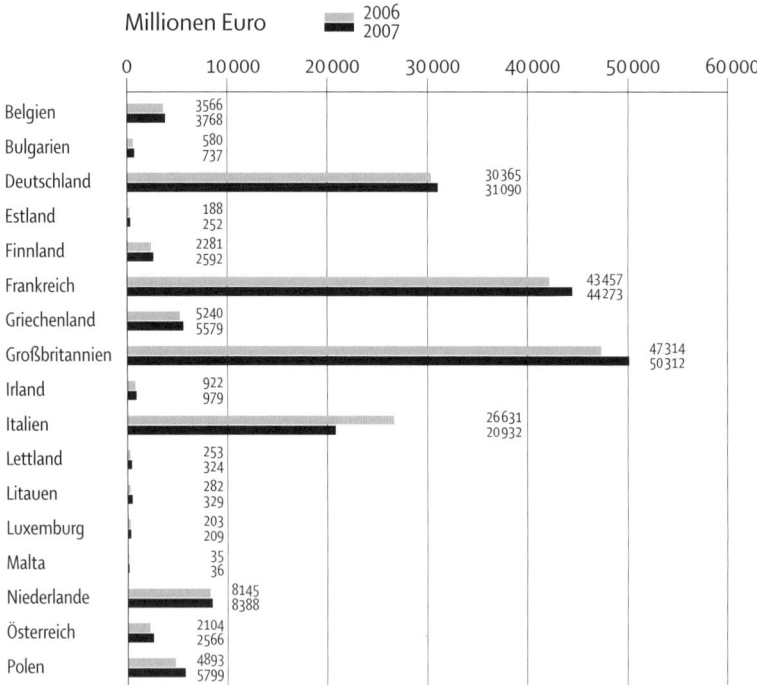

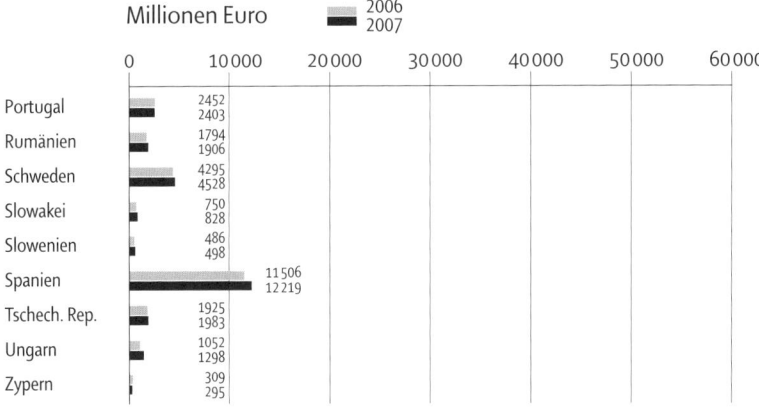

Quelle: European Defence Agency: Defence data of EDA participating member states in 2007
(www.eda.europa.eu/defencefacts/).

Tabelle 5: Verteidigungsausgaben der an der EDA beteiligten Mitgliedstaaten
2006/2007

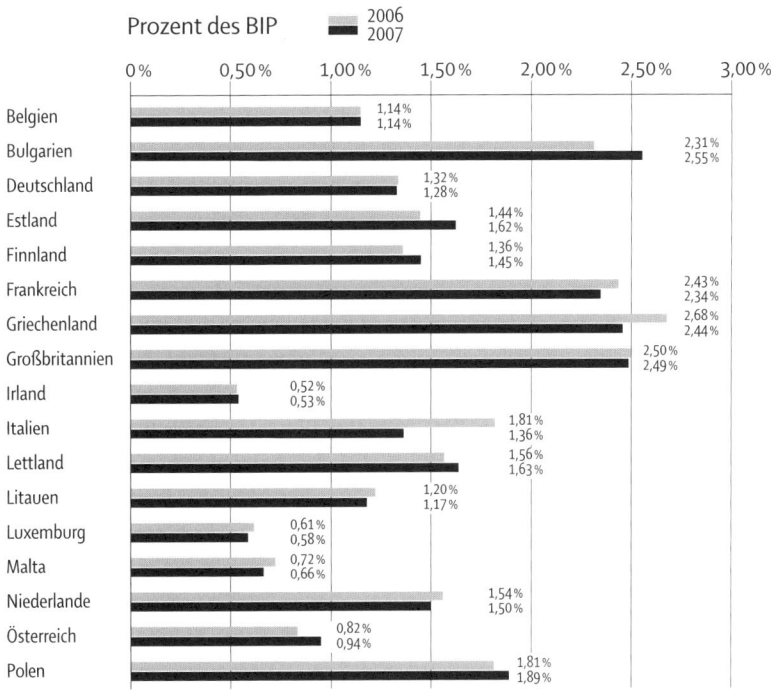

Tabelle 5: Verteidigungsausgaben der an der EDA beteiligten Mitgliedstaaten
2006/2007

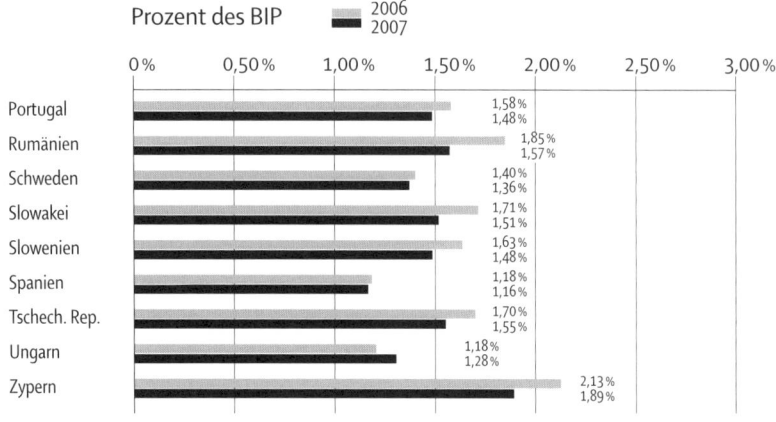

Quelle: European Defence Agency: Defence data of EDA participating member states in 2007
(www.eda.europa.eu/defencefacts/).

Doch der positiven Darstellung der ESVP steht eine kritische Bestandsauf-
nahme gegenüber. Nick Witney hat eine Reihe essenzieller Mängel der
ESVP aufgelistet (Witney 2008: 39–50): 1. Die EU-Mitgliedstaaten und die
Akteure auf EU-Ebene handeln in einem „strategischen Vakuum", d. h., EU-
Operationen folgen keinem gemeinsamen strategischen Konzipieren und
Handeln. 2. Sowohl bei militärischen wie auch bei zivil-militärischen Operationen und Missionen erklären die Mitgliedstaaten zwar zumeist ihre unter-
stützende Bereitschaft, doch immer wieder kommt es bei der Bereitstellung
von Personal und Material zu eklatanten Engpässen. 3. Der Finanzierungs-
mechanismus „Athena" erweist sich als nicht ausreichend und das Prinzip,
wonach die Kosten dort liegen, wo sie anfallen, ist für die Mitgliedstaaten der
EU hinsichtlich der Teilnahme an Operationen eher ein Nichtanreiz. 4. Das
Fehlen eines Operativen Hauptquartiers (OHQ) der EU, das für militärische
und zivile Operationen und Missionen zuständig ist, erschwert die Planung
und Durchführung von Operationen. 5. Die Erfahrungen aus ESVP-Operationen werden in keinem angemessenen Lernprozess evaluiert und zur Verbesserung künftiger Operationen nicht ausreichend aufgearbeitet. Vor diesem
Hintergrund kommt Witney zu einer sehr nüchternen Bilanz der ESVP: „ESDP
has got through five years of operations on a wing and a prayer, thanks to

good luck, ingenuity on the part of many individuals who have found ways to work the unworkable, and a collective readiness to settle for the relatively safe and unambitious" (Witney 2008: 50).

Steckt die ESVP nach einem Jahrzehnt in der Krise? Das kann verneint werden, aber zum Feiern besteht nicht viel Anlass. Die ESVP wird jetzt zum Testfall für die sicherheits- und verteidigungspolitische Vertiefung der EU, die zwischen strategischer Autonomie und pragmatischer Arbeitsteilung gegenüber den USA hin- und herpendelt (u.a. Gnesotto 2009). Darüber hinaus bleibt offen, unter welchen Bedingungen die EU militärisches Engagement zeigen wird. Der frühere Leiter des EU-Militärausschusses, Henri Bentégeat, sieht ein umfassendes Aufgabenfeld: „In the coming decade, the focus of missions under the ESDP will [...] remain the management of crisis outside the Union, from their ‚hot phase' to their stabilisation" (Bentégeat 2009: 93). Zwar haben sich die Mitgliedstaaten schon in verschiedenen Formationen zu Battle Groups verpflichtet, diese wurden aber bislang noch nicht eingesetzt, was nicht zuletzt mit der mangelnden politischen Bereitschaft von nationalen Regierungen zusammenhängt. Franz Kernic versteht die Entwicklung der Sicherheits- und Verteidigungspolitik der EU als langsamen und evolutionären Prozess: „[...] the Union's general approach to security and defense cooperation might be characterized as a cautious way of achieving the general goal by promoting so-called ‚evolutionary changes', e.g. emphasizing smooth and slow development, both functionally and institutionally" (Kernic 2006: 18).

In der Vergangenheit hat sich herausgestellt, dass die Mitgliedstaaten der EU die ESVP nicht mit gleich hohem Interesse und mit vergleichbarem Engagement unterstützen. Gruppenbildung kann deshalb zum Kennzeichen der Sicherheits- und Verteidigungspolitik der EU werden. Dass Gruppenbildung bereits jetzt das militärische Handeln der Union kennzeichnet, zeigte sich schon in früheren Operationen (beispielsweise ARTEMIS in der Demokratischen Republik Kongo, an der neben Frankreich unter anderem auch Belgien, Deutschland und Schweden mitwirkten). Durch die im Vertrag von Lissabon verankerte Gruppenbildungsoption wird nunmehr der Tatsache Rechnung getragen, dass sich die EU insbesondere im Bereich der Sicherheits- und Verteidigungspolitik mit unterschiedlichen Geschwindigkeiten entwickelt.

Weiterführende Literatur

Grevi, G./Helly D./Keohane, D. (eds.) (2009). *European Security and Defence Policy. The first ten years (1999–2009),* EU Institute for Security Studies, Paris.
Heise, V. (2009). *Zehn Jahre Europäische Sicherheits- und Verteidigungspolitik. Entwicklung. Stand und Probleme,* SWP-Studie S25, Berlin.
Vasconcelos, A. de (ed.) (2009b). *What ambitions for European defence in 2020?,* EU Institute for Security Studies, Paris.
Witney, N. (2008). *Re-energising Europe's security and defence policy,* European Council on Foreign Relations, London.

Website

Europäischer Rat/Rat der Europäischen Union/GSVP:
www.consilium.europa.eu/showPage.aspx?id=261&lang=de.

7 Die Europäische Sicherheitsstrategie (ESS)

Mit der GASP konnte ein die Außenpolitik der EU regelnder Rahmen geschaffen werden. Was der EU in den 1990er Jahren jedoch fehlte, war ein damit einhergehender strategischer Orientierungsrahmen. Immer deutlicher hatte sich gezeigt, dass es für das Profil der EU als internationalem Akteur notwendig war, zu verstehen, welcher Strategie dieser Akteur folgt.

7.1 Die Entstehungsphase der ESS

Der entscheidende Anstoß zur Ausarbeitung eines umfassenden Strategiedokuments für die EU erfolgte durch ein Treffen der Außenminister Deutschlands, Frankreichs und Großbritanniens sowie des Hohen Vertreters für die GASP im Frühjahr 2003 in Brüssel. Bei der darauffolgenden informellen Tagung der EU-Außenminister im Mai 2003 im griechischen Kastellorizo war die Initiative zur Konzeption einer entsprechenden Strategie ergangen. Zum Abschluss der griechischen EU-Präsidentschaft war im Juni 2003 dem Europäischen Rat in Thessaloniki ein erster Entwurf vorgelegt worden. Manche Beobachter der Strategiedebatte innerhalb der EU interpretierten diesen ersten Entwurf der ESS „in gewisser Weise [...] als Antwort" auf die Nationale Sicherheitsstrategie der USA vom September 2002, mittels derer versucht wird, „zumindest Anschluss an die amerikanische Debatte über die angemessene Reaktion auf die neuen Bedrohungen einer globalisierten Welt zu finden" (Frank/Gustenau/Reiter 2003: 9). Wird die ESS im Vergleich mit anderen strategischen Konzepten gesehen, so zeigen sich Ähnlichkeiten und Unterschiede. Mit Blick auf entsprechende Dokumente der USA finden sich stellenweise vergleichbare Auflistungen von sicherheitspolitischen Herausforderungen wie beispielsweise der Gefahr der Verbreitung von Massenvernichtungswaffen oder des internationalen Terrorismus (Duke 2004).

Unterschiede zeigen sich bezüglich der Art, wie diesen Herausforderungen begegnet werden soll. In dem ersten Entwurf fand sich noch der Begriff des präemptiven Engagements, der dann aber durch präventives Engagement ersetzt wurde. Der Begriff „präemptiv" war nicht zuletzt durch seine Verbindung zur Strategie der USA im Irak negativ belegt und erschien widersprüchlich hinsichtlich eines grundsätzlich auf Konfliktvermeidung ausgerichteten europäischen Ansatzes. Wie sich an späterer Stelle jedoch zeigt, beinhaltet die ESS durchaus auch sehr direkte Formulierungen.

In Thessaloniki beauftragten die Staats- und Regierungschefs den Hohen Vertreter, die Arbeiten fortzusetzen, um im Dezember 2003 eine „EU-Sicherheitsstrategie" (Rat der Europäischen Union 2003a: 17) vorzulegen. Am Ende der italienischen Ratspräsidentschaft nahm der Europäische Rat die Europäische Sicherheitsstrategie im Dezember 2003 an. In den Schlussfolgerungen des Europäischen Rates wurden hohe Erwartungen in die ESS gesetzt (Rat der Europäischen Union 2003b): „Die Europäische Sicherheitsstrategie zeugt von unserer gemeinsamen Entschlossenheit, uns unserer Verantwortung zu stellen, ein sicheres Europa in einer besseren Welt zu gewährleisten. Sie wird die Europäische Union in die Lage versetzen, besser mit den Bedrohungen und den globalen Herausforderungen umzugehen und die vor uns liegenden Chancen zu nutzen. Eine aktive, leistungsfähige und einheitlichere Europäische Union würde weltweit ihren Einfluss zur Geltung bringen. Dadurch würde sie einen Beitrag zu einem wirksamen multilateralen System leisten, das zu einer gerechteren, sichereren und geeinteren Welt führt."

Damit die vorgegebenen strategischen Leitlinien erfüllt werden können, waren der Hohe Vertreter und die nachfolgende Präsidentschaft nunmehr vom Europäischen Rat beauftragt worden, im Zusammenwirken mit der Kommission konkrete Vorschläge zur Umsetzung der Europäischen Sicherheitsstrategie vorzulegen. Vorrangige Themen waren hierbei der Multilateralismus und die Vereinten Nationen, der Kampf gegen den Terrorismus, eine Strategie gegenüber der Region des Nahen und Mittleren Ostens sowie die Politik gegenüber Bosnien und Herzegowina.

7.2 Inhaltliche Ausgestaltung der ESS

Der qualitative Fortschritt der Europäischen Sicherheitsstrategie für die europäische Außenpolitik liegt darin, dass es den Staats- und Regierungs- chefs der EU gelungen war, sich auf einen gemeinsamen strategischen Ori- entierungsrahmen zu einigen. Sicherheit wird darin nicht verengt, sondern umfassend verstanden, d. h., der Zusammenhang zwischen allen Faktoren, die ein Sicherheitsproblem betreffen, wird hergestellt. Dieser Ansatz basiert auf der Erkenntnis, dass beispielsweise das Armutsproblem oder Minder- heitenfragen für die Ausgestaltung internationaler Sicherheit ebenso zu berücksichtigen sind wie Nichtverbreitungsregime oder militärische Kon- fliktlösungskonzepte.

Die Europäische Sicherheitsstrategie[1] basiert auf der Grundannahme, dass „kein Land in der Lage ist, die komplexen Probleme der heutigen Zeit im Alleingang zu lösen". Das erste Kapitel der ESS widmet sich dem Sicherheits- umfeld mit den globalen Herausforderungen und den Hauptbedrohungen. Hier wird zunächst ein weiter Bogen hinsichtlich des Zusammenhangs in- terner und externer Sicherheitsaspekte gespannt, in dem unterschiedliche Themen wie Armut oder Energiesicherheit aufgegriffen werden. Als Haupt- bedrohungen nennt die ESS den Terrorismus, die Verbreitung von Massen- vernichtungswaffen, regionale Konflikte, das Scheitern von Staaten und die organisierte Kriminalität. „Bei einer Summierung dieser verschiedenen Elemente – extrem gewaltbereite Terroristen, Verfügbarkeit von Massen- vernichtungswaffen, organisierte Kriminalität, Schwächung staatlicher Systeme und Privatisierung der Gewalt – ist es durchaus vorstellbar, dass Europa einer sehr ernsten Bedrohung ausgesetzt sein könnte."

Im zweiten Kapitel der ESS werden drei strategische Ziele genannt, die die EU verfolgt. Erstes Ziel ist die Abwehr von Bedrohungen, aufbauend auf bereits bestehenden Maßnahmen der EU wie beispielsweise in Reaktion auf die Terroranschläge vom 11. September 2001 oder die Nichtverbrei- tungspolitik. Hierbei wird die Vielschichtigkeit des Themas Sicherheit und der globale Ansatz europäischer Außenpolitik verdeutlicht: „Im Zeitalter der Globalisierung können ferne Bedrohungen ebenso ein Grund zur Be- sorgnis sein wie näher gelegene. [...] Die erste Verteidigungslinie wird oft-

---

1   Siehe zu den folgenden Zitaten, falls nicht anders genannt: Europäische Sicherheits- strategie 2003.

mals im Ausland liegen. Die neuen Bedrohungen sind dynamischer Art. [...] Konflikten und Bedrohungen kann nicht früh genug vorgebeugt werden."

Um in solch einer Vielschichtigkeit erfolgreich zu handeln, in der „keine der neuen Bedrohungen rein militärischer Natur" ist, können diese Bedrohungen „auch nicht mit rein militärischen Mitteln bewältigt werden. Jede dieser Bedrohungen erfordert eine Kombination von Instrumenten." Hier kommt die ESS bereits zu dem Schluss, dass die EU aufgrund ihrer Erfahrungen mit ziviler Konfliktbewältigung und dem Einsatz wirtschaftlicher Instrumente „besonders gut gerüstet ist, um auf solche komplexen Situationen zu reagieren".

Zweites Ziel ist die Stärkung der Sicherheit der Nachbarschaft der EU. Dies bezieht sich auf Staaten und Regionen östlich der EU und im Mittelmeer. Auf erstere Region blickend sieht es die EU nicht als ihr Interesse an, „dass durch die Erweiterung neue Trennungslinien in Europa entstehen. Wir müssen die Vorteile wirtschaftlicher und politischer Zusammenarbeit auf unsere östlichen Nachbarn ausweiten und uns zugleich mit den politischen Problemen dieser Länder befassen." Mit Blick auf die Mittelmeerregion wird die Lösung des arabisch-israelischen Konflikts als eine „strategische Priorität" der EU bezeichnet.

Als drittes Ziel will die EU zu einer Weltordnung auf Grundlage des wirksamen Multilateralismus beitragen. Besondere Bedeutung wird der Zusammenarbeit der EU mit den Vereinten Nationen, der Welthandelsorganisation (WTO), der NATO und regionalen Organisationen[2] beigemessen. Ausführlich widmet sich die ESS in diesem Zusammenhang der Bedeutung und der Unterstützung verantwortungsvoller Staatsführung.

Im dritten Kapitel werden die Auswirkungen für die EU dargestellt. Die EU fordert von sich selbst, „noch aktiver, kohärenter und handlungsfähiger" zu werden, um ihr bereits vorhandenes außenpolitisches Potenzial zu erweitern. Hierzu soll eine „Strategiekultur" entwickelt werden, „die ein frühzeitiges, rasches und wenn nötig robustes Eingreifen fördert". Der Einsatz von militärischer Gewalt als Mittel zur Lösung von Konflikten wird also nicht grundsätzlich ausgeschlossen. Gewaltanwendung wird jedoch als allerletzte Maßnahme verstanden und bedarf der Legitimierung durch die Vereinten Nationen.

[2] Auf Europa bezogen betrifft dies die OSZE und den Europarat, in Asien die Vereinigung Südostasiatischer Staaten (Association of Southeast Asian Nations – ASEAN), in Südamerika MERCOSUR (Mercado Común del Sur) und in Afrika die Afrikanische Union.

Auf die Steigerung der Handlungsfähigkeit beziehen sich die Forderungen zur Verbesserung der militärischen, zivilen und diplomatischen Fähigkeiten und Instrumente. Hinsichtlich der Verbesserung der Kohärenz sieht die ESS die größte Herausforderung darin, verschiedene Instrumente und Verfahren aus den unterschiedlichen Politikbereichen der EU „zu bündeln". Selbstkritisch wird in der ESS aber auch festgestellt, dass sich die Forderung nach mehr Kohärenz nicht nur auf die Instrumente richten soll, sondern dies auch das außenpolitische Handeln der EU-Mitgliedstaaten betrifft.

Der in der ESS skizzierte strategische Ansatz der EU steht in der Tradition europäischer Außenpolitik und ermöglicht es, Schwerpunkte zu setzen. So wie eingangs festgestellt wurde, dass einem Staat alleine die Bewältigung der genannten Herausforderungen nicht möglich sei, wird hinsichtlich der Konsequenzen für Europa abschließend die Zusammenarbeit mit Partnern hervorgehoben. Internationale Zusammenarbeit wird als eine Notwendigkeit verstanden. Neben den multilateralen Foren wird auf die Partnerschaft mit einigen wichtigen Akteuren eingegangen. Die transatlantischen Beziehungen werden als „unersetzlich" bezeichnet: „In gemeinsamem Handeln können die Europäische Union und die Vereinigten Staaten eine mächtige Kraft zum Wohl der Welt sein." Diese Hervorhebung ist vor dem Hintergrund der im Verlauf des Irak-Konflikts sehr schwierigen transatlantischen Beziehungen einzuordnen. Als weitere strategische Partner der EU werden neben Kanada auch Japan, die VR China und Indien in der ESS genannt. Für die Bestimmung der Reichweite europäischer Außenpolitik gibt die ESS keine geografischen Einschränkungen vor.

Entsprechend den erwähnten Schlussfolgerungen des Europäischen Rates vom Dezember 2003, die die Erwartungen an die ESS hoch angesetzt hatten, ist deren Fazit zu lesen: „Wir leben in einer Welt mit neuen Gefahren, aber auch mit neuen Chancen. Die Europäische Union besitzt das Potenzial, einen wichtigen Beitrag zur Bewältigung der Bedrohungen wie auch zur Nutzung der Chancen zu leisten. Eine aktive und handlungsfähige Europäische Union könnte Einfluss im Weltmaßstab ausüben. Damit würde sie zu einem wirksamen multilateralen System beitragen, das zu einer Welt führt, die gerechter, sicherer und stärker geeint ist."

7.3 Der Bericht über die Umsetzung der ESS

Bereits kurz nach der Einigung der Staats- und Regierungschefs der EU auf die Europäische Sicherheitsstrategie gab es unterschiedliche Reaktionen auf dieses Dokument. Einerseits wurde grundsätzlich der positive Aspekt hervorgehoben, dass die Mitgliedstaaten der EU in der Lage waren, sich auf ein solches Dokument zu einigen. Dadurch wurde nun erstmals in einem Dokument europäische Außenpolitik als Element einer sich strategisch und global ausrichtenden EU vermittelt. Andererseits wurde Kritik an der ESS geäußert. Diese bezog sich insbesondere auf zwei Punkte: Erstens wurde angemerkt, dass dieses Dokument im Wesentlichen eine Zustandsbeschreibung der internationalen Lage und eine Aufzählung der verfügbaren Handlungsinstrumente darstelle. Zweitens wurde die Vagheit der Ausformulierung kritisiert. So blieb unklar, unter welchen Bedingungen die EU wann und wie handeln wird. Um eine genauere Vorstellung der Handlungsstrategie der EU zu erhalten, müssen folglich spezifische Themen- und Länderstrategien zu Rate gezogen werden. Erst in der Summe aus Europäischer Sicherheitsstrategie und entsprechenden Teilstrategiekonzepten wird es möglich, ein genaueres Bild des strategischen Akteurs EU zu erhalten.

So wie sich nicht ein spezifisches Datum festmachen lässt, das als „Geburtsstunde" der ESS bezeichnet werden kann, sondern deren Entstehung eher als ein über längere Zeit hinweg sich vollziehender Entwicklungsweg zu sehen ist, der durch verschiedene Ereignisse in der internationalen Politik sowie innerhalb der EU stattfindende Prozesse beeinflusst war, so wird deren weitere Entwicklung ebenfalls als ein andauernder Prozess zu sehen sein. Barry Posen bezeichnete die ESS schon frühzeitig als ein Übergangsdokument, „a transitional document" (Posen 2004: 38).

Unter diesen Vorzeichen ist der Auftrag zu sehen, den der Europäische Rat bei seinem Treffen am 14. Dezember 2007 dem Hohen Vertreter für die GASP übertragen hatte. Die ESS wurde von den Staats- und Regierungschefs als „sehr nützlich" bewertet. Vor dem Erfahrungshorizont aller seither eingetretenen Entwicklungen und der ESVP-Missionen sollte Javier Solana innerhalb eines Jahres, in Kooperation mit der Kommission und den Mitgliedstaaten, die Umsetzung der ESS überprüfen und wenn nötig Ergänzungsvorschläge erarbeiten. Solana sah seine Aufgabe nicht darin, den Text der ESS zu ändern, sondern herauszufinden, an welchen Stellen des Dokuments Verbesserungs- und Ergänzungsbedarf bestand (Council of the European Union 2008, S194/08). Das Mandat für den Hohen Vertreter war das Ergebnis unterschiedlicher Interessen der Mitgliedstaaten hinsichtlich der Reichweite eines solchen Strategiedokuments. Am weitesten gingen die Vorstellungen Frankreichs, die in Richtung einer neuen Sicherheitsstrategie deuteten. Andere Mitgliedstaaten, so auch Deutschland, waren zu solch einem Schritt nicht bereit. Des Weiteren bestanden unterschiedliche Sichtweisen darüber, was eine sicherheitspolitische Herausforderung sei. Als dann auch noch die Reformkrise in der EU durch das erste negative irische Referendum zum Vertrag von Lissabon verstärkt wurde, erfolgte ein vorübergehender Stillstand. Die Diskussionen drehten sich nun darum, ob ein neues Dokument denn grundsätzlich notwendig wäre. Zu der ursprünglich erwarteten Berichterstattung Javier Solanas zur ESS beim Europäischen Rat im Juni 2008 kam es wegen der durch das negative irische Referendum neu entstandenen Lage nicht. Und wieder förderten externe Ereignisse, dieses Mal in Form der Georgien-Krise 2008, die Weiterentwicklung der Strategiedebatte. Beim Treffen des Europäischen Rates im Dezember 2008 schlossen sich die Staats- und Regierungschefs der EU der Analyse des Berichts über die Umsetzung der Europäischen Sicherheitsstrategie von 2003 an und billigten die vom Rat angenommene Erklärung (Rat der Europäischen Union, 17271/08: 11).

Der Bericht über die Umsetzung der Europäischen Sicherheitsstrategie trägt den Titel „Sicherheit schaffen in einer Welt in Wandel" (Rat der Europäischen Union 2008, 17204/08). Bereits in der kurzen Einleitung des Berichts wird darauf hingewiesen, dass die ESS 2003 in ihrem umfassenden Ansatz weiterhin voll relevant bleibt. Dadurch wird schon von Beginn an klargestellt, dass es sich, vor dem Hintergrund von Wandlungsprozessen auf globaler Ebene, lediglich um eine Bestätigung und teilweise Präzisierung der bestehenden Strategie handelt. Der Bericht ist in drei Hauptteile gegliedert. Im ersten Teil wird – wie in der ESS 2003 – auf die globalen Herausforderungen und Hauptbedrohungen eingegangen. Der zweite Teil widmet sich der Stabilisierung Europas und des darüber hinaus liegenden geografischen Raums. Im dritten Teil wird dann auf die Rolle Europas in einer sich verändernden Welt eingegangen.[3]

Im Umsetzungsbericht wird, in veränderter Reihenfolge gegenüber der ESS, die Verbreitung von Massenvernichtungswaffen als erster Punkt vor dem

---

3   Siehe zu den folgenden Zitaten, falls nicht anders genannt: Rat der Europäischen Union 2008, 17204/08.

Terrorismus genannt. Terrorismus und organisierte Kriminalität werden zudem nicht länger in getrennten Punkten, sondern in einem Punkt behandelt. In diesem Zusammenhang steht auch der neu aufgenommene Aspekt Sicherheit im Internet. Kriminelle Angriffe auf private oder staatliche IT-Systeme werden als „potentielle neue wirtschaftliche, politische und militärische Waffe" verstanden. Ebenfalls hinzugenommen wurde das Thema Energiesicherheit. Hierzu wird ein „verantwortungsvolles und solidarisches" Vorgehen der Mitgliedstaaten gegenüber instabilen Staaten gefordert. Die Energieversorgung der EU soll stärker diversifiziert und die Kooperation mit anderen Staaten weiter verstärkt werden. Nach innen gerichtet wird auf die Notwendigkeit eines mehr vereinheitlichten Energiemarkts verwiesen. In Zusammenhang mit der Energiesicherheit ist auch der Klimawandel als sicherheitspolitische Herausforderung zu sehen. Der Bericht fordert verbesserte Analyse- und Frühwarnfähigkeiten und eine engere Zusammenarbeit mit den am meisten gefährdeten Ländern wie auch mit internationalen Organisationen.

Der zweite Teil des Berichts widmet sich der „Stabilisierung Europas und darüber hinaus". Zum einen wird an der Erweiterung als strategischem Element festgehalten, zum anderen wird eine Stärkung der Europäischen Nachbarschaftspolitik (ENP) angestrebt. Weitere Aspekte, die in diesem Teil aufgegriffen werden, sind der Zusammenhang zwischen Sicherheits- und Entwicklungspolitik, die Piraterie als neue Form der Kriminalität sowie die Verbreitung von Klein- und Leichtwaffen.

Im dritten Teil des Berichts werden Handlungsstrategien für die EU skizziert, die im Wesentlichen die bestehenden Ansätze der Außen-, Sicherheits- und Verteidigungspolitik der EU und die Nutzung einer Vielzahl vorhandener Instrumente zur Ausgestaltung dieser Politiken bestätigen. Auch weiterhin wird die Stärkung der Kohärenz als zentrale Voraussetzung für eine erfolgreiche Politik verstanden. Breiten Raum findet die Europäische Sicherheits- und Verteidigungspolitik. Verbesserungsbedarf wird hinsichtlich der Prioritätensetzung beim militärischen Engagement, der Funktionsfähigkeit von Befehlsstrukturen und Hauptquartieren sowie der Verbindung von ziviler und militärischer Expertise gefordert. Bezüglich einer „wirksameren multilateralen Weltordnung" wird die Notwendigkeit der strategischen Partnerschaften und der Stärkung multilateraler Foren bestätigt. Als wichtigster Partner werden die USA genannt. Bemerkenswert ist die Gleichsetzung der EU und der USA als „eindrucksvolle Streiter für das Gute in der Welt". Die Bedeutung Russlands für die EU wird weiterhin als hoch eingeordnet, gleichwohl zeigt sich eine gewisse kritische Distanz.

Der Bericht endet mit zwei relevanten Erkenntnissen. Will die EU erstens ihr globales Engagement aufrechterhalten, bedarf es einer entsprechenden öffentlichen Unterstützung. Folglich soll deutlicher vermittelt werden, weshalb die unterschiedlichen Formen des globalen Engagements im direkten Zusammenhang mit der Sicherheit der EU insgesamt sowie der Sicherheit innerhalb der EU stehen. Damit in Verbindung steht zweitens die Erkenntnis, dass die EU mehr Einfluss nehmen muss, um als gestaltender Akteur zu wirken:

„Das internationale System, das nach dem Ende des Zweiten Weltkriegs geschaffen wurde, ist Druck an mehreren Fronten ausgesetzt. Die Vertretung in den internationalen Institutionen wird in Frage gestellt. Es ist erforderlich, die Legitimität und Wirksamkeit zu verbessern und die Beschlussfassung in multilateralen Foren effizienter zu gestalten. Das bedeutet, Beschlüsse müssen verstärkt gemeinsam gefasst werden und anderen muss eine größere Teilhabe ermöglicht werden. Angesichts gemeinsamer Probleme gibt es keine Alternative zu gemeinsamen Lösungen."

7.4 Human Security als Erweiterung der Sicherheitsstrategie

Im Zusammenhang mit der Überprüfung und Bewertung der Europäischen Sicherheitsstrategie hat die Auseinandersetzung mit dem Konzept der Human Security mehr Aufmerksamkeit gefunden. Dieses Konzept wird im Human Development Report 1994 der Vereinten Nationen anhand der folgenden vier Charakteristika beschrieben (United Nations Development Programme (UNDP) 1994: 22 f.): 1. Human Security ist von universeller Bedeutung. 2. Die Komponenten der Human Security sind interdependent. 3. Mittels frühzeitiger Prävention kann Human Security leichter erreicht werden. 4. Human Security fokussiert auf Personen. Es steht also nicht die territoriale Sicherheit und die Sicherheit von Staaten im Vordergrund, sondern die Sicherheit des Menschen gegenüber Unsicherheit. Dies umfasst einen breiten Bogen von Einzelaspekten wie beispielsweise den Schutz gegenüber Verfolgung, Folter und Völkermord ebenso wie das Recht auf Nahrung oder Wohnen. Es werden verschiedene Gründe genannt, weshalb die EU das Konzept der Human Security verfolgen sollte (Study Group on Europe's Security Capabilities 2004: 9f.): Ein erster Grund wird aus der humanistischen Tradition der EU und damit einhergehend einer moralischen Verpflichtung abgeleitet. Zweitens wird auf die Bedeutung der Menschenrechtspolitik der EU verwiesen. Drittens wird dieses Konzept als Eigeninteresse der EU verstanden, denn die eigene Sicherheit wird dadurch gestärkt, dass es Menschen möglich ist, nicht in Unsicherheit zu leben (und somit beispielsweise die Ursachen für Terrorismus und Kriminalität vermindert werden). Zur Umsetzung des Konzepts ist die Schaffung einer „Human Security Response Force" der EU vorgeschlagen worden (Study Group on Europe's Security Capabilities 2004: 22), die auf den zivilen und militärischen Ressourcen und Fähigkeiten der EU sowie ihrer Mitgliedstaaten aufgebaut würde.

Angesichts der mit ESVP-Missionen gemachten Erfahrungen und des globalen Engagements der EU wurde in Verbindung zu dem genannten Bericht der Human Security Study Group ein Vorschlag für ein europäisches Sicherheitskonzept veröffentlicht, der nun auch konkrete Schritte zur Implementierung des Konzepts Human Security nennt (Human Security Study Group 2008: 21). Zu erwähnen ist beispielsweise die Forderung, dass die Institutionen der EU die Grundsätze der Human Security als Bewertungsmaßstäbe für ESVP-Missionen heranziehen.

Wird das Konzept der Human Security als kohärentes Set von Prinzipien verstanden, die externe Intervention strukturieren und festigen (Martin 2009: 8), oder als „Handlungen legitimierendes Prinzip sowie als politik- bzw. anwendungsorientiertes Leitmotiv" (Werthes 2008: 201), so kann dies eine interessante Ergänzung für die sicherheitspolitische Entwicklung der EU darstellen. In der politischen Rhetorik ist der Begriff der menschlichen Sicherheit „als ausgezeichneter Mobilisierungsslogan" (Krause 2008: 48) zu verstehen. Insgesamt betrachtet, bewegt sich das Konzept der menschlichen Sicherheit vorerst jedoch in weiten Teilen in einem abstrakten und hypothetischen Bereich. Auf umfassend verwertbare Erkenntnisse über seine Anwendung, die ausreichend überprüfbar sind, bleibt noch zu warten.

7.5 Resümee zur ESS und Ausblick

Bemerkenswert an der Europäischen Sicherheitsstrategie ist weniger ihr Inhalt, sondern vielmehr die Tatsache, dass erstmals ein Dokument von den EU-Mitgliedstaaten gemeinsam vereinbart werden konnte, in dem die strategischen Orientierungslinien der Union auf der einen und ihrer Mitgliedstaaten auf der anderen Seite verknüpft sind. Trotz des Hinweises auf gegebenenfalls robustes Handeln zur Krisenbewältigung unterstreicht die ESS das Festhalten der EU-Mitgliedstaaten am Primat ziviler Machtausübung der EU (Whitman 2006). Wie sich gezeigt hat, kann die ESS nicht als alleinstehendes Dokument verstanden werden, vielmehr ist sie in einem inhaltlich-konzeptionellen Zusammenhang als übergeordnete Referenzebene zu weiteren Strategiepapieren der EU zu sehen (Bauer/Baumann 2008).

Dass dieses Rahmendokument einer Anpassung an Entwicklungen innerhalb wie außerhalb der Union unterliegen musste, war bereits zum Zeitpunkt seiner Annahme durch den Europäischen Rat deutlich geworden. Vorschläge, wie die ESS weiter gestärkt werden könne, wurden gemacht und beinhalten unter anderem den Hinweis darauf, die Strategie regelmäßig zu evaluieren und gegebenenfalls zu modifizieren (Biscop 2009a: 13; European Parliament 2006: 3).

Der Bericht zur Umsetzung der Europäischen Sicherheitsstrategie ist, wie die ESS selbst, insgesamt sehr deskriptiv gehalten und an vielen Stellen vage. Klare Aussagen darüber, unter welchen Umständen sich die EU wie engagieren will, fehlen weiterhin. Zwar werden Forderungen aufgestellt, doch was die damit verbundenen Begrifflichkeiten bedeuten, bleibt oft unbeantwortet. Wie ist beispielsweise „eine strategischere Beschlussfassung stärken" zu verstehen und wie soll dies erzielt werden? Erneut fehlt eine klare sprachliche Festlegung der Interessen der EU und wie diese entsprechend umgesetzt und geschützt werden sollen. Hiermit im Zusammenhang steht auch das Fehlen unterschiedlicher Szenarien sowie der damit einhergehenden Handlungsmuster bezüglich zukünftiger Herausforderungen und Überlegungen hinsichtlich der Konstellation der internationalen Politik. Insgesamt ist das Dokument durch eine unterschiedliche thematische Tiefe geprägt. Der ESVP wird ein verhältnismäßig breiter Raum eingeräumt, wobei weiterhin Unklarheit hinsichtlich der Verknüpfung von zivilen und militärischen Missionen besteht. Der Teil zur Energiesicherheit ist wesentlich präziser ausgearbeitet als jener zu den Massenvernichtungswaffen. In diesem Zusammenhang sei darauf hingewiesen, dass der Hohe Vertreter für die GASP die Auseinandersetzung mit den Themen Proliferation und Energie ins Zentrum der strategischen Überlegungen der EU rückt: „les questions de prolifération et d'énergie doivent être au cœur de notre réflexion stratégique" (Solana 2007, S278/07: 2).

Hinsichtlich der Rolle anderer weltpolitischer Akteure wird den USA eine deutlich stärkere Bedeutung beigemessen und hohe Erwartungen sind an die US-Administration unter Präsident Barack Obama gerichtet. Angesichts der teilweise schwierigen Phasen, die die transatlantischen Beziehungen während der Regierungszeit des amerikanischen Präsidenten George W. Bush durchliefen, und der unterschiedlichen sicherheitspolitischen Herausforderungen, denen die EU und die USA begegnen wollen, stellt sich nun die Frage, ob eine Abstimmung der strategischen Konzepte möglich ist. Thomas Jäger verweist auf den Zusammenhang zwischen transatlantischem Verhältnis, Gestaltung der Weltordnung und Relevanz der Strategiedebatte (Jäger 2005). Darüber hinaus kann argumentiert werden, dass diese Fokussierung der EU auf die USA ein Eingeständnis der Mitgliedstaaten der Union darstellt, und zwar derart, dass es ihnen bislang nicht gelungen ist, auf supranationaler Ebene ausreichende Macht zur wirkungsvollen Gestaltung der internationalen Politik zu entwickeln.

Hinterfragt werden muss, ob sich für die EU eine derart privilegierte Partnerschaftsbeziehung mit den USA als hilfreich erweist und die Beziehungen zu anderen Weltmächten hierbei geringer gewertet werden. Charles Grant hat die Bedeutung der Zusammenarbeit der USA und der EU mit anderen Akteuren wie folgt beschrieben: „The US and the EU will need to work with every power, including those that are not particularly democratic" (Grant/ Valasek 2007: 36). Um das Konzept der strategischen Partnerschaften weiter zu verdichten, müsste die EU mit den jeweiligen Partnerstaaten eine intensive Analyse übereinstimmender und ähnlicher Interessen durchführen und diese dann in einen gemeinsamen konzeptionellen Ansatz führen. Des Weiteren müsste bestimmt werden, was letztendlich der Mehrwert einer strategischen Partnerschaft für die EU einerseits und den Partner andererseits ist und sein soll. Strategische Partner müssen nicht ausschließlich Staaten sein. Ebenso sind internationale Organisationen und Nichtregierungsorganisationen als strategische Partner zu beachten und folglich müssten entsprechende Bestimmungen der Interessengemeinsamkeiten vorgenommen werden.

Abschließend wird auf zwei Aspekte der Europäischen Sicherheitsstrategie und des Implementierungsberichts eingegangen, die in der wissenschaftlichen und politischen Auseinandersetzung künftig weitere Beachtung benötigen: den wirksamen Multilateralismus und die strategische Kultur. Der übergeordnete Orientierungsbegriff in der ESS ist „wirksamer Multilateralismus" (effective multilateralism). Sicherlich kann gefragt werden, wieso das Attribut „wirksam" vonnöten ist, erschiene es doch wenig sinnvoll, wenn sich die EU einerseits für Multilateralismus als Ordnungsprinzip entscheidet, dieser aber andererseits keine Wirkung zeigen würde. Die Begrifflichkeit lässt sich auf die Debatte zur Reform der Vereinten Nationen zurückführen, in deren Zusammenhang das Ziel formuliert wird, den Herausforderungen des 21. Jahrhunderts effektiv zu begegnen (weiterführend Eide 2004; Ortega 2005; Winkelmann 2005). Die ESS bietet keine Definition für den Begriff, doch ist der Zusammenhang mit der Rolle der Vereinten Nationen unverkennbar ausgedrückt: „Wir sind der Wahrung und Weiterentwicklung des Völkerrechts verpflichtet. Die Charta der Vereinten Nationen bildet den grundlegenden Rahmen für die internationalen Beziehungen. Dem Sicherheitsrat der Vereinten Nationen obliegt die Hauptverantwortung für die Wahrung des Weltfriedens und der internationalen Sicherheit. Die Stärkung der Vereinten Nationen und ihre Ausstattung mit den zur Erfüllung ihrer Aufgaben und für ein effizientes Handeln erforderlichen Mitteln ist für Europa ein vorrangiges Ziel."

Im Vorfeld und insbesondere als Reaktion auf die Europäische Sicherheitsstrategie sowie im Zusammenhang mit der Verdichtung des außenpolitischen Engagements der EU ist in politischen wie akademischen Debatten die Forderung lauter geworden, die EU müsse eine strategische Kultur entwickeln. Mit der ESS verband sich schon frühzeitig die Hoffnung, sie werde der EU dazu verhelfen, eine strategische Kultur zu entwickeln (Solana 2004: 19). Hier wird also noch keine solche erkannt, sondern vielmehr wird erwartet, dass die ESS einen Beitrag zu ihrer Herausbildung leisten könne. In der ESS selbst wird dieser Entwicklungscharakter, wie bereits zitiert, deutlich: „Wir müssen eine Strategiekultur entwickeln, die ein frühzeitiges, rasches und wenn nötig robustes Eingreifen fördert."

Ein Mangel an strategischer Kultur wird beklagt, wobei aber zu berücksichtigen ist, dass der Begriff selbst sehr breit interpretiert werden kann (Toje 2005: 121–124). Es besteht Unklarheit darüber, wie der Begriff „strategische Kultur" letztendlich interpretiert und definiert werden soll,[4] insbesondere in Bezug auf die EU. Paul Cornish und Geoffrey Edwards argumentieren, dass das Konzept einer strategischen Kultur als auslösendes Mittel verstanden werden soll, durch das ein politisches Momentum geschaffen wird, um Fähigkeiten im Bereich der Sicherheits- und Verteidigungspolitik zu generieren (Cornish/Edwards 2001). Zur Herausbildung einer strategischen Kultur gehört, dass Machtprojektion nicht nur auf die zivile Dimension reduziert wird, sondern darüber hinaus auch weitere (u. a. militärische)

---

4   Zur Herleitung des Begriffs „strategische Kultur" in der wissenschaftlichen Diskussion siehe Martinsen 2004.

Mittel umfasst (Cornish/Edwards 2005). Für Sven Biscop ist die strategische Kultur der EU dann am stärksten, wenn eine langfristige und dauerhafte Stabilisierungs- oder Präventionspolitik hergestellt werden kann (Biscop 2007: 14), wobei jedoch vorausgesetzt sein sollte, dass ein ausgeglichenes Verhältnis zwischen harten (militärischen) und weichen (z. B. Handelspolitik) Politikinstrumenten besteht (Biscop 2009b: 382).

Hierzu übergeordnet zeigt Jolyon Howorth auf, welche Unterschiede die ESS gegenüber einer *grand strategy* aufweist (Howorth 2009a: 17f.): Eine *grand strategy* muss gleichsam intuitiv auf der Bewertung einiger Schlüsselinformationen, die aus unterschiedlichen Quellen resultieren, basieren und bedarf mutiger Entscheidungen und deren Implementierung. Ist ein Ziel festgelegt, so muss es nachhaltig verfolgt werden, und gleichzeitig bedarf es einer beweglichen Führungsfähigkeit. Diese Eigenschaften sind in der auf Kompromissfindung ausgerichteten und oftmals langwierigen und wenig flexiblen Entscheidungsstruktur der EU nur schwer anzutreffen. Barry Posen verweist auf weitere Eigenschaften, die eine *grand strategy* erfüllen muss (Posen 2004: 33f.): Grundsätzlich muss sie Erklärungen beinhalten, aus denen hervorgeht, wie der Einsatz von verschiedenen Mitteln zu bestimmten Ergebnissen führt. Nach innen sind nicht nur entsprechende Referenzdokumente vorzufinden, sondern es muss auch eine adäquate Debatte über die Strategie stattfinden. Nach außen gerichtet muss sie unmissverständliche Signale an Partner wie auch an potenzielle Herausforderer senden. „Grand strategies are expected to produce beneficial effects not because they provide precise guidance and point solutions, but because they provide a general orientation that helps the state avoid disasters, and achieve efficiencies in the use of its political and material resources" (Posen 2004: 34). Die ESS ist als Dokument zu sehen, das im Kontext der umfassenden Ausgestaltung von Sicherheit für die EU und ihre Mitgliedstaaten eine allgemeine, letztendlich aber nicht verbindliche Orientierung bietet. Jedoch ist das Dokument nicht geeignet, um zu erkennen, wie die politischen und materiellen Ressourcen dieser Akteure effizient eingesetzt werden können. Hierzu bedarf es der jeweiligen Themen- und Länderstrategien wie auch der Regelungen im Vertragswerk der EU.

Eine mögliche Hilfe zur Verfeinerung der Definition des Begriffs strategische Kultur bietet Colin Gray, der die Definition von Jack Snyder (Snyder 1977) nutzt, den nuklearen Aspekt hierbei aber in Klammern setzt: „Strategic culture can be defined as the sum of total of ideas, conditioned emotional responses, and patterns of habitual behavior that members of a national strategic community have acquired through instruction or imitation and share with each other with regard to [nuclear] strategy. In the area of strategy, habitual behavior is largely cognitive behavior" (Gray 2006: 9). Er führt weiter aus: „[...] cultural awareness and understanding can only be helpful, but they are not a panacea for strategic dilemmas. Even a genuine cultural expertise is not the answer, the magic key to strategic success" (Gray 2006: 26). Außerdem berücksichtigt er den Aspekt des Wandels: „[...] cultural change, even cultural transformation, can and does happen, but do not hold your breath waiting for it. There are serious reasons, rooted in local perceptions of historical experience and in a community's geopolitical context, why a country's strategic culture is what it is" (Gray 2006: 27).

Auf die EU und ihre Mitgliedstaaten bezogen, kann abschließend und in Abwandlung der vorherigen Ausführungen folgende Definition genutzt werden: Die strategische Kultur der EU ergibt sich aus der Summe aller Vorstellungen, emotionaler Reaktionen und gewohnter Verhaltensmuster, welche die EU-Mitgliedstaaten, die Organe der Union sowie alle weiteren an der europäischen Außen- und Sicherheitspolitik beteiligten Akteure durch ihre eigene Geschichte wie auch die Erfahrungen der Zusammenarbeit in diesen Politikbereichen gemacht haben. Das Bewusstsein über die Notwendigkeit einer strategischen Kultur bedeutet aber keinen Automatismus bezüglich eines strategischen Erfolgs. Ein Wandel der Europäischen Sicherheitsstrategie kann ebenso möglich sein wie deren Nichtwandel.

Weiterführende Literatur

Biscop, S./Howorth, J./Giegerich, B. (2009). *Europe. A time for strategy,* Egmont Paper 27.

Howorth, J. (2009b). "ESDP. Implementing a 'grand strategy'", in: A. de Vasconcelos (ed). *What ambitions for European defence in 2020?,* Institute for Security Studies, Paris.

8 Ausgewählte Aspekte der GASP im Kontext globaler Politik der EU

Die EU kann als die führende Handelsmacht der Welt bezeichnet werden. Im globalen Vergleich lag im Jahr 2007 der Anteil der EU-Exporte bei 17,4 Prozent gegenüber den USA mit 11,6 Prozent und der VR China mit 12,2 Prozent, jener der Importe bei 19 Prozent gegenüber den USA mit 19,1 Prozent und der VR China mit 8,3 Prozent (Eurostat 2009: 14, 16). War lange Zeit beim Vergleich der ökonomischen und politischen Dimension europäischer Politik das Bild vom „ökonomischen Riesen und politischen Zwerg" zur Illustration einer die EU kennzeichnenden Diskrepanz genutzt worden, so ist dies heute zu relativieren. Die Themenpalette europäischer Außenpolitik ist in den ersten eineinhalb Jahrzehnten der GASP stark gewachsen und umfasst eine Vielzahl unterschiedlicher thematischer und geografischer Schwerpunkte (siehe Tabelle 6). Einige hiervon werden im weiteren Verlauf dieses Kapitels ausführlicher dargestellt.

Aus quantitativer Perspektive kann für den Zeitraum der Jahre von 2000 bis einschließlich 2008 auf im jährlichen Durchschnitt 163 veröffentlichte Erklärungen im Rahmen der GASP hingewiesen werden (siehe Tabelle 7). Ein weiterer Indikator für das globale Wirken der Rolle der EU ergibt sich aus der Anzahl der Vertretungen der Europäischen Kommission im Jahr 2009: 130 in Drittstaaten und sechs bei internationalen Organisationen.

Tabelle 6: Inhalte und Aktivitäten der GASP im Jahr 2008

Bedrohungen und globale Herausforderungen	• Verbreitung von Massenvernichtungswaffen • Terrorismus • Regionale Konflikte und fragile Situationen • Energieversorgungssicherheit • Klimawandel und Sicherheit

Schaffung von Stabilität in und über Europa hinaus	• Erweiterung als Stabilitätsanker • Bessere Zusammenarbeit mit Nachbarregionen • Bewältigung von Krisen und eingefrorenen Konflikten in der Nachbarschaft
Beitrag zu einer wirksameren multilateralen Weltordnung	• Vereinte Nationen • NATO *← westliches verteidigungsbündnis* • OSZE *← org. sicher u. zusammen in Eur.* • Europarat • Andere internationale Koordinierungsmechanismen

Förderung von Partnerschaften in der ganzen Welt	• Konsolidierung der Beziehungen zu strategischen Partnern
	  • Vereinigte Staaten
	  • Russische Föderation *Bundesstaat*
	  • China
	  • Indien
	  • Brasilien
	  • Japan
	  • Kanada
	• Stärkung der regionalen Eigenverantwortung
	  • Regionale Organisationen und regionale Zusammenarbeit
	    • Afrika
	    • Asien
	    • Zentralasien und Schwarzmeerregion
	    • Golfregion und Mittelmeerraum
	    • Westliche Balkanstaaten
	    • Lateinamerika und Karibikraum
	• Regionalmächte

Verstärkte Wirksamkeit, verbesserte Fähigkeiten und mehr Kohärenz	• Konfliktverhütung
	• Konsolidierung der ESVP
	  • zivile und militärische Fähigkeiten
	  • Ausbildung und Übungen
	  • Finanzierung
	• Diversifizierung der ESVP
	  • Reform des Sicherheitssektors (SSR)
	  • Rechtsstaatlichkeit
	  • Friedensüberwachung
	  • Bekämpfung der Seeräuberei
	  • Schutz von Zivilpersonen
	• Verstärkte Wirksamkeit und mehr Kohärenz
	  • Effizienz der Reaktion
	  • Kohärenz der Reaktion
	  • Zusammenarbeit mit Drittstaaten

Handschriftliche Notizen: Politikkoordination auf der Grundlage bestimmter Prinzipien — Festigung!! — Umstellung

Quelle: Rat der Europäischen Union/Generalsekretariat 2009.

Tabelle 7: Anzahl der GASP-Erklärungen 2000–2008

Jahr	Anzahl
2000	190
2001	196
2002	206
2003	147
2004	143
2005	150
2006	152
2007	114
2008	169
Gesamt	1467
Durchschnitt/Jahr	163

Die im Folgenden angeführten Beispiele globaler Politik der EU sind nicht ohne den Hinweis auf verschiedene andere damit verbundene Bereiche zu sehen. In der europäischen Nachbarschaftspolitik (Bendiek 2008), dem ersten Beispiel, manifestiert sich der die europäische Außenpolitik kennzeichnende inkrementalistische Ansatz, welcher als wichtig erachtet wird, um die „globale Identität" der EU zu entwickeln (Smith/Webber 2008: 95). William Wallace stellt den Zusammenhang zwischen Nachbarschaftspolitik und GASP wie folgt dar: „A common foreign and security policy (CFSP) that did not have at its core a coherent strategy towards the EU's immediate neighbours would be a contradiction in terms" (Wallace 2003: 27). Als zweites Beispiel ist die Entwicklungspolitik anzuführen: Der europäische Konsens über die Entwicklungspolitik (Amtsblatt der Europäischen Union C 46, 2006) hat Parameter für eine neue strategische und politische Ausrichtung der Entwicklungspolitik geschaffen (Anesi/Aggestam 2008: 159). Die interregionalen Beziehungen sind als drittes Beispiel zu nennen: Interregionale Beziehungen und der Dialog mit regionalen Gruppierungen in verschiedenen Teilen der Welt sind seit den 1970er Jahren kennzeichnend für die Außenbeziehungen der EG geworden (Edwards/Regelsberger 1990). Diese globalen Kooperations- und Verflechtungsstrukturen setzen sich in der Außenpolitik der EU fort und werden erweitert (Bendiek/Kramer 2009). Zu den länger zurückreichenden interregionalen Beziehungen zählen jene mit Asien (Algieri versch. Jahrgänge), Lateinamerika (Diedrichs 2008) sowie dem Nahen Osten und der Golfregion (Hanelt/Möller 2008). Zu einem späteren Zeitpunkt kamen die Beziehungen zu Afrika hinzu (Kingah 2006;

Müller-Brandeck-Bocquet et al. 2007; Schmidt 2008). Gegenüber all diesen Regionen bestehen ökonomische und sicherheitspolitische Interdependenzen, die den Aufbau eines dichten Kooperationsnetzes der EU zu den jeweiligen Staaten und regionalen Organisationen erforderten. Grundsätzlich ist bei all diesen interregionalen Partnerschaften weiterhin nach den Gemeinsamkeiten zwischen der EU und ihren Mitgliedstaaten einerseits und den Staaten und Regionalorganisationen in diesen Regionen andererseits zu fragen (Grimm 2009: 60).

Darüber hinaus treffen in den verschiedenen Regionen die Interessen der EU auf die Interessen anderer Weltmächte, insbesondere der USA, von Russland und der VR China. Immer deutlicher hat sich im ersten Jahrzehnt des 21. Jahrhunderts abgezeichnet, dass die EU ihre Position gegenüber anderen Weltmächten präzisieren muss. Hiermit zusammenhängend stellt sich die Frage, wie sich die EU grundsätzlich in einem sich noch nicht eindeutig herausgebildeten internationalen Ordnungsmodell positioniert (siehe Kapitel 2). Durch die Ausweitung des ursprünglich auf handelspolitische und ökonomische Aspekte reduzierten Machtpotenzials auf die sicherheitspolitische Dimension ergeben sich für die EU neue Möglichkeiten, bei der Gestaltung der internationalen Ordnung mitzuwirken. Hierbei eröffnen sich Chancen ebenso wie Risiken: „The EU thus confronts a global arena in which there are more opportunities, but also more risks and contingent liabilities emerging from its halting progress towards a real foreign policy" (Smith 2007: 456).

8.1 Effektiver Multilateralismus und Formen der Macht

Die EU als Akteur in der internationalen Politik beurteilen zu können verlangt, dass neben der Betrachtung von vertraglichen Grundlagen, Verfahren, Akteurskonstellationen und Politikbereichen auch eine Auseinandersetzung mit dem Thema Macht erfolgt.

8.1.1 Effektiver Multilateralismus

Das Bekenntnis zum effektiven Multilateralismus durchzieht die Außen-, Sicherheits- und Verteidigungspolitik der EU. Zu klären bleibt, wie dieser Begriff zu interpretieren ist. Multilateralismus ist eine Handlungsform zur

Gestaltung und Regelung internationaler Beziehungen. Unipolarität und Multipolarität sind systemische Bezeichnungen für die internationale Ordnung. Unilateralismus und Multilateralismus können in einem unipolaren wie auch in einem multipolaren System als Handlungsformen angewandt werden. Für manche Staaten, die sich selbst – aus unterschiedlichen Gründen – auf internationaler Ebene weniger stark exponieren wollen oder können, eröffnet die Mitwirkung an einer dem Multilateralismus verpflichteten europäischen Außenpolitik neue Wirkungsmöglichkeiten im internationalen Kontext. Christopher Hill nutzt in diesem Zusammenhang die Beschreibung „multilateralism as a shelter" (Hill 2003b: 247).

Multilateral zu handeln bedeutet, ausgehandelte Regeln in institutionalisierten Foren mit mehreren unterschiedlichen Akteuren zu pflegen. Fulvio Attinà nennt fünf Charakteristika des Multilateralismus (Attinà 2008: 4ff.): 1. Multilateralismus basiert auf allgemeinen Prinzipien. 2. Multilateralismus kann das Verhalten und die Interessen von Staaten beeinflussen. 3. Multilateralismus kann hegemoniales Verhalten von Staaten einschränken. 4. Die Institutionalisierung von Multilateralismus verdeutlicht sich in internationalen Organisationen und rechtlichen Regimen. 5. Ergänzende Verhaltenspraktiken zum Multilateralismus sind zu beachten, wie beispielsweise Minilateralismus, d. h. kollektives Handeln einer kleinen Gruppe von Staaten, die ihr Handeln im Interesse der Staatengemeinschaft sehen.

Wenn die Aufrechterhaltung des Multilateralismus durch die EU diesen zu einer Art öffentlichen Guts im internationalen Kontext macht (Vasconcelos 2009a: 20), stellt sich die Frage, welche Bedeutung der Multilateralismus für die globale Ordnungsdebatte hat. Sven Biscop und Valérie Arnould verstehen effektiven Multilateralismus als ein effektives System von „global governance" (Biscop/Arnould 2004: 22). In solch einem System soll den Individuen der Zugang zu globalen öffentlichen Gütern („global public goods") möglich sein. Zu diesen zählen a) die physische Sicherheit, b) eine politische Ordnung, die politische Partizipation ermöglicht und die Menschenrechte und Gleichheit aller garantiert, c) eine offene und inklusive Wirtschaftsordnung, die allen Wohlstand gewährt, und d) ein soziales, auf das Wohl des Individuums ausgerichtetes Umfeld (Biscop 2005: 18). Ingo Winkelmann differenziert die Anwendung des Begriffs „effektiver Multilateralismus" einerseits hinsichtlich der Vereinten Nationen und andererseits hinsichtlich der EU: Hinsichtlich der Vereinten Nationen betrifft dies die Bemühungen, „[alle] ihre Mitgliedstaaten überzeugen zu wollen, dass sie für die neuen Herausforderungen gerüstet sind bzw. sich rüsten können. Daneben stehen die

Anstrengungen der Europäischen Union, die effektiven Multilateralismus zu einem wichtigen Pfeiler ihrer Sicherheitsstrategie erklärt und ihn stärken will. Im ersten Fall ist effektiver Multilateralismus sozusagen Selbstzweck, im zweiten Fall wird die Forderung mit der Bemühung verbunden, der im Aufbau befindlichen Gemeinsamen Außen- und Sicherheitspolitik der EU in einem dramatisch veränderten sicherheitspolitischen Umfeld Konturen zu verschaffen" (Winkelmann 2005: 94).

Um als Förderer einer Weltordnung, „die auf einer verstärkten multilateralen Zusammenarbeit und einer verantwortungsvollen Weltordnungspolitik beruht" (Art. 21(h) EUV-L), zu wirken, ist für den Akteur EU die beschriebene Vielschichtigkeit und Komplexität des als effektiv bezeichneten Multilateralismus zu beachten. Damit zusammenhängend stellt sich dann die Frage, wie die EU als multilateraler Akteur Macht ausübt.

8.1.2 Zivilmacht

Die Suche nach einer Definition des Begriffs „Zivilmacht" – und speziell nach einer auf den europäischen Kontext zugeschnittenen Definition – zieht sich über mehrere Jahrzehnte hinweg (u. a. Duchêne 1972; Hill 1990; Kirste/Maull 1996). Annette Jünemann und Niklas Schörnig nennen folgende Merkmale, die den „Idealtypus der Außenpolitik einer Zivilmacht" kennzeichnen: a) bewusster Verzicht auf die Methoden klassischer Machtpolitik, b) aktive Förderung der Zivilisierung der zwischenstaatlichen Beziehungen und c) Förderung von Demokratie und Menschenrechten (Jünemann/Schörnig 2002: 5 f.).

Zivilmacht bedeutet, die Schwerpunkte bei der Ausübung außenpolitischer Macht auf wirtschafts-, handels-, entwicklungspolitische oder diplomatische Instrumente zu richten. Nichtmilitärisches Handeln ist die Handlungsmaxime, wobei der Einsatz von militärischen Mitteln als letzte Möglichkeit nicht grundsätzlich ausgeschlossen werden kann. Dass sich die zivilmachtpolitische Komponente europäischer Außenpolitik in einzelnen Politikbereichen aufgrund deren inhaltlicher Ausrichtung stärker ausprägt (beispielsweise bei der Entwicklungshilfe) als in anderen Bereichen (beispielsweise ESVP), ist nachvollziehbar. Die EU verfügt über zivilmachtpolitische Instrumente wie beispielsweise Wirtschaftssanktionen oder die Konditionalisierung von Abkommen mit Drittstaaten und kann somit zivile Macht ausüben. Paul Cornish und Geoffrey Edwards weisen auf Befürchtungen hin, dass durch die Einbeziehung der militärischen Dimension in die

EU deren Rolle als Zivilmacht Schaden nehmen könne und sie mehr zu einer normalen als zu einer ideell normativen Macht würde (Cornish/Edwards 2005: 802). In diesem Zusammenhang stellt sich die Frage, ob durch die handels- und sicherheitspolitische Macht der EU eine weiche Form des Imperialismus bis hin zum Zwangsmittel der Gewaltanwendung ermöglicht würde (Hettne/Söderbaum 2005: 549). Insgesamt betrachtet, erklärt Michael Blauberger, dass das Zivilmachtkonzept zur Präzisierung europäischer Außenpolitik beitragen kann, „wenn man Zivilmacht nicht mehr als normatives Leitbild und umfassendes Modell begreift, sondern als spezifische Form von Macht" (Blauberger 2005: 86).

8.1.3 Soft Power, Hard Power, Smart Power

Macht kann verschiedene Ausprägungen annehmen. Auf die EU bezogen wird hinsichtlich ihrer Außenpolitik immer wiederkehrend der Begriff der „soft power" genutzt. Das Konzept Soft Power wurde von Joseph S. Nye Jr. 1990 vorgestellt (Nye 1990) und anschließend weiter ausgearbeitet (Nye 2004). Das Konzept ist bezüglich der Akteurszuordnung auf die USA zentriert und soll der Stärkung der amerikanischen Vormachtstellung in den internationalen Beziehungen dienen. Macht bedeutet die Fähigkeit eines Akteurs, andere Akteure so zu beeinflussen, dass der gewünschte Effekt erzielt wird. Eine Voraussetzung hierfür ist, die Handlungspräferenzen derjenigen, die das Ziel der eigenen Politik sind, zu kennen. Hard Power basiert auf Anreizen („carrots") und Drohungen („sticks"). Soft Power ist nicht abhängig von Hard Power und richtet sich als „co-optive power" auf die Einbeziehung anderer. Dahinter steht die Fähigkeit, durch Anziehung und nicht durch Zwang das gewünschte Ziel zu erreichen. Soft Power begründet sich auf der Fähigkeit, die Präferenzen der anderen zu gestalten. Die Anziehungskraft eines Soft Power ausübenden Staates ergibt sich aus dessen Kultur, den politischen Idealen und den Politiken, was sich wiederum in der entsprechenden Außenpolitik niederschlägt. Institutionen können das Soft-Power-Potenzial eines Akteurs stärken, d.h., Regelwerke werden für den Umgang mit anderen Akteuren entwickelt. Ein solches geregeltes Miteinander ist für Akteure kostengünstiger als die Anwendung von „carrots and sticks". Für den Erfolg von Soft Power sind bestimmte Faktoren ausschlaggebend. Hierzu zählen unter anderem die Kohärenz des politischen Handelns und die entsprechende Empathie des Anwenders von Soft Power gegenüber denjenigen Akteuren, auf die sich Soft Power richtet. Mit Soft

Power können Milieuziele wie die Förderung von Demokratie und Menschenrechten erreicht werden.

Nye hat aber auch dargelegt, dass Hard Power und Soft Power zusammenhängen, da beide Formen der Machtausübung auf der Fähigkeit basieren, das Verhalten anderer Akteure zu beeinflussen. Hard Power und Soft Power können sich gegenseitig verstärken, aber auch gegenseitig hinderlich sein. Eine idealtypische Kombination von Hard Power und Soft Power ermöglicht Smart Power. Die Anwendung der unterschiedlichen Formen von Macht setzt voraus, dass der Macht ausübende Akteur über die Fähigkeit zur Führung („leadership") verfügt, und umgekehrt ergibt sich Leadership aus Macht heraus (Nye 2008). Als Führung wirkt jemand, der einer Gruppe hilft, gemeinsam geteilte Ziele zu schaffen und zu erreichen, und hierbei Soft und Hard Power verbindet.

8.1.4 Verortung von Macht in der EU

Die EU verfügt über Möglichkeiten, sowohl Soft Power als auch Hard Power einzusetzen. Sie hat einerseits die Möglichkeit, Anreize zu schaffen („carrots"), beispielsweise über Kooperationsabkommen, Assoziierung oder die Mitgliedschaft, und kann andererseits Drohungen („sticks") anwenden, beispielsweise in Form von Sanktionen, der Konditionalisierung von Abkommen oder tarifären Hemmnissen. Aus den Erfahrungen europäischer Außenpolitik kann gefolgert werden, dass die EU mit dem Einsatz von „carrots" bislang wirksamer ist als mit dem Einsatz von „sticks". Sind die Ressourcen von Soft Power und Hard Power jedoch ausreichend entwickelt und wirken sie überzeugend nach innen und außen? Institutionen können das Machtpotenzial der EU stärken und durch die Förderung eines Regelwerks wie des effektiven Multilateralismus kann dieses Potenzial den Umgang mit anderen Akteuren gestalten. In diesem Zusammenhang kann die EU auch als normative Macht diskutiert werden (Diez 2005; Manners 2002, 2006; Tocci 2008). Charles Grant warnt jedoch davor, aus der Perspektive der EU Soft Power als selbstverständlich zu betrachten. So sieht er beispielsweise die Einschränkung der Einwanderung in die Union, die schwindende öffentliche Unterstützung für die europäische Integration wie auch widersprüchliche ökonomische Konzepte der Mitgliedstaaten als abträglich für die Untermauerung von Soft Power der EU (Grant 2009b: 2–7).

Doch wie steht es um den Aspekt der Führung? Wer übt Leadership in der EU aus? Die Mitgliedstaaten oder die supranationalen Organe? Nyes

Aussage „You cannot lead if you do not have power" (Nye 2008: 27) lässt sich hinsichtlich der Beantwortung der gestellten Fragen derart interpretieren, dass in den jeweiligen Politikbereichen aufgrund unterschiedlicher Kompetenzstrukturen unterschiedliche Akteure Leadership übernehmen (so beispielsweise die Europäische Kommission in der Handelspolitik oder Nachbarschaftspolitik und die Mitgliedstaaten, unterstützt durch den Hohen Vertreter, in der Sicherheits- und Verteidigungspolitik). Leadership im Kontext der EU verlangt, dass der Wille vorhanden ist, das vorhandene Machtpotenzial auch wirklich zu nutzen und die selbst gesetzten Ziele und Maßstäbe im Rahmen europäischer Außenpolitik umzusetzen. Geschieht dies nicht, besteht Anlass, die EU als eine eher machtlose normative Macht zu bezeichnen (Wood 2009).

8.2 Die EU und die Vereinten Nationen

Die Vereinten Nationen (VN) bilden in einem institutionellen Bezugssystem der internationalen Politik den zentralen Referenzpunkt für die Ausrichtung europäischer Außenpolitik. Unter Berücksichtigung einer Ebeneneinteilung liegt die EU unterhalb der Ebene, auf der sich die Vereinten Nationen befinden. Dieser Ebenenunterschied bzw. diese hierarchische Ordnung verdeutlicht sich ebenfalls in den entsprechenden Teilen des EU-Vertrags, der Europäischen Sicherheitsstrategie sowie den jeweiligen regionalen und thematischen Strategiedokumenten der EU.

Die EU-27 tragen mit über 38 Prozent der Beiträge zum Budget der Vereinten Nationen bei und liegen dabei vor den USA (22 Prozent) und Japan (16,6 Prozent).[1] Unter den Mitgliedstaaten der EU ist Deutschland mit 8,6 Prozent der größte Beitragszahler, gefolgt von Großbritannien (6,6 Prozent), Frankreich (6,3 Prozent) und Italien (5,1 Prozent). Von den Beiträgen der Europäischen Kommission im Jahr 2006 zu den Aktivitäten der Vereinten Nationen entfielen zwei Prozent auf Maßnahmen zur Aufrechterhaltung der Menschenrechte und von internationalen Standards, sechs Prozent auf Krisenprävention und -nachsorge und 22 Prozent auf die Stärkung von Demokratie, Rechtsstaatlichkeit, nachhaltigem Management kultureller Entwicklung und der Umwelt (United Nations System in Brussels 2007: 64).

---

1 Die Zahlen beziehen sich auf August 2008.

Tabelle 8: Beiträge der EU-Mitgliedstaaten zum Budget der Vereinten Nationen
(Prozent; Stand: 31. August 2008)

Belgien	1,102
Bulgarien	0,020
Dänemark	0,739
Deutschland	8,577
Estland	0,016
Finnland	0,564
Frankreich	6,301
Griechenland	0,596
Großbritannien	6,642
Irland	0,445
Italien	5,079
Lettland	0,018
Litauen	0,031
Luxemburg	0,085
Malta	0,017
Niederlande	1,873
Österreich	0,887
Polen	0,501
Portugal	0,527
Rumänien	0,070
Schweden	1,071
Slowakei	0,063
Slowenien	0,096
Spanien	2,968
Tschechische Republik	0,281
Ungarn	0,244
Zypern	0,044
EU-27 gesamt	38,857

*Quelle: United Nations Secretariat. Status of contributions as at 31 August 2008, Annex II.
New York, 31. 8. 2008.*

Der Stellenwert der Vereinten Nationen zeigte sich bereits in einer frühen
Phase des europäischen politischen Integrationsprozesses. Im Jahr 1974 er-
hielt die EG Beobachterstatus in der Generalversammlung der Vereinten
Nationen und in der Folge bei deren Wirtschafts- und Sozialausschuss. Sie
ist in einer Vielzahl von Unterorganisationen und Konferenzen der Verein-
ten Nationen beobachtend und unter anderem in der Food and Agriculture
Organization (FAO) als Mitglied vertreten (Hoffmeister/Kuijper 2006). Die
Europäische Kommission hat Vertretungen an den VN-Standorten New

York, Genf, Nairobi, Paris, Rom sowie Wien; der Rat ist in New York und Genf vertreten.

Die Themenpalette, mit der sich die EU im Kontext der Vereinten Nationen beschäftigt, ist umfassend und bezieht sich auf die drei Hauptbereiche Frieden und Sicherheit, nachhaltige Entwicklung und Menschenrechte. In den ersten Bereich fallen unter anderem die Krisenprävention, Peacekeeping und Peacebuilding, die Bekämpfung des Terrorismus, Abrüstung, Rüstungskontrolle und die Nichtweiterverbreitung von Massenvernichtungswaffen. Die Abstimmung, Ausarbeitung und Festlegung der Politik der EU gegenüber den Vereinten Nationen finden in einem institutionalisierten und auf verschiedenen Ebenen gelagerten Beziehungsgeflecht statt (Knudsen 2008: 4–7). Die Ratspräsidentschaft, das Ratssekretariat und die Kommission (hier insbesondere die Generaldirektionen Außenbeziehungen) sind seitens der EU-Ebene die wichtigen GASP-Akteure in den Beziehungen zu den Vereinten Nationen. Ein bedeutendes Koordinationsforum ist die Ratsarbeitsgruppe Vereinte Nationen (CONUN). Dort werden grundlegende Vorarbeiten geleistet, die im PSK, dem AStV und dem Rat aufgenommen werden, um die Schwerpunkte der EU-Politik bezüglich der Vereinten Nationen zu bestimmen. Hinzu kommen die Arbeit weiterer themenspezifischer Arbeitsgruppen sowie regelmäßige Koordinationstreffen der EU-Mitgliedstaaten und der Vertretungen von Kommission und Rat an den verschiedenen Standorten der VN-Einrichtungen, insbesondere in New York und Genf. Allein an letzteren Orten werden jährlich mehr als 1 000 EU-Koordinationstreffen durchgeführt.

Aus Artikel 34 EUV-L ergibt sich für die Mitgliedstaaten der EU die Verpflichtung zur Koordination ihres Handelns im Rahmen internationaler Organisationen und Konferenzen. Für die ständigen VN-Sicherheitsratsmitglieder Frankreich und Großbritannien sowie die im Sicherheitsrat nicht ständig vertretenen EU-Mitgliedstaaten besteht ein Abstimmungsgebot. Des Weiteren sind von ihnen die nicht im Sicherheitsrat vertretenen Mitgliedstaaten der Union zu unterrichten. Sogenannte „Artikel 19 Konsultationen" finden wöchentlich in New York statt (Verbeke 2006: 55). Grundsätzlich sollen von den im Sicherheitsrat vertretenen EU-Staaten die Standpunkte und Interessen der EU vermittelt werden, gleichwohl wird eingeschränkt, dass die ständigen Mitglieder die aus der Charta der Vereinten Nationen resultierenden Verantwortlichkeiten zu berücksichtigen haben.[2]

---

2 Siehe Kapitel V der Charta der Vereinten Nationen.

Der Sicherheitsrat ist ein Symbol für die prägende Rolle von Staaten in der internationalen Politik und kann deshalb nur in eingeschränktem Maß zur Überprüfung einer Konvergenz EU-mitgliedstaatlicher Positionen herangezogen werden. Ein anderes Bild ergibt sich bei Betrachtung der Generalversammlung der Vereinten Nationen. In ihr vereinen die 27 Mitgliedstaaten der EU ein Achtel aller Stimmen auf sich. Von den Anfangsjahren der EPZ bis zum heutigen Entwicklungsstand der GASP zeigt sich eine insgesamt hohe Geschlossenheit der betreffenden europäischen EG/EU-Staaten bei Stellungnahmen und Abstimmungen im Rahmen der Generalversammlung der Vereinten Nationen. In Phasen, in denen wirtschaftliche und politische Spannungen die internationalen Beziehungen charakterisierten (wie beispielsweise Anfang der 1980er Jahre oder in der Zeitenwende 1989 bis 1991) und die außenpolitische Kooperation der europäischen Staaten auf den Prüfstand kam, nahm die Geschlossenheit der EG/EU-Staaten temporär ab (Adriaenssens 2008: 59–63). Mit Blick auf die EG-12 in der zweiten Hälfte der 1980er Jahre konnten drei unterschiedliche Verhaltensgruppen identifiziert werden (Stadler 1993: 118): Zur „konformistischen" Gruppe zählten die Benelux-Staaten, Deutschland, Italien und Portugal. In mehr als 90 Prozent stimmten ihre Positionen bei Resolutionen überein. Die „non-konformistische" Gruppe, bestehend aus Griechenland, Irland und Spanien, zeigte hingegen bereits mehr Divergenzen gegenüber der konformistischen Gruppe, was auf spezifische Interessenlagen zurückgeführt werden konnte. Beispielsweise war für Spanien die Lage der Staaten in Zentral- und Südamerika von besonderem Interesse (Grugel 1996). Folglich kam es häufiger zu einer Kritik an der Politik der USA gegenüber dieser Region.[3] Von den EG-Mitgliedstaaten, die eine engere Beziehung zu den USA unterhielten, konnte wiederum die spanische Position nicht mitgetragen werden. In einer Zwischengruppe fanden sich Dänemark, Frankreich und Großbritannien.

Die Bildung von Untergruppen innerhalb der EU-Mitgliedstaaten im Rahmen der Vereinten Nationen setzt sich auch in der GASP fort. Diese sind nicht wahllos, sondern von Mitgliedstaaten mit ähnlichen Interessen gebildet worden. Drei Gruppen lassen sich unterscheiden: 1. EG-Gründerstaaten und Visegrád-Staaten[4]; 2. südliche Mitgliedstaaten; 3. Staaten, die nicht der NATO angehören (Jakobsson 2009: 543–547). Dies darf nicht als starre

---

3   So beispielsweise die amerikanische Invasion in Panama im Jahr 1989.
4   Zu den Visegrád-Staaten zählen Ungarn, Tschechien, die Slowakei und Polen.

Einteilung verstanden werden, entsprechend der Thematik bilden sich immer wieder Variationen dieser Gruppen. Durch die Erweiterung der EU wurde der Trend zur Konvergenz beim Abstimmungsverhalten in der Generalversammlung der EU nicht negativ beeinträchtigt. Die neuen Mitgliedstaaten hatten sich weitgehend einem „EU-Mainstream" angeschlossen (Luif 2008). Es lag im Interesse der alten Mitgliedstaaten, durch eine Stärkung der gemeinsamen europäischen Stimme das politische Gewicht der EU im internationalen Kontext zu erhöhen (Jakobsson 2009). In diesem Zusammenhang ist zu beachten, dass sich die neuen Mitgliedstaaten bereits in ihrer Beitrittsphase zur Union weitgehend den Positionen der EU-Staaten angeschlossen hatten. Uneinheitliches Verhalten zeichnet sich zumeist in sicherheitspolitischen Fragen ab und wurde exemplarisch im Zusammenhang mit den unterschiedlichen Positionierungen einzelner EU-Staaten gegenüber der amerikanischen Irak-Strategie 2003 sichtbar.

Doch wie die Entwicklung der EU so ist auch die Entwicklung der Vereinten Nationen von einer andauernden Reformdiskussion geprägt. Angesichts der Bedeutung der Vereinten Nationen, der Koordinationsdichte zwischen der EU und den Vereinten Nationen sowie der grundsätzlichen ordnungspolitischen Ausrichtung der EU und der Vereinten Nationen an einem multilateralen System erscheint es sinnvoll, die jeweiligen Reformschritte in einem gegenseitig förderlichen Verhältnis zu sehen (Biscop 2005: 29). Für beide sind die Erkenntnisse der jeweiligen Erfahrungen mit multilateralen Mechanismen von gegenseitigem Nutzen (Degrand-Guillaud 2009: 430).

Nichtsdestotrotz sind Schwachpunkte in den Beziehungen zu erkennen. So werden die „Artikel 19 Konsultationen" als teilweise reiner Meinungsaustausch und als zu wenig aktiv kritisiert (Wouters 2007: 9). Außerdem kann nicht ignoriert werden, dass Frankreich und Großbritannien im Hinblick auf ihre spezielle Rolle als einzige EU-Mitgliedstaaten, welche ständige Mitglieder im Sicherheitsrat der Vereinten Nationen sind, spezifische Verhaltensmuster aufweisen, die der jeweiligen nationalen Interessenlage folgen und nicht dem Ansatz einer gemeinsamen europäischen Position. Im Weiteren hat sich gezeigt, dass diejenigen EU-Mitgliedstaaten, die nicht im Sicherheitsrat der Vereinten Nationen vertreten sind, nicht immer Interesse an der Arbeit des Sicherheitsrates zeigen. Die Forderung dieser Staaten nach einer umfassenden Information und Konsultation zu Fragen, an denen sie kein besonderes Interesse zeigen, erscheint Johan Verbeke „paradox" (Verbeke 2006: 56).

In besonderer Weise widersprüchlich zur Forderung nach gemeinsamen Standpunkten der EU-Mitgliedstaaten in internationalen Konferenzen erwies sich die Haltung der EU-Mitgliedstaaten hinsichtlich der VR China im Rahmen der früheren Menschenrechtskonferenz der Vereinten Nationen.[5] Mehrfach konnten sich die Mitgliedstaaten der EU nicht auf eine gemeinsame Position einigen. Es zeigte sich eine enge Verknüpfung zwischen den ökonomischen Interessen und den politischen Positionen einzelner europäischer Staaten. Die VR China wusste dies im eigenen Interesse zu nutzen und so gelang es ihr immer wieder, die Mitgliedstaaten der EU in der Menschenrechtskommission der Vereinten Nationen zu spalten. Durch die Einflussnahme der Volksrepublik auf einzelne Staaten war der internationalen Gemeinschaft „faktisch jeder Weg versperrt, mit den Mitteln des Völkerrechts gegen die VR China vorzugehen" (Schubert 1997: 61); das Verhalten der EU-Mitgliedstaaten hatte hierzu beigetragen.

Aus supranationaler Perspektive sind die Schwächen der EU-VN-Beziehungen, trotz aller positiven Darstellungen, erkannt worden. Die Europäische Kommission hatte bereits 2003 umfassende Verbesserungsvorschläge vorgelegt (KOM(2003) 526 endgültig). Diese bezogen sich unter anderem auf die Funktionsweise einzelner Einheiten in Rat und Kommission sowie auf die Aufgabenteilung zwischen den Akteuren der EU. Wenn diese Optimierung gelingt, könnte die EU „innerhalb der Vereinten Nationen einen effektiveren Beitrag zur Weltordnungspolitik leisten" (KOM(2003) 526 endgültig: 27). Der Vertrag von Lissabon schreibt die Verantwortung für die Koordination mitgliedstaatlichen Handelns in internationalen Organisationen und im Rahmen internationaler Konferenzen dem Hohen Vertreter zu (Art. 34 EUV-L). Dieser soll ferner, auf Antrag der im Sicherheitsrat der Vereinten Nationen vertretenen Mitgliedstaaten der EU, in diesem Gremium einen von der Union festgelegten Standpunkt vortragen können. Diese akteursbezogene Änderung soll jedoch nicht zu der Annahme verleiten, dass dadurch das Zusammenwirken der Mitgliedstaaten der EU im Kontext der Vereinten Nationen eine nachhaltige Stärkung erfahren kann. Letztendlich sind und bleiben die von Eigeninteressen geleiteten Staaten die bestimmenden Akteure im Rahmen der Vereinten Nationen. Auf deren Sicherheitsrat bezogen ist nicht zu erwarten, dass jene Staaten, die ständige Mitglieder sind, eine Einschränkung der ihr dadurch gegebenen Macht-

---

5   Die Menschenrechtskommission (*Commission on Human Rights*) wurde 2006 durch den Menschenrechtsrat *(Human Rights Council)* ersetzt.

position hinnehmen würden; dies trifft selbstverständlich auch auf Frankreich und Großbritannien zu. Forderungen nach einer ständigen Mitgliedschaft der EU im Sicherheitsrat, bei gleichzeitiger Aufgabe der britischen und französischen Vertretung, erscheinen gegenwärtig illusorisch. In Zeiten mangelnden Vertrauens in die Reformfähigkeit der EU und der Vereinten Nationen, was nicht zuletzt durch die mangelnde Reformbereitschaft ihrer jeweiligen Mitgliedstaaten bedingt ist, zeigt sich umso anschaulicher die prägende Rolle von Staaten bei der Gestaltung internationaler Politik.

8.3 Die EU und die USA: Auseinanderklaffen gemeinsamer Konzepte und politischer Realität

Die Entwicklung und die Qualität europäischer Außen-, Sicherheits- und Verteidigungspolitik kann nicht losgelöst von der Berücksichtigung der transatlantischen Dimension beurteilt werden. Hatte sich in der zweiten Hälfte des 20. Jahrhunderts, in einer Phase von mehr als vier Jahrzehnten, eine klare und nicht zur Disposition gestellte sicherheits- und verteidigungspolitische Präsenz und Rolle der USA in Europa manifestiert, so brachte das Ende der bipolaren Weltordnung die Notwendigkeit einer Neuorientierung der transatlantischen Beziehungen mit sich. Dies bezog sich nicht nur auf die Rolle der NATO, sondern auf die Neuverortung der EU und ihrer Mitgliedstaaten gegenüber den Vereinigten Staaten. Hierbei waren die Besonderheiten der Beziehungen einzelner Mitgliedstaaten zu den USA zu berücksichtigen, insbesondere hinsichtlich der drei großen Mitgliedstaaten Deutschland, Frankreich, Großbritannien. Während Deutschland und Großbritannien aus verschiedenen Motiven heraus und in unterschiedlicher Ausprägung ein sehr enges transatlantisches Verhältnis als wesentliches sicherheits- und verteidigungspolitisches Interesse verfolgten, nahm Frankreich lange Zeit eine distanzierte Position ein. Unter den mittleren und kleineren Mitgliedstaaten der EU gab es ebenfalls unterschiedlich nahe Beziehungen zu den USA.

Die Relevanz sicherheitspolitischer Beziehungen zwischen den europäischen Staaten und den USA wurde in der zweiten Hälfte des vergangenen Jahrhunderts in der Kooperation im Rahmen der NATO reflektiert. Von den 27 Mitgliedstaaten der EU gehören 21 der NATO an (siehe Tabelle 9). Die strategische Bedeutung der USA für die EU wurde mit der Europäischen

Sicherheitsstrategie von 2003 erkennbar unterstrichen. Dem Text der ESS folgend haben die „Vereinigten Staaten [...] – insbesondere im Rahmen der NATO – einen entscheidenden Beitrag zum europäischen Einigungsprozess und zur Sicherheit Europas geleistet. [...] Die transatlantischen Beziehungen zählen zu den tragenden Elementen des internationalen Systems. Dies ist nicht nur im beiderseitigen Interesse, sondern stärkt auch die internationale Gemeinschaft in ihrer Gesamtheit. Die NATO ist ein besonderer Ausdruck dieser Beziehungen. [...] Die transatlantischen Beziehungen sind unersetzlich. In gemeinsamem Handeln können die Europäische Union und die Vereinigten Staaten eine mächtige Kraft zum Wohl der Welt sein. Unser Ziel sollte eine wirkungsvolle, ausgewogene Partnerschaft mit den USA sein."

Die Bedeutung der strategischen Partnerschaft mit den USA wurde fünf Jahre nach der ESS im Bericht über deren Umsetzung noch stärker akzentuiert: „Für Europa bleibt die transatlantische Partnerschaft ein unersetzliches Fundament, das auf gemeinsamer Geschichte und Verantwortung beruht. EU und NATO müssen ihre strategische Partnerschaft vertiefen, um die Zusammenarbeit bei der Krisenbewältigung zu verbessern. [...] Der wichtigste Partner für Europa in diesem und in anderen Bereichen sind die USA. Wo immer sie zusammengearbeitet haben, waren die EU und die USA eindrucksvolle Streiter für das Gute in der Welt." Bei genauer Betrachtung des transatlantischen Beziehungsgeflechts erweist sich dieses jedoch keineswegs als unproblematisch.

Tabelle 9: Mitgliedschaften in EU und NATO

Land	EU	NATO
Albanien	—	●
Belgien	●	●
Bulgarien	●	●
Dänemark	●	●
Deutschland	●	●
Estland	●	●
Finnland	●	—
Frankreich	●	●
Griechenland	●	●
Großbritannien	●	●
Irland	●	—
Island	—	●
Italien	●	●

Land	EU	NATO
Kanada	—	•
Kroatien	—	•
Lettland	•	•
Litauen	•	•
Luxemburg	•	•
Malta	•	—
Niederlande	•	•
Norwegen	—	•
Österreich	•	—
Polen	•	•
Portugal	•	•
Rumänien	•	•
Schweden	•	—
Slowakei	•	•
Slowenien	•	•
Spanien	•	•
Tschechische Republik	•	•
Ungarn	•	•
Türkei	—	•
Vereinigte Staaten von Amerika	—	•
Zypern	•	—

8.3.1 Institutionalisierung und Zielsetzung der Beziehungen EU – USA

Für die Institutionalisierung der euro-amerikanischen Beziehungen wurde nach dem Ende der Bipolarität mit der transatlantischen Erklärung zwischen der EG und den USA 1990 eine erste Grundlage geschaffen. In ihr verpflichteten sich beide Seiten zu einem engeren Kooperationsprozess bei Fragen von gemeinsamem ökonomischen und politischen Interesse (Transatlantic Declaration on EC-US Cooperation 1990). Schon bald danach hatte sich herausgestellt, dass dieses Dokument die Herausforderungen und die Aufgaben, mit denen sich sowohl die EU wie auch die USA konfrontiert sahen, nicht umfassend abdeckte. In der Neuen Transatlantischen Agenda von 1995 wurde nun die politische Relevanz der Beziehungen gegenüber der bis dahin vorherrschenden ökonomischen Dimension aufgewertet. Die

Gestaltung der internationalen Ordnung und die sicherheitspolitische Zusammenarbeit sind beiderseitig von vorrangigem Interesse. Die auf Europa gerichtete Zielsetzung in dieser Agenda erklärt sich aus den post-bipolaren Zeitumständen: „We share a common strategic vision of Europe's future security. Together, we have charted a course for ensuring continuing peace in Europe into the next century. We are committed to the construction of a new European security architecture in which the North Atlantic Treaty Organisation, the European Union, the Western European Union, the Organisation for Security and Cooperation in Europe and the Council of Europe have complementary and mutually reinforcing roles to play" (The New Transatlantic Agenda 1995).

Vor diesem Hintergrund sind für die transatlantische Zusammenarbeit vier Schwerpunkte festgelegt worden (The New Transatlantic Agenda 1995):

1. die weltweite Förderung von Frieden, Stabilität, Demokratie und Entwicklung;

2. Zusammenarbeit bei der Bewältigung globaler Herausforderungen (beispielsweise Kriminalität, Terrorismus, Migration, Ökologie);

3. Förderung der Ausweitung des Welthandels und engerer wirtschaftlicher Beziehungen;

4. Brückenbildung über den Atlantik (beispielsweise intensivere Kommunikation im wissenschaftlichen Bereich).

Eine detaillierte Ausarbeitung zur Neuen Transatlantischen Agenda findet sich in dem Gemeinsamen Aktionsplan (Joint EU-US Action Plan 1995). Wie auch in den Beziehungen zu anderen Staaten wird die Institutionalisierung der Beziehungen zwischen der EU und den USA durch regelmäßige Konsultationen und Kooperation in verschiedenen Foren, von jährlichen Gipfeltreffen bis zu Arbeitsgruppen auf Expertenebene, geprägt.

Die Evaluierung der ersten zehn Jahre der Kooperation im Rahmen der Neuen Transatlantischen Agenda legte einige Schwachstellen offen. Hinsichtlich des Dialogs zwischen der EU und den USA wurde mangelndes politisches Engagement „auf höchster politischer Ebene und auf Beamtenebene" diagnostiziert sowie festgestellt, „dass die EU an sich in Washington nur unzureichend verstanden wird" (KOM(2005) 196 endgültig: 20). Weitere Kritikpunkte bezogen sich auf eine unzureichende öffentliche Wahrnehmung, eine zu technokratische Ausrichtung und damit verbunden eine zu starke Betonung des Prozesses als solchen bei gleichzeitigem Fehlen einer ergebnisorientierten Partnerschaft. Den Mitgliedstaaten wurde mangelndes Engagement vorgehalten. Wie sich im Folgenden zeigt, sind diese Schwächen des institutionalisierten Rahmens transatlantischer Beziehungen aus divergierenden Positionen und Perzeptionen auf europäischer und amerikanischer Seite heraus erklärbar.

8.3.2 ESVP und NATO im transatlantischen Kontext

Die Bestimmung von Qualität und Perspektive der transatlantischen Beziehungen begleitet die Entwicklung der GASP und der ESVP, insbesondere bezüglich der militärischen Fähigkeiten der EU und des damit zusammenhängenden Zusammenwirkens von EU und NATO. Bereits in der Entstehungsphase der ESVP (1998/1999) war von der amerikanischen Regierung warnend darauf hingewiesen worden, dass es nicht zu einer Entkoppelung der Europäer aus dem sicherheitspolitischen Kooperationsgeflecht mit den Vereinigten Staaten kommen dürfe. Die amerikanische Außenministerin Madeleine Albright hatte die drei folgenden Forderungen an die Europäer formuliert (Albright 1998): (1) Europäische Entscheidungen sollten nicht losgelöst vom größeren NATO-Entscheidungsrahmen sein *(no decoupling)*; (2) ein Duplizieren von Truppenplanung, Kommandostrukturen und Beschaffungsentscheidungen sei zu vermeiden *(no duplication)*; und (3) NATO-Mitglieder, die nicht Mitglieder der EU sind (besondere Aufmerksamkeit kommt in diesem Fall der Türkei zu), dürften nicht diskriminiert werden *(no discrimination)*. Diese Betonung der Rolle der NATO als Bindeglied transatlantischer Sicherheit war auch schon in der Neuen Transatlantischen Agenda zu finden: „We reaffirm the indivisibility of transatlantic security. NATO remains, for its members, the centrepiece of transatlantic security, providing the indispensable link between North America and Europe" (The New Transatlantic Agenda 1995).

Diese kritische Haltung gegenüber der Vertiefung außen-, sicherheits- und verteidigungspolitischer Zusammenarbeit europäischer Staaten ist im Zusammenhang mit der britisch-französischen St.-Malo-Erklärung vom Dezember 1998 zu sehen. Und wie sich im Frühjahr 2003 am Widerstand Washingtons gegenüber den Überlegungen Belgiens, Deutschlands, Frankreichs und Luxemburgs zu militärischen Planungs- und Kommandostrukturen für die EU gezeigt hatte, blieb die Skepsis der USA bestehen. Beim Treffen der Staats- und Regierungschefs dieser vier europäischen Staaten am 29. April 2003 in Brüssel, das sowohl als „Vierergipfel" wie auch als

„Pralinengipfel" bezeichnet worden war, ist unter anderem die Einrichtung eines Nukleus zur kollektiven Planung und Führung von Einsätzen für die EU, d.h. eines EU-Hauptquartiers, im belgischen Tervuren vorgeschlagen worden. In der zweiten Hälfte desselben Jahres verlor der Vorschlag in dieser Form an Gewicht. Insbesondere von deutscher Seite wurde nun betont, dass Planungs- und Kommandostrukturen außerhalb der NATO nicht sinnvoll erschienen. Basierend auf einem britisch-deutsch-französischen Vorschlag fand die Einsetzung einer kleinen Zelle mit zivilen und militärischen Komponenten innerhalb des EU-Militärstabs letztendlich die Zustimmung der EU-25 und dies wurde in den Schlussfolgerungen des Europäischen Rates von Brüssel festgehalten. Für die Zustimmung der USA zur Einrichtung einer solchen Einheit im EU-Militärstab bedurfte es des Dialogs des britischen Premierministers Blair mit dem amerikanischen Präsidenten George W. Bush. Blair gelang es, die Skeptiker in Washington davon zu überzeugen, dass diese Entwicklung nicht zu einer Aushöhlung der NATO führen werde.

In den sogenannten „Berlin-Plus-Vereinbarungen" vom 17. März 2003 werden unter anderem die Beziehungen zwischen der EU und der NATO für Krisenoperationen formalisiert. Dieses Abkommen bildet die Grundlage für die Regelungen, wie die EU im Falle einer von ihr geführten Krisenoperation Zugang zu den NATO-Planungs- und Kommandostrukturen erhält und wie sie auf Kapazitäten und Fähigkeiten der NATO zurückgreifen kann. Anwendung fand dieses Arrangement zwischen der EU und der NATO beispielsweise in der EU-Militäroperation CONCORDIA in der früheren jugoslawischen Republik Mazedonien im Jahr 2003.

Der Regierungswechsel von George W. Bush zu Barack Obama wird keine Umkehr der amerikanischen NATO-Politik bedeuten. Mit Blick auf das „Zusammenspiel zwischen Strukturen und Akteuren" schlussfolgert Carlo Masala, „dass von der neuen US-Administration weniger Wandel als vielmehr Kontinuität zu erwarten sein wird bzw. sich bereits jetzt abzeichnet" (Masala 2009: 196). Aber auch in der europäischen NATO-Politik zeigt sich ein Kontinuum, da „Europa [...] bis auf Weiteres keine bessere Wahl [bleibt], als Sicherheit in der NATO zu suchen" (Naumann 2009: 208). Für das transatlantische Bündnis besteht jedoch Umgestaltungsbedarf. Klaus Naumann fordert in diesem Zusammenhang eine „intensive Zusammenarbeit mit der EU", um „vernetzte Sicherheit zu gestalten. Unter diesem Dach könnte Europa langfristig eigene Fähigkeiten zu begrenzten Operationen außerhalb Europas entwickeln, sei es im Rahmen der NATO oder als eigenständige EU-Operation" (Naumann 2009: 208).

8.3.3 Der Irak-Krieg 2003 und transatlantische Divergenzen

Schon früh nachdem europäische Staaten das Integrationsgebilde EU und als einen ihrer Politikbereiche die GASP geschaffen hatten, war erkennbar geworden, dass sich die Perzeption von Außen-, Sicherheits- und Verteidigungspolitik sowie die sich hieraus ableitbaren Strategien für das Handeln der EU erkennbar von der amerikanischen Außenpolitik unterscheiden. In besonderer Deutlichkeit zeigte sich dies im Vorfeld und im Verlauf des Irak-Krieges 2003. Nachdem sich in schneller Reaktion auf die Terroranschläge vom 11. September 2001 die EU und ihre Mitgliedstaaten solidarisch und unterstützend gegenüber den USA erklärt hatten, kam es in Bezug auf die Irak-Strategie der amerikanischen Regierung zu einer Kontroverse vielschichtiger Art. Diese war nicht nur von den konträren Positionen einiger europäischer Staaten einerseits und der amerikanischen Regierung andererseits geprägt: Gleichzeitig gingen die Meinungen unter den Regierungen der EU-Mitgliedstaaten auseinander und auch in den USA war Kritik an der amerikanischen Irak-Strategie laut geworden.

Immanuel Wallerstein beschrieb das Ende der Pax Americana. Mit der Metapher „the eagle has crash landed" bezeichnete er einen seit den 1970er Jahren erkennbaren Rückgang amerikanischer Macht, den die neokonservative Regierung unter George W. Bush vergeblich umkehren wollte (Wallerstein 2002). Emmanuel Todd beobachtet ebenfalls Zerfallserscheinungen der amerikanischen Vormachtstellung in den internationalen Beziehungen und warf die Frage auf, wie eine Supermacht gesteuert werden kann, „die wirtschaftlich abhängig und politisch überflüssig geworden ist" (Todd 2003: 31). Auf die atlantische Allianz blickend stellte Angelo Bolaffi fest, „dass die alte atlantische Allianz nicht mehr existiert" (Bolaffi 2003). Konsequenterweise bestehe die Aufgabe für die Europäer darin, „den Rahmen der Beziehungen zwischen Europa und den Vereinigten Staaten neu zu definieren". Wenn aber Europa gegenüber den Vereinigten Staaten als starker und gleichberechtigter Akteur auftreten soll, bedarf es der Erkenntnis „dass es nicht nur einen ‚Westen' gibt, sondern dass der Begriff des ‚Westens' auch im Plural dekliniert wird" (Bolaffi 2003). Da für die amerikanische und die europäische Außenpolitik die einstige zentrale Rolle der transatlantischen Allianz an Bedeutung verloren habe, müsse eine neue Basis für die Beziehungen gefunden werden. Charles Kupchan vermutete in dieser Phase das Ende dieser Allianz und hoffte auf eine neue und ausgeglichene Ordnung zwischen Europa und Amerika (Kupchan 2003). An dem

Wendepunkt, an dem sich die europäisch-amerikanischen Beziehungen befanden, würde es nun insbesondere auf das Verhalten der Vereinigten Staaten als „senior partner" ankommen, da sie über die meiste Macht verfügten, die Allianz neu zu justieren oder sie in die Bedeutungslosigkeit zu führen (Daalder 2003). Letztere Argumentation spiegelt eine Sichtweise wider, die auf beiden Seiten des Atlantiks zu finden war und ist, d.h., die Bedeutung und die Rolle europäischer Staaten gegenüber den USA hängt maßgeblich von den Entscheidungen der jeweiligen Regierung in Washington ab.

Polarisierend wirkte der Ansatz von Jürgen Habermas und Jacques Derrida, der die Entwicklung hin zu einem avantgardistischen Kerneuropa beschrieb, das jedoch nicht zu einem Kleineuropa werden dürfe, sondern offen für weitere Mitglieder sein müsse. Die Rolle Europas wurde darin gesehen, gegenüber den USA deren „hegemonialen Unilateralismus [...] auszubalancieren". Aus den positiven Erfahrungen des europäischen Integrationsprozesses lasse sich eine zentrale Erkenntnis für Europas globale Rolle ableiten: „Die Erfolgsgeschichte der Europäischen Union hat die Europäer in der Überzeugung bestärkt, dass die Domestizierung staatlicher Gewaltausübung auch auf globaler Ebene eine gegenseitige Einschränkung souveräner Handlungsspielräume verlangt" (Habermas/Derrida 2003). Die Notwendigkeit einer substanziellen Fortentwicklung der Rolle Europas in der Welt wurde ebenfalls von Paul Kennedy unterstützt (Kennedy 2003). Jedoch lehnte dieser die Idee eines Kerneuropas als Gegengewicht zu den Vereinigten Staaten ab und befürwortete ein militärisch, ökonomisch und politisch starkes Europa, das den Respekt „selbst von den amerikanischen Neo-Konservativen" gewinne, dieses Europa müsse „nicht auf Dauer ein wütender Rivale der USA sein" (Kennedy 2003). Dass eine Alternative zu einer dauerhaften Pax Americana nur von der EU geboten werden könne, sah Richard Rorty: „Die EU wird der Welt eine Vision der Zukunft aufzeigen müssen, auf die Washington mit verächtlichem Spott reagieren wird. Sie wird Vorschläge unterbreiten müssen zur Umarbeitung der UN-Charta und zur Führungsrolle der UN in einem weltweiten Atomabrüstungsprogramm. Sie wird Träume träumen müssen, die Realpolitikern absurd vorkommen" (Rorty 2003).

Diesen Erwartungen gegenüber einem selbstbewussten und Macht nutzenden Europa bzw. einer EU wurden warnende Töne gegenübergestellt, die nicht nur europäische Schwächen benannten, sondern auch eine mögliche Spaltung Europas skizzierten. In einer Erwiderung auf Habermas und Derrida betonen Ralf Dahrendorf und Timothy Garton Ash, dass eine Erneuerung Europas nötig sei: „Aber sie wird niemals aus der bemühten Selbstbestimmung eines Europa als Nicht- oder gar Anti-Amerika erfolgen. Jeder Versuch, Europa gegen Amerika zu definieren, wird Europa nicht einigen, sondern teilen. Das hat die Geschichte der Irak-Krise erwiesen" (Dahrendorf/Garton Ash 2003). Dahrendorf erkannte in der europäischen Außenpolitik einen Mythos und sah auch künftig kein Europa, „das als Gegengewicht zu den USA gestaltet ist – und dazu sollte es auch nicht kommen. Zunächst ist so ein Europa einfach nicht realistisch. Zumindest in Bezug auf ‚harte Macht' gibt es überhaupt keine Anzeichen, dass Europa Amerika in seiner Stärke ebenbürtig werden will" (Dahrendorf 2003). Eine Steigerung der europäischen Militärausgaben oder institutionelle Reformen wurden als nicht ausreichend für eine starke europäische Außenpolitik empfunden. Der Faktor Zeit, d. h. die Ungewissheit, bis wann sich die europäischen Staaten auf eine gemeinsame Politik geeinigt haben werden, sei ebenfalls zu beachten, denn bis dahin werden „die Staaten mit besonderen Interessen längst unilateral das Nötige getan haben".

Auf eine gemeinsame Sicherheits- und Verteidigungspolitik angewandt, leitet sich hieraus die Frage ab, ob eine Gruppe der willigen und fähigen EU-Staaten dieses Nötige tun will und kann und ob zu diesem Nötigen die Zusammenarbeit mit den Vereinigten Staaten zählen wird. Die Notwendigkeit der militärischen Zusammenarbeit Europas mit den Vereinigten Staaten unterstrich Michael Rühle: „Die Bedrohungen der Sicherheit Europas sind nur gemeinsam mit Washington zu bewältigen. Dies ändert nichts an der Notwendigkeit einer europäischen Sicherheits- und Verteidigungspolitik, doch deren Reichweite wird auf absehbare Zeit auf Europa und seine Peripherie beschränkt bleiben. Nur die Fähigkeit, an der Seite der Vereinigten Staaten militärisch zu handeln, sichert Europa politischen Einfluss in Washington" (Rühle 2003). Noch warnender argumentierte Harold James: „Ein Europa, das denkt, es sei am Leben, weil es eine Alternative zu den Werten der Vereinigten Staaten anbietet, wird ein Europa sein, das die Werte zerstört, auf denen die moderne Gesellschaft insgesamt fußt, ein Europa, das zurückkehrt zu jener antikapitalistischen Sehnsucht, die in der Vergangenheit bereits so viel Schaden angerichtet hat, nicht nur in Europa, sondern in der ganzen Welt" (James 2003).

Die skizzierte Debatte offenbart nicht nur gegensätzliche Standpunkte zur Rolle Europas (in diesem Zusammenhang der EU) und der USA. Darüber hinaus symbolisiert sie die Ratlosigkeit, wie eine transatlantische Partnerschaft konkret ausgestaltet werden könnte. Diese Debatte in der ersten Hälfte des ersten Jahrzehnts des 21. Jahrhunderts legte für die EU und ihre Mitgliedstaaten eine bereits seit den 1990er Jahren bestehende Frage un- missverständlich offen: Wie kann die Union im Zuge des Sichdefinierens gegenüber den Vereinigten Staaten die eigenen inneren Widersprüche überwinden? Der Blick richtet sich also auf die Mitgliedstaaten und deren unterschiedliche und teilweise widersprüchliche Interessenlagen. Charles Grant verwies darauf, dass für die Überwindung der Auseinandersetzung mit den Vereinigten Staaten ein Wandel der Positionen Großbritanniens und Frankreichs Voraussetzung gewesen wäre. Die Briten sollten weniger un- kritisch pro-amerikanisch und die Franzosen weniger instinktiv anti-ameri- kanisch sein (Grant 2003). François Heisbourg kritisierte die französische Position dahingehend, dass sie einem von Multipolarität geprägten Leitbild folge und dieses die EU spalte (Heisbourg 2003).

Die in der Irak-Debatte vom amerikanischen Verteidigungsminister Donald Rumsfeld benannte Spaltung in ein „altes" und „neues" Europa er- lebte eine temporäre mediale Aufladung. Als Kritiker der amerikanischen Irak-Strategie standen auf der einen Seite Deutschland und Frankreich. Demgegenüber hatte andererseits eine Gruppe von EU-Mitglied- und Bei- trittsstaaten ihre Solidarität mit den USA erklärt. In dem sogenannten „Brief der Acht" vom 30. Januar 2003 erklärten die Regierungschefs von Däne- mark, Großbritannien, Italien, Polen, Portugal, Spanien, der Tschechischen Republik und Ungarn unter anderem: „Die transatlantischen Bande sind Garant unserer Freiheit. Das gilt heute mehr als jemals zuvor. [...] Das trans- atlantische Verhältnis darf der anhaltenden Bedrohung der Weltsicherheit durch das irakische Regime nicht zum Opfer fallen" (Brief der Acht 2003). Eine den europäischen Integrationsprozess nachhaltig gefährdende Spaltung konnte jedoch nicht konstatiert werden. Die GASP als solche wurde nicht in Frage gestellt. Christopher Hill verweist darauf, dass sowohl Deutschland und Frankreich einerseits wie auch Großbritannien, Italien und Spanien an- dererseits versuchten, für ihre jeweiligen Positionen die Unterstützung der EU zu gewinnen (Hill 2004: 161).

Die Hinwendung vor allem der neuen EU-Mitgliedstaaten aus Mittel- und Osteuropa zur NATO und zu den Vereinigten Staaten steht in keinem ursächlichen Zusammenhang mit dem Thema Irak. Vielmehr ist hier der je- weilige historisch bedingte Erfahrungskontext zu berücksichtigen. Péter Esterházy kam zu folgender metaphorischen Erklärung: „Amerika war in unseren Augen nie eine Großmacht, sondern immer schon ein Traum. Ein wichtiger Traum, der Fürst auf dem Schimmel, der uns entgegen reitet, um uns abzuholen" (Esterházy 2003). Bereits zu einem sehr frühen Zeitpunkt der Beitrittsdiskussion mit den mittel- und osteuropäischen Staaten zur EU bzw. NATO war eine unmissverständliche Zuordnung deren sicherheits-politischer Erwartungen zu erkennen. Die Mitgliedschaft in der EU wurde und wird in den Kontext der sich hieraus ergebenden sicherheits- und sta-bilitätsbildenden Implikationen für die jeweiligen Volkswirtschaften und Gesellschaften gesetzt. Die NATO hingegen wurde und wird als der primäre Sicherheitsgarant für die Verteidigungspolitik und als Forum zur Anbin-dung an die Vereinigten Staaten verstanden.

8.3.4 Resümee zu den transatlantischen Beziehungen und Ausblick

Die transatlantischen Beziehungen sind im Bereich der Außen- und Sicher-heitspolitik seit dem Ende der bipolaren Ordnung von Wandel und Konti-nuität geprägt. Mit der GASP und ESVP hatte die EU eine neue Gewichtung gegenüber den USA gewonnen. Nachdem sich beim Krisenmanagement auf dem Balkan zunächst eine neue Dimension der sicherheitspolitischen Zusammenarbeit abzeichnete, zeigten sich am Beispiel der unterschiedlichen Positionierungen zum Irak-Krieg fundamentale Gegensätze innerhalb der EU wie auch zwischen EU-Mitgliedstaaten und den USA. In dieser Phase war die öffentliche Meinung innerhalb der EU von einer kritischen Haltung ge-genüber der außenpolitischen Ausrichtung der USA geprägt, während gleich-zeitig in den Vereinigten Staaten die Befürwortung eines starken europäischen Partners zunahm (The German Marshall Fund of the United States 2003). Ein deutlich gewandeltes Bild zeigt sich nach dem Präsidentenwechsel in den USA. Im Jahr 2009 fand die Außenpolitik des amerikanischen Präsidenten Barack Obama in Europa eine weitgehend positive Beurteilung in der euro-päischen Öffentlichkeit, wohingegen in den USA die Unterstützung für diese Politik deutlich geringer ausfiel (The German Marshall Fund of the United States 2009). Bei dem insgesamt positiven Wandel des Amerikabildes der Europäer ist jedoch dahingehend zu differenzieren, dass die Zustimmung zu Obamas Außenpolitik in Westeuropa höher ist als in Osteuropa. Nicht zuletzt die Abkehr der amerikanischen Regierung von dem einstmals ge-planten Raketenabwehrsystem in einigen osteuropäischen Staaten hat die beschriebenen Erwartungen gegenüber den USA gedämpft.

Es trifft nicht zu, dass die kritische Auseinandersetzung mit amerikani-scher Außenpolitik als eine Entsolidarisierung Europas gegenüber den USA zu verstehen ist, wie dies von Robert Kagan angenommen wurde: „In Europe, this paranoid, conspiratorial anti-Americanism is not a far-left or a far-right phenomenon. It's a mainstream view" (Kagan 2003). Und ebenso ist von keiner Tendenz der strategischen Abkehr der EU von den USA oder gar von einer Gegenmachtbildung auszugehen. Emmanuel Todd hatte 2003 argumentiert, dass sich angesichts der wirtschaftlichen Stärke Europas, verbunden mit weitreichenden militärischen Fähigkeiten, eine Emanzipation Europas gegenüber den Vereinigten Staaten ergeben muss. Er ging so weit, eine „echte strategische Unabhängigkeit" Europas zu fordern, „indem es seine nukleare Schlagkraft erhöht" (Todd 2003: 217). Eine derartige Forderung findet auf europäischer Seite keine entsprechende Resonanz. Außerdem fände eine solche Entwicklung vor dem Hintergrund der Ende des ersten Jahrzehnts des 21. Jahrhunderts aufgekommenen neuen Debatte um die nukleare Abrüstung keine breite Unterstützung.

Die strategische Annäherung an die USA erscheint als ein zentrales Interesse der EU und seit der Europäischen Sicherheitsstrategie von 2003 lässt sich eine die USA-Politik der EU kennzeichnende Linie feststellen. Der deutsche Außenminister Joschka Fischer hatte die Europäische Sicherheitsstrategie als ein Instrument zur Wiederannährung von Europäern und Amerikanern interpretiert, die eine „strategische Perspektive" biete (Fischer 2003a). Fischer hatte nach den Terroranschlägen des 11. September 2001 kritisiert, dass kein strategischer Dialog zwischen den Europäern und Amerikanern stattgefunden hätte. Die Europäische Sicherheitsstrategie aus dem Jahr 2003, der entsprechende Umsetzungsbericht von 2008 oder die nachfolgende Passage aus der Erklärung des EU-USA-Gipfeltreffens 2008 haben symbolisch durchaus eine nicht unwesentliche Signalfunktion gegenüber den USA: „The strategic partnership between the EU and the U.S. is firmly anchored in our common values and increasingly serves as a platform from which we can act in a partnership to meet the most serious global challenges and to advance our shared values, freedom and prosperity around the globe. We seek a world based on international law, democracy, the rule of law and human rights, and strengthened by broad and sustainable market-based economic growth. The bond between the EU and the U.S. has proven its resilience through times of difficulty, and we continue to demonstrate global leadership and effective transatlantic cooperation in the face of the most pressing challenges of our day" (Council of the European Union 2008, 10562/08). Weitere Unterstützung fanden die transatlantischen Beziehungen im März 2009 durch die Zustimmung der französischen Nationalversammlung zur Rückkehr Frankreichs in die Kommandostrukturen der NATO, nachdem sich das Land 1966 aus der integrierten Kommandostruktur zurückgezogen hatte.

Beim Thema der strategischen Dimension klaffen jedoch konzeptionelle Erklärungen und politische Realitäten auseinander. Die Europäische Kommission hatte in der genannten Bewertung der Neuen Transatlantischen Agenda das Fehlen einer strategischen Ausrichtung der Beziehungen erkannt und unter anderem die Konzentration auf gemeinsame strategische Prioritäten gefordert (KOM(2005) 196 endgültig). Zwar richten sich in Europa manche Hoffnungen darauf, dass eine neue NATO-Strategie in Übereinstimmung mit der europäischen Strategie sein könnte (Vasconcelos 2009a: 23), doch die amerikanische Außenpolitik sieht in der EU keinen wirklichen strategischen Partner bei der Gestaltung internationaler Ordnungspolitik. Auch hält die konservative Kritik aus den USA an der Leistungsfähigkeit der GASP weiter an. So sieht beispielsweise Sally MacNamara trotz einer zunehmenden Institutionalisierung und Verortung europäischer Außenpolitik auf supranationaler Ebene keine Stärkung der europäischen Rolle im internationalen Kontext. Als Gründe hierfür nennt sie unter anderem die Uneinigkeit zwischen den EU-Mitgliedstaaten, gemeinsame Positionen zu bestimmen, sowie eine Dominanz von Frankreich und Deutschland. „While successive U.S. Administrations have believed their desire for Europe to undertake a greater share of the global security burden to be achievable through further European integration, evidence suggests the exact opposite to be the case" (McNamara 2009: 12). Folglich empfiehlt sie der amerikanischen Politik, mehr auf bilaterale Beziehungen zu einzelnen Staaten der EU zu setzen. Ein entsprechender, die transatlantischen Beziehungen kennzeichnender Bilateralismus ist durchaus im Interesse von EU-Mitgliedstaaten wie beispielsweise Großbritannien, Deutschland, Polen oder nun auch Frankreich.

Die EU hat bei der Bestimmung außenpolitischer Interessen durch die amerikanische Regierung keine der VR China oder Russland vergleichbare Bedeutung. Auch hat Europa nach dem Ende der Bipolarität als eine der sicherheitspolitischen Schwerpunktregionen der USA seine Relevanz verloren. Bereits in der Antrittsrede des amerikanischen Präsidenten Barack Obama war die EU als strategischer Akteur nicht zu finden. Kennzeichnend für die transatlantische Partnerschaft ist das „Fehlen eines gemeinsamen Projektes" (Bierling 2008: 704). Die Zukunft der transatlantischen Beziehungen wird weiterhin von der Interessenlage Washingtons abhängen. Will die EU als strategischer Partner der USA an Gewicht gewinnen, so muss sie sich mit der Frage auseinandersetzen, ob die Vereinigten Staaten so stark sind, weil die EU so schwach ist (Nuscheler 2001: 9f.). Javier Solana formulierte diesen Aspekt nicht in Frageform, sondern als erkenntnisgeleitete Aussage: „American power is also European weakness" (Solana 2003).

8.4 Die EU und die Nichtverbreitung von Massenvernichtungswaffen

Die Gefährdung nationaler und internationaler Sicherheit durch Massenvernichtungswaffen[6] hat sich im 20. Jahrhundert immer deutlicher manifestiert. Bereits in den beiden Weltkriegen des vergangenen Jahrhunderts wurde ersichtlich, welche vernichtende Wirkung der Einsatz von chemischen und atomaren Waffen hat. In der zweiten Jahrhunderthälfte kennzeichnete das atomare Wettrüsten den Kalten Krieg. Das Ende der bipolaren Ordnung bedeutete keineswegs, dass sich die Gefährdungslage nun entschärfen würde. Vielmehr zeigte sich eine neue Dimension der Gefährdung durch Massenvernichtungswaffen, verbunden mit der organisierten Kriminalität und dem Terrorismus.

Die Verhinderung der Weiterverbreitung von Massenvernichtungswaffen ist zum vorrangigen strategischen Interesse der EU geworden. In der Europäischen Sicherheitsstrategie aus dem Jahr 2003 wird die Verbreitung von Massenvernichtungswaffen als „potenziell größte Bedrohung für unsere Sicherheit" dargestellt (Europäische Sicherheitsstrategie 2003). Ein daraus resultierendes strategisches Ziel der EU ist es, die Nichtverbreitungspolitik zu fördern und zu stärken. Im Bericht über die Umsetzung der ESS steht die Verbreitung von Massenvernichtungswaffen an erster Stelle der aufgeführten globalen Bedrohungen und Herausforderungen. Die Problematik wird als noch gravierender angesehen als zum Zeitpunkt der Veröffentlichung der ESS: „Diese Bedrohung hat in den letzten fünf Jahren zugenommen, wodurch der multilaterale Rahmen unter Druck geraten ist" (Rat der Euro-

---

6   Das US Department of Defense definiert Massenvernichtungswaffen wie folgt: „Weapons that are capable of a high order of destruction and/or of being used in such a manner as to destroy large numbers of people. Weapons of mass destruction can be high explosives or nuclear, biological, chemical, and radiological weapons, but exclude the means of transporting or propelling the weapon where such means is a separable and divisible part of the weapon" (Department of Defense 2001/2005: 577f.).

päischen Union 2008, 17204/08). Folglich wird von der EU die Bedeutung der Nichtverbreitungspolitik und der multilateralen Kooperation erneut akzentuiert. Das Thema Massenvernichtungswaffen hat für die EU nach den Terroranschlägen des 11. Septembers 2001 und gleichermaßen durch die Atomwaffenproblematik hinsichtlich des Irans, Nordkoreas oder auch Pakistans eine hohe Relevanz bekommen. Allerdings besteht die Wahrnehmung der Problematik bereits seit längerer Zeit: Schon 1990 hatte der damalige Kommissionspräsident Jacques Delors die Verbreitung von Massenvernichtungswaffen als eine die Zukunft bestimmende Gefahr genannt (Delors 1990: 17).

Bei ihrem Treffen am 3. Juni 2003 im französischen Evian hatten die G8-Staaten eine Erklärung zur Nichtverbreitung von Massenvernichtungswaffen abgegeben (G8 2003). In Verbindung mit dem Thema Terrorismus wird die Verbreitung von Massenvernichtungswaffen als die zentrale Herausforderung für die internationale Sicherheit genannt: „We recognise that the proliferation of weapons of mass destruction (WMD) and their means of delivery poses a growing danger to us all. Together with the spread of international terrorism, it is the pre-eminent threat to international security." Um dieser Herausforderung begegnen zu können, wird eine Mischung nationaler und multinationaler Ansätze gefordert: „This global challenge requires a multifaceted solution. We need to tackle it individually and collectively – working together and with other partners, including through relevant international institutions, in particular those of the United Nations system." Die Nutzung und der Ausbau nationaler wie internationaler Kontrollregime wird als wichtig erachtet: „We call on all States to establish effective procedures and machinery to control the transfer of materials, technology and expertise which may contribute to the development, production or use of WMD and their means of delivery. We likewise call on all States to establish and implement effective national standards for secure storage and handling of such materials with a view to effectively prevent proliferation and eliminate the risk that terrorists gain access to them. We agree, individually and collectively, to give support to this end where it is most needed." Doch genau bei letzterem Punkt zeigen sich grundlegende Schwierigkeiten, die eine geschlossene Aktionsweise beeinträchtigen können, sei es aufgrund mangelnder Respektierung internationaler Regime, sei es die Tatsache, dass aufgrund der Komplexität des Themas Proliferation Staaten umfassende institutionelle und rechtliche Fragen klären müssen (Bauer 2009).

Bereits vor dem G8-Treffen hatte der Rat im April 2003 den Hohen Vertreter beauftragt, im Zusammenwirken mit der Kommission und dem PSK Vorschläge zu erarbeiten, wie die EU dem Problem der Verbreitung von Massenvernichtungswaffen begegnen könne. Bei ihrem Treffen im Juni 2003 in Thessaloniki erklärten die Staats- und Regierungschefs der EU ihren Willen, notwendige Maßnahmen zu entwickeln und bis zum Jahresende eine kohärente Strategie zu entwickeln. Zeitgleich mit der Europäischen Sicherheitsstrategie wurde die „Strategie gegen die Verbreitung von Massenvernichtungswaffen" im Dezember 2003 angenommen (Council of the European Union 2003, 15708/03). Diese EU-Strategie wird dem die europäische Außenpolitik kennzeichnenden multilateralen Ansatz folgend entwickelt . Zum Testfall für den multilateralen Ansatz wird die Unterstützung und Wirkung internationaler Kontrollregime. In dem gemeinsamen Standpunkt vom 17. November 2003 werden die zentralen Vereinbarungen genannt (Amtsblatt der Europäischen Union L 302, 2003): der Vertrag über die Nichtverbreitung von Kernwaffen und Übereinkommen zur Sicherheitsüberwachung, die Zusatzprotokolle mit der Internationalen Atomenergieorganisation (IAEO-Zusatzprotokolle), das Chemiewaffenübereinkommen, das Übereinkommen über das Verbot biologischer Waffen und von Toxinwaffen, der Haager Verhaltenskodex gegen die Proliferation ballistischer Raketen. Hiermit zusammenhängend steht die Förderung des Inkrafttretens des Vertrags über das umfassende Verbot von Nuklearversuchen. Als eine weitere Voraussetzung für den Umgang mit dem Proliferationsproblem nennt die EU-Strategie Fördermaßnahmen für ein stabiles regionales und internationales Umfeld. Überdies wird die enge Zusammenarbeit mit Schlüsselpartnern hervorgehoben, genannt sind die USA, Russland, Japan und Kanada. In den Beziehungen zu diesen wie auch zu weiteren Staaten, die in der Strategie von 2003 nicht explizit genannt sind, wird das Thema der Massenvernichtungswaffen regelmäßig aufgegriffen, beispielsweise im Dialog mit der VR China (Council of the European Union 2004, 15854/04). In regelmäßigen Halbjahresberichten des Ratssekretariats werden die Entwicklungen bei der Umsetzung der Strategie von 2003 dargestellt und bewertet. Die quantitative Analyse zeigt, dass die EU die Verhinderung der Verbreitung von Massenvernichtungswaffen nicht nur deklariert, sondern durch konkrete Maßnahmen unterstützt. Beispielsweise wurden entsprechend 20 gemeinsame Aktionen im Zeitraum von Juni 2003 bis November 2008 vom Rat beschlossen (Council of the European Union 2009, 11490/09).

Die Reduktion bis hin zur Abschaffung der Atomwaffen stellt insgesamt betrachtet eine sehr komplexe und nur langsam zu bewältigende Herausforderung dar (Neuneck 2009). Joachim Krause weist darauf hin, dass zum einen schwierige technische Probleme zu lösen sind und zum anderen die weiterbestehende „Duellsituation" zwischen den USA und Russland überwunden werden müsste: „Die Vereinigten Staaten und Russland befinden sich auch zwanzig Jahre nach dem Ende des Ost-West-Konflikts in einer nuklearen Duellsituation, wo jeder sich auf einen möglichen Kernwaffenangriff der anderen Seite einstellt – mit Kernwaffenarsenalen, die teilweise innerhalb von Minuten einsetzbar sind. Die politischen Beziehungen sind nicht spannungsfrei, aber sie sind nicht von einer Art, dass man sich gegenseitig permanent nukleare Vernichtung [...] androhen muss" (Krause 2009). Vor diesem Hintergrund ist die im Dezember 2008 gestartete Initiative „Global Zero"[7] zu sehen, die zum Ziel hat, Atomwaffen auf globaler Ebene stufenweise zu eliminieren und der Gefährdung durch Weiterverbreitung und Nuklearterrorismus entgegenzuwirken. Eine derartige Initiative kann für die Bemühungen der EU zur Verhinderung der Verbreitung von Massenvernichtungswaffen unterstützend wirken.

8.5 Wertgeleitete Außenpolitik und die Grenzen restriktiver Maßnahmen

Die EU erhebt für sich den Anspruch, eine an Werten orientierte Außenpolitik zu verfolgen. Demokratie, Menschenrechte und Rechtsstaatlichkeit sind grundlegende Bestandteile der Ordnung der politischen Systeme in den Mitgliedstaaten der EU. Die Umsetzung einer wertgeleiteten Außenpolitik erweist sich jedoch nicht als einfach und hat in manchen Fällen ihre Grenzen erreicht.

8.5.1 Grundlagen der wertgeleiteten Außenpolitik

Bereits in der Einheitlichen Europäischen Akte wird in der Präambel auf die Grundsätze der Demokratie und die Wahrung des Rechts und der Menschenrechte Bezug genommen. 1987 einigten sich die Außenminister der

---

7   Siehe www.globalzero.org.

EG-Mitgliedstaaten, im Rahmen der EPZ eine Arbeitsgruppe zum Thema Menschenrechte einzurichten. In der Präambel des Vertrags über die Europäische Union bekennen sich die EU-Mitgliedstaaten zu den „Grundsätzen der Freiheit, der Demokratie und der Achtung der Menschenrechte und Grundfreiheiten und der Rechtsstaatlichkeit". Konsequenterweise findet dies Entsprechung in den vertraglich festgelegten Regelungen zur GASP und zum auswärtigen Handeln der EU (Art. 11(1) EUV-N; Art. 21(2) EUV-L; Art. 181(a) EGV-N; Art. 212(1) AEUV). Darüber hinaus nimmt die Europäische Sicherheitsstrategie zu diesem Themenkomplex ausführlich Stellung:

„Die Qualität der Staatengemeinschaft hängt von der Qualität der sie tragenden Regierungen ab. Der beste Schutz für unsere Sicherheit ist eine Welt verantwortungsvoll geführter demokratischer Staaten. Die geeignetsten Mittel zur Stärkung der Weltordnung sind die Verbreitung einer verantwortungsvollen Staatsführung, die Unterstützung von sozialen und politischen Reformen, die Bekämpfung von Korruption und Machtmissbrauch, die Einführung von Rechtsstaatlichkeit und der Schutz der Menschenrechte. Handelspolitik und Entwicklungspolitik können wirkungsvolle Instrumente zur Förderung von Reformen sein. Die Europäische Union und ihre Mitgliedstaaten sind als weltweit größter öffentlicher Hilfegeber und größte Handelsmacht bestens in der Lage, diese Ziele zu verfolgen. Die Förderung einer besseren Staatsführung durch Hilfsprogramme, Konditionalität und gezielte handelspolitische Maßnahmen bleibt eine wichtige Komponente unserer Politik, die wir noch weiter verstärken müssen. Eine Welt, die als ein Ort der Gerechtigkeit und der Chancen für alle wahrgenommen wird, ist sicherer für die Europäische Union und ihre Bürger."

In Abkommen mit Dritten haben diese Werte einen festen Platz eingenommen. Hierbei besteht eine Erwartungshaltung der EU gegenüber den Kooperationspartnern, dass diese den Grundsätzen einer solchen wertgeleiteten Außenpolitik folgen. Die Konditionalisierung von Abkommen erfolgt seit 1992 über eine spezifische Klausel in dem jeweiligen Abkommen (KOM(1995) 216 endgültig). Ihre Ursprünge hat die politische Konditionalisierung in der zweiten Hälfte der 1980er Jahre und sie wurde in der Folgezeit weiter ausdifferenziert (Dimier 2006). Der Bezug auf die Menschenrechte fand sich in Artikel 5 des vierten Lomé-Abkommens 1989. Mit den beginnenden Transformationsprozessen in den Staaten Osteuropas ab 1989/1990 und dem damit einhergehenden Systemwandel gewann die Menschenrechtsdimension in der europäischen Außenpolitik eine neue Wertigkeit. Die Heranführung dieser Staaten an die EG beinhaltete, die

Konsolidierung von Demokratie, Rechtsstaatlichkeit und Menschenrechten zu unterstützen. Gerade das Beispiel der Konditionalisierung der Abkommen zwischen der EU und einstigen Beitrittsländern wird als ein erfolgreiches Modell dieses Politikansatzes angeführt. Ähnlich wurden die Beziehungen zu den Teilnehmerstaaten der OSZE wie auch südamerikanischen Staaten ausformuliert (Ward 1998).

8.5.2 Umsetzung wertgeleiteter Außenpolitik

Für die Vermittlung der genannten Werte im Rahmen europäischer Außenpolitik kann die EU auf einen differenzierten Instrumentekatalog zurückgreifen. Dieser umfasst beispielsweise politische Erklärungen, Demarchen und spezifische Dialogstrukturen (wie den Menschenrechtsdialog oder Rechtsstaatsdialog). Im Jahr 2009 unterhielt die EU 22 aktive Menschenrechtsdialoge und acht Menschenrechtskonsultationen (siehe Tabelle 10).[8] Letztere dienen zur Abstimmung gemeinsamer Interessen und zur Zusammenarbeit in multilateralen Foren, insbesondere im Rahmen der Vereinten Nationen.

Ein weiteres Instrument ergibt sich über Abkommen der EU mit dritten Staaten und Regionen, in denen spezifische Regelungen vereinbart sind, die es dem Rat ermöglichen, die vertraglich fixierten Beziehungen zu unterbrechen, auszusetzen oder gar zu beenden (Fornasier 1996; Naud 1997). Restriktive Maßnahmen bzw. Sanktionen können insgesamt betrachtet unterschiedlicher Form sein (z.B. diplomatische Sanktionen, Aussetzung der Zusammenarbeit mit einem Drittstaat, Handels- und Finanzsanktionen, Waffenembargos oder Reiseeinschränkungen). Im Oktober 2009 bestanden 29 restriktive Maßnahmen, die im Rahmen der GASP angenommen worden waren.[9] Diese bezogen sich sowohl auf Staaten wie auch auf nichtstaatliche Akteure (in diesem Fall terroristische Organisationen). „Die EU verhängt restriktive Maßnahmen, um eine Änderung in der Politik oder im Verhalten des betreffenden Landes, eines Teils dieses Landes, der Regierung, von Organisationen oder Einzelpersonen zu bewirken. Dementsprechend kann die EU diese Maßnahmen angesichts positiver Entwicklungen im Lichte ihrer Ziele aufheben bzw. anpassen" (Rat der Europäischen Union 2005, 15114/05: 4).

8   Siehe http://ec.europa.eu/external_relations/human_rights/dialogues/index_en.htm [Download 28.9.2009].
9   Siehe http://ec.europa.eu/external_relations/cfsp/sanctions/docs/measures_en.pdf [Download 15.10.2009].

Tabelle 10: Menschenrechtsdialoge und -konsultationen der EU (Stand: Mai 2009)

Menschenrechtsdialoge mit	Menschenrechtskonsultationen mit
Afrikanische Union	Beitrittsländer (Kroatien, Frühere Jugoslawische Republik
Ägypten	Mazedonien, Türkei)
Bangladesh	Japan
Kambodscha	Kanada
Kuba	Neuseeland
Indien	Russland
(Iran ausgesetzt)	USA
Israel	
Jordanien	
Kasachstan	
Kirgistan	
Laos	
Libanon	
Marokko	
Pakistan	
Palästinensische Autonomiebehörde	
Sri Lanka	
Tadschikistan	
Tunesien	
Turkmenistan	
Usbekistan	
Vietnam	
VR China	

Für den Erfolg einer derartigen Politik ist die kohärente Anwendung der genannten Instrumente Voraussetzung: „Dies gilt sowohl für die Kohärenz der verschiedenen Gemeinschaftspolitiken als auch für deren Übereinstimmung mit dem anderen Vorgehen der EU, insbesondere im Rahmen der Gemeinsamen Außen- und Sicherheitspolitik (GASP). Außerdem soll auch zu mehr übereinstimmenden und einander ergänzenden Maßnahmen der EU und der Mitgliedstaaten angeregt werden, insbesondere was die Förderung und Einbringung von Menschenrechten durch die Entwicklungshilfe und sonstige offizielle Hilfe betrifft" (KOM(2001) 252 endgültig). Des Weiteren bleibt zu berücksichtigen, dass es nicht einen universellen Ansatz gibt, sondern dass für den jeweiligen Fall geprüft werden muss, welches Instrument zielführend ist. Beispielsweise wurde festgestellt, dass präferenzielle Handelsabkommen mehr Effekt erzielen können als Menschenrechtsabkommen (Hafner-Burton 2005). Die Kooperationspartner der EU kennen das Interesse der EU, ihre Beziehungen zu Dritten wertgeleitet auszurichten, und nutzen dies in den entsprechenden Verhandlungen gegebenenfalls im eigenen Interesse. Für die Zustimmung eines Drittlandes zu einem konditionalisierten Abkommen werden Zugeständnisse, wie beispielsweise Handelsvorteile, von der EU erwartet. Es kann deshalb nicht argumentiert werden, dass sich das europäische Interesse grundsätzlich ohne Kosten umsetzen lässt. Es gilt außerdem zu differenzieren, ob Konditionalität gegenüber einem Land in der Nachbarschaft der EU oder einem weiter entfernten Land angewandt wird, denn damit verbunden sind jeweils unterschiedliche Sicherheitsinteressen der Union (Cavatorta et al. 2008).

8.5.3 Grenzen der wertgeleiteten Außenpolitik

Für viele Gesellschaftssysteme der Welt ist „Demokratisierung" in den 1990er Jahren „zu einem politischen Leitbild mit hoher Attraktivität" geworden (Tetzlaff 1994: 1). Doch bei der Förderung und Unterstützung von Demokratisierung im Kontext der Außenpolitik der EU zeigen sich Grenzen. Das stärkste Instrument zur Durchsetzung des europäischen Interesses ist in diesem Fall die Konditionalisierung von Beziehungen. Francis Fukuyama macht die erfolgreiche Konditionalisierung von drei Faktoren abhängig: 1. dem Umfang des Anreizes, 2. der Deutlichkeit und Objektivität der Umsetzungsstandards und 3. der Aufschiebung von Anreizen, bis gewisse Standards erfüllt sind (Fukuyama 2009: 68). Gegenüber einem Drittstaat können Anreize geschaffen werden, von denen dieser bei Einhaltung der von der EU festgelegten Konditionen profitieren kann (Giesendorf 2009).

Eine der Voraussetzungen für die Glaubwürdigkeit und Akzeptanz einer solchen Politik der EU ist, dass alle Mitgliedstaaten der Union diesen Ansatz unterstützen müssen. „That the EU is applying ‚multilateral' conditionality [...] may be considered more acceptable and legitimate than conditionality applied by a single state" (Smith, K. 1998: 257). Diesem idealtypischen Ansatz wird aber in der Praxis europäischer Außenpolitik nicht immer entsprochen, wie sich beispielhaft in den Beziehungen der EU zu asiatischen Staaten zeigt. Hierzu muss vorausgeschickt werden, dass die Staaten Asiens im Verhandlungskontext mit der EU zunehmend selbstbewusster geworden sind. Hierzu berufen sie sich nicht nur auf kulturelle und historisch erklärbare Unterschiede zwischen asiatischen und europäischen Staaten. Überdies wird dem Prinzip der Nichteinmischung in die inneren Angelegenheiten eines Staates ein wesentlicher Stellenwert in der Debatte eingeräumt. Vor diesem Hintergrund wird beispielsweise von chinesischer Seite auf die Diskrepanzen unterschiedlicher gesellschaftlicher Modelle hingewiesen und gegensätzliche Wahrnehmungsmuster werden als Faktum verstanden.

Demgegenüber versucht die EU mit den genannten Instrumenten einen zumindest rhetorisch übereinstimmenden Ansatz zu verfolgen. In der Ausgestaltung der Beziehungen zu Drittstaaten wird jedoch ein anderes Bild ersichtlich. Andrew Nathan erklärte die unterschiedlichen Ausprägungen einer wertgeleiteten Außenpolitik am Beispiel des Verhaltens der EU gegenüber der VR China bereits in den 1990er Jahren wie folgt: „The difference between a China and a Vietnam, a Zaire, or a Saudi Arabia [...] is not the international standards applied to it, but the country's potential impact on Western and global interests" (Nathan 1997: 255). Weitergehend kann argumentiert werden, dass eine Politik der Ungleichbehandlung dritter Staaten im Rahmen europäischer Außenpolitik nicht zu negieren ist. Während einerseits gegenüber einem Land wie Birma/Myanmar als Reaktion auf die dortige Problematik in den Bereichen Menschenrechte, Demokratie und Rechtsstaatlichkeit eine sehr restriktive Politik mit Sanktionen aufrechterhalten wird, ist die China-Politik der EU von realpolitischen Interessen geprägt und weniger vom Verfolgen idealer Interessen.

Grundsätzlich muss hinterfragt werden, ob entsprechende restriktive Maßnahmen als Mittel europäischer Außenpolitik den gewünschten Veränderungseffekt in den jeweiligen Drittstaaten auslösen können. Der Nutzen von Sanktionen als Mittel zur Durchsetzung von Werten wird zunehmend häufiger hinterfragt. Diejenigen politisch Verantwortlichen, die Sanktionen verhängen, mögen durchaus von der Annahme ausgehen, dass dieser Ansatz der richtige sei. Darüber hinaus lässt sich damit auch der Effekt des „Sich-Gut-Fühlens" und der Hoffnung auf positive Rezeption in der eigenen Öffentlichkeit verknüpfen. Erfahrungswerte bezüglich der Erfolgsrate entsprechender Sanktionen lassen jedoch den Schluss zu, dass sie nur selten demokratischen Wandel in den betreffenden Ländern herbeigeführt haben. Michael MacFaul schlägt eine Parallelstrategie gegenüber autokratischen Systemen vor: die übereinstimmende Einbeziehung der autokratischen Staatsführungen und der Vertreter der demokratischen Bewegung in der Gesellschaft (McFaul 2009: 96). Für die amerikanische Außenpolitik ist in diesem Zusammenhang vorgeschlagen worden, Demokratisierung in dritten Staaten nicht nur deklaratorisch zu fordern, sondern durch konkrete Ansätze in den jeweiligen Ländern zu unterstützen (Diamond 2009).

Haben somit Sanktionen als Umsetzungsinstrument restriktiver Maßnahmen ihre Bedeutung verloren? Sicherlich ist die begrenzt wirksame
Sanktionspolitik der EU nicht gerade förderlich für die Stärkung der Union
als normative Macht (Brummer 2009). Wird die unveränderte Problematik
im Bereich der Menschenrechte und die ausbleibende Demokratisierung in
Birma/Myanmar als Beispiel herangezogen, stellt sich die Frage, inwieweit
die langjährig angewandten Sanktionsmaßnahmen weitergeführt werden
sollen und ob eine Änderung der Strategie in Richtung Handel durch Wandel angewandt werden kann (Taylor/Pedersen 2005). Die Wirkungskraft
von Sanktionen als Mittel der europäischen Außenpolitik steht nicht nur
wegen der Art, wie und gegenüber wem restriktive Maßnahmen verhängt
werden, auf dem Prüfstand. Aus Sicht des Europäischen Parlaments bleibt
das Festhalten an den genannten Werten Grundvoraussetzung für die
Glaubwürdigkeit europäischer Außenpolitik, doch das Parlament erkannte
wiederum bereits in der Vergangenheit an, dass dadurch Friktionen und
Missverständnisse in den Beziehungen zu Drittstaaten entstehen können
(Europäisches Parlament 1994, A3-0011/94).

Weiterführende Literatur

Bendiek, A./Kramer, H. (Hg.) (2009). *Globale Außenpolitik der Europäischen Union. Interregionale Beziehungen und „strategische Partnerschaften"*, Baden-Baden.
Fröhlich, St. (2008). *Die Europäische Union als globaler Akteur. Eine Einführung*, Wiesbaden.
Jopp, M./Schlotter, P. (2008). *Kollektive Außenpolitik. Die Europäische Union als internationaler Akteur*, Baden-Baden, 2., unveränderte Aufl.

Website

Europäische Kommission/Generaldirektion Außenbeziehungen:
http://ec.europa.eu/external_relations/index_en.htm.

9 Resümee zur GASP als europäisches Integrations-projekt

In den vorhergehenden Kapiteln sind der Entwicklungspfad, die Funktionsweise und ausgewählte Handlungsbeispiele der GASP beschrieben worden.
Hieraus lässt sich ein umfassendes Bild europäischer Außen- und Sicherheitspolitik erstellen. Dieses wird durch die Mitteilung „Europa in der Welt
– Praktische Vorschläge für mehr Kohärenz, Effizienz und Sichtbarkeit" aus
dem Jahr 2006 ergänzt, in dem die Europäische Kommission eine kritische
Bewertung europäischer Außenpolitik vornahm. Hierbei wird der Erfolg
der Außenpolitik der EU von dreierlei Faktoren abhängig gemacht
(KOM(2006) 278 endgültig: 6):

— „zu allererst von der politischen Einigkeit der Mitgliedstaaten darüber,
  welche Ziele über die EU erreicht werden sollen. Dies setzt eine enge
  Partnerschaft zwischen den EU-Organen und die klare Konzentration
  auf eine begrenzte Zahl von strategischen Prioritäten voraus, bei denen
  Europa den entscheidenden Unterschied machen kann, anstatt die Anstrengungen auf alle Bereiche zu verteilen. Dies ist die Conditio sine
  qua non;
— zweitens davon, ob die verfügbaren Politikinstrumente für die anste-
  hende Aufgabe geeignet, mit den nötigen Mittel ausgestattet und eindeutig überlegen sind;
— drittens der Rolle und Verantwortung der EU-Organe und dem rechtlichen Rahmen."

Als Einschränkung für die Wirkung europäischer Außenpolitik führt die Europäische Kommission eine Reihe von Faktoren an (KOM(2006) 278 endgültig: 6): „Unbefriedigende Abstimmung zwischen den verschiedenen
Akteuren und Politikfeldern führt dazu, dass die EU politisch wie wirtschaftlich an Einflussmöglichkeiten verliert. Obschon sich die Koordinierung bereits verbessert hat, gibt es doch noch beträchtliche Möglichkeiten,

die verschiedenen Instrumente und Stärken besser miteinander zu verzahnen, sei es innerhalb der Kommission, zwischen Rat und Kommission oder auch zwischen den EU-Organen und den Mitgliedstaaten. Geschwächt wird die Wirkung der EU-Politik auch dadurch, dass es ihrer Vertretung nach außen an Profil und Kontinuität fehlt. Gemeinschaftliche und zwischenstaatliche Verfahren müssen im Rahmen der bestehenden Verträge miteinander kombiniert werden, wobei nicht institutionelle Theorien oder Dogmen entscheidend sein dürfen, sondern einzig die Frage, wie das gewünschte Ergebnis am besten zu erreichen ist."

Um diese Defizite zu beheben, hat die Kommission eine Reihe von Vorschlägen erarbeitet, die eine bessere und strategischere Planung vorsehen. Diese betreffen eine systematische Festlegung thematischer und geografischer Aspekte, die Verbesserung der Zusammenarbeit einzelner Arbeitsbereiche in der Kommission, mit den Delegationen der Kommission in Drittstaaten und zwischen der Kommission einerseits, dem Rat sowie dem Europäischen Parlament andererseits und des Weiteren die Zusammenarbeit zwischen den EU-Organen und den Mitgliedstaaten. Darüber hinaus werden in regelmäßigen Bewertungen durch die Ratspräsidentschaft („stock-taking reports") die Fortschritte und die Hindernisse hinsichtlich der Verbesserung von Effektivität, Kohärenz und Sichtbarkeit europäischer Außenpolitik dargelegt (Council of the European Union 2007, 16467/07; Council of the European Union 2008, 10612/08). Ergänzend hierzu sind eine Reihe weiterer für den europäischen Integrationsprozess insgesamt bestimmender Aspekte zu beachten, die auch auf die GASP anzuwenden sind.

9.1 Die Kohärenzproblematik

Die Debatte um die Kohärenz europäischer Außen- und Sicherheitspolitik durchzieht die Geschichte der EPZ und der GASP (Missiroli 2001; Tietje 1997). Christopher Hill beschreibt Kohärenz wie folgt (Hill 2008: 12): „the ability to pull together diverse strands of policy, and those responsible for managing them, into a single efficient whole, capable of action, and resistant to third parties' attempts to exploit internal division". Kohärenz ist also mehrdimensional zu begreifen: erstens die Kohärenz des Handelns der Akteure auf supranationaler und nationaler Ebene, zweitens die inhaltliche Kohärenz der verschiedenen Politiken der EU (Pechstein 1995).

Durch die Ausweitung der außen- und sicherheitspolitischen Agenda wurden zunehmend mehr Themen aus verschiedenen Politikbereichen für die GASP relevant und eine ursprüngliche Abgrenzung einzelner Politikbereiche (beispielsweise zwischen Entwicklungspolitik, Handelspolitik, Innen- und Justizpolitik oder ESVP) verwischte zunehmend. Für ein effektives auswärtiges Handeln der Union, das sich über derart verschiedene Bereiche erstreckt, ist die Frage der Kohärenz folglich immer bedeutender geworden. Eine ansteigende Zahl von Akteuren aus unterschiedlichen bürokratischen Kulturen und mit unterschiedlichen institutionellen Selbstverständnissen tritt in Interaktion.[1] Wie an anderer Stelle erklärt wird, sind insbesondere der Hohe Vertreter für die GASP und die Europäische Kommission Schaltstellen der Kohärenz europäischer Außenpolitik. Für die Kommission war schon in der Frühphase der GASP festgestellt worden, dass sie eine entscheidende Funktion übernimmt, „die politische Dimension des gemeinschaftlichen Instrumentariums zum Tragen zu bringen und darauf hinzuwirken, dass das konkrete Interesse der Union und nicht nur ein abstraktes Mosaik nationaler Interessenhierarchien das gemeinsame Handeln bestimmt" (Burghardt/Tebbe 1995: 11).

In einem Bericht für den Europäischen Rat in Nizza hatten der Hohe Vertreter und die Kommission verschiedene Vorschläge zur Verbesserung der Kohärenz und der Effizienz der Europäischen Union im Bereich der Konfliktverhütung vorgestellt. Der grundlegende Gedanke dabei war, dass die Europäische Union in die Lage versetzt werden sollte, verstärkt antizipatorisch und weniger reaktiv zu handeln: „Der politische Wille ist von wesentlicher Bedeutung, wenn die Union auf allen Ebenen unseres außenpolitischen Handelns neue Akzente setzen und aufrechterhalten, d. h. von einem bisher zumeist nur reagierenden Verhalten zu einem auf Prävention gerichteten Verhalten übergehen will" (Bericht des Generalsekretärs/Hohen Vertreters und der Kommission für den Europäischen Rat in Nizza 2000, 14088/00). In Zusammenhang mit diesem Bericht ist auf den von Javier Solana dem Europäischen Rat in Nizza vorgelegten Bezugsrahmen zur kohärenten Krisenbewältigung zu verweisen (Beitrag des Generalsekretärs/Hohen Vertreters 2000, 13957/1/00). Solana geht hier von der Prämisse aus, dass die Union eine Rechtsgemeinschaft ist, und somit bestehe die Pflicht, selbst bei Krisenbewältigungsverfahren die den Organen und Gremien zugewiesenen Rechte zu beachten und nicht von diesen abzuweichen. Diese Rechte

---

[1]   Zum Rollenverständnis bürokratischer Akteure siehe Hollis/Smith 1990, Kapitel 7.

sind auch bezüglich der Koordination und Kooperation einzelner Akteure wie des Hohen Vertreters, des Politischen und Sicherheitspolitischen Komitees und der Kommission zu berücksichtigen. Der Rückgriff auf eine Vielzahl diesen Akteuren zur Verfügung stehender Instrumente ist vor diesem Hintergrund zu verstehen.

Kohärenz herzustellen bedeutet, das faktische Verhalten der EU mit den Zielen europäischer Außenpolitik in Einklang zu bringen (Vasconcelos 2009a: 25). Im Bericht des deutschen Ratsvorsitzes 2007 an den Europäischen Rat kann eine anspruchsvolle Zielbeschreibung für die europäische Außenpolitik gefunden werden, die der Kohärenz einen zentralen Stellenwert einräumt: „Das künftige Vorgehen muss selbstverständlich den von den Bürgerinnen und Bürgern im Zuge der Ratifizierung geäußerten Befürchtungen über die künftige Ausrichtung der Europäischen Union und die Auswirkungen der Globalisierung auf die grundlegenden Werte und die Politiken der Union Rechnung tragen. Gleichzeitig besteht der sehr starke Wunsch nach einer effizienteren, demokratischeren und in ihrem außenpolitischen Handeln auf mehr Kohärenz ausgerichteten Union" (Rat der Europäischen Union 2007, 10659/07). Dass sich durch mangelnde Kohärenz negative Folgen nicht nur für den Erfolg der EU als globalem Akteur, sondern auch für dessen Perzeption im Inneren wie seitens Dritter ergeben können, wird von den am außen- und sicherheitspolitischen Entscheidungsprozess beteiligten Akteuren erkannt. Die in der Praxis europäischer Außenpolitik sich abzeichnende partielle Überwindung rechtlich unterschiedlicher Kompetenzbereiche erscheint daher logisch. Die Beachtung des Kohärenzgebots laut Artikel 21(3) EUV-L, wonach die Union auf die Kohärenz zwischen den einzelnen Bereichen ihres auswärtigen Handelns sowie zwischen diesen und ihren übrigen Politikbereichen zu achten hat, wird ein entscheidendes Bewertungskriterium für die EU als globaler Akteur sein.

9.2 Die Debatte um die Vertiefung und Erweiterung der EU

Die bei Weitem nicht beendete Debatte über die Vertiefung des Integrationsprozesses einerseits und die Erweiterung der EU andererseits prägt die Geschichte der Europäischen Union bis heute. Wolfgang Wessels beschreibt, wie bereits in der frühen Entstehungsphase der EU verschiedene Denkschulen diskutiert wurden (Wessels 1993): Die moralische Verantwortung westeuropäischer Staaten fördert (1) den Ansatz „Erweiterung zuerst", um anderen europäischen Staaten nach dem Ende der Ost-West-Konfrontation Hilfe und Stabilität zu geben. Demgegenüber fordert (2) der Ansatz „Vertiefung zuerst" den Aufbau eines funktionierenden und effektiven demokratischen Integrationsraums als Wachstums- und Stabilitätspol. Im Sinne einer Überwindung dieser beiden gegensätzlichen Positionen steht (3) der Ansatz „Erweiterung und Vertiefung durch Differenzierung". Damit der Vertiefungsansatz nicht nur als Selbstzweck verstanden wird, stellt (4) der Ansatz „Vertiefung, um auch zu erweitern", eine Gegenseitigkeit zwischen den beiden Polen her. Reinhardt Rummel hat mit Blick auf die Vertiefungsdebatte zu Beginn der 1990er Jahre festgestellt, dass eine Vertiefung des Integrationsprozesses das politische System der Gemeinschaft entwickelt, dessen Kompetenzen erweitert und die Ressourcen für gemeinsame Politiken fördert (Rummel 1992: 25). Wenn aber der Grad der Vertiefung den durch die Erweiterung entstandenen Anforderungen nicht entspricht, kann der Entwicklungsprozess des gesamten Integrationsprojekts gestört werden.

Mit Blick auf die Außen-, Sicherheits- und Verteidigungspolitik der EU findet seit den 1990er Jahren durchaus ein Prozess der Vertiefung statt und der Koordinationsprozess auf supranationaler Ebene ist intensiver geworden. Klaus Schubert nennt verschiedene Vorteile der „supranationalen Koordination nationaler Außenpolitiken" (Schubert 2000: 23): (1) Kostenersparnis durch gemeinsam unterhaltene diplomatische Vertretungen, (2) Legitimation von „Richtungswechsel oder Akzentverlagerungen nationaler Außenpolitik", (3) Staaten können „Sonderwege vermeiden und Streitfälle domestizieren" und (4) kleinere Staaten können im Kontext der EU „sehr spezielle Anliegen [...] Weltpolitik fähig" machen. Hinzu kommt, dass von dem sich entwickelnden institutionellen Gefüge der EU Einfluss auf den außenpolitischen Handlungsprozess ausgeübt wird: „The EU institutional framework within which agenda-setting occurs has a decided influence over the process that emerges" (Peters 1996: 69). Und wie sich in den verschiedenen Erweiterungsphasen zeigte, hat die frühzeitige Einbindung künftiger Mitgliedstaaten in die institutionellen Arbeiten der EU das bestehende System stabilisiert (Missiroli 2003: 12).

Die seit den Anfängen der außen- und sicherheitspolitischen Integration in den 1990er Jahren entstandene institutionelle Stabilität in Verbindung mit außervertraglicher Dynamik zwischen den Mitgliedstaaten der EU führte, mit Blick auf den gescheiterten Vertrag über eine Verfassung für

Europa, zu der Erkenntnis, dass dennoch ein Entwicklungspotenzial für die GASP und ESVP besteht (Algieri/Bauer/Brummer 2005). Hierbei hätte aber ebenfalls zugetroffen, was in diesem Kontext für ein Scheitern des Vertrags von Lissabon festgestellt worden ist, d.h., dies hätte für die GASP wesentlich weiter reichende Auswirkungen als für die ESVP gehabt (Whitman/Juncos 2009). Beispielsweise ist die Europäische Verteidigungsagentur bereits Realität und ESVP-Operationen sind Teil der europäischen Außen- und Sicherheitspolitik geworden.

Wie sich also zeigt, vollzieht sich die Entwicklung europäischer Außen-, Sicherheits- und Verteidigungspolitik in einer EU, für die Stephen Krasner Ende der 1990er Jahre festgestellt hat, dass deren Struktur kaum als vollendet bezeichnet werden und sie als spezifisches wie auch neues institutionelles Gebilde in der internationalen Politik ihren Platz finden kann (Krasner 1999: 235 ff.). Einen Platz zu finden mag der EU als internationalem Akteur gelungen sein, doch ob dieser Platz geeignet ist, um gestaltend über die regionale Ebene hinaus auf globaler Ebene Einfluss nehmen zu können, bleibt umstritten.

9.3 Die Marginalisierungsdebatte

Was sich aus den Analysen zu den Reformetappen von Maastricht bis Nizza ablesen ließ, hat sich in der Reformphase zum Verfassungsvertrag und bis zum Vertrag von Lissabon fortgesetzt: Aufgrund des nicht konsequenten und kohärenten Zusammenfügens der inneren Struktur der EU mit ihren außenpolitischen Ambitionen bleibt die internationale Gestaltungskraft der EU eingeschränkt. So wie hinsichtlich der Vertretung der EU in internationalen Organisationen der Begriff „patchwork power" als Bezeichnung genutzt wird (Gstöhl 2009), so kann auf die Außenpolitik der EU insgesamt blickend von einem „Patchwork von Politiken" gesprochen werden, welches wiederum von einem „Patchwork strategischer Überlegungen" argumentativ hinterlegt wird. Doch ohne eine ausgereifte strategische Ausrichtung der GASP und ESVP besteht die Gefahr des Scheiterns der EU als globaler Akteur (Howorth 2009b).

Vor diesem Hintergrund wird zunehmend häufig die Zukunft der EU als globaler Akteur in Frage gestellt. Herfried Münkler erkennt eine „doppelte" und „ungleichartige" Herausforderung für Europa: „Auf der einen Seite müssen die Europäer sich zu den übermächtigen USA ins Verhältnis setzen und darauf achten, dass sie nicht für die Aktionen der Führungsmacht Ressourcen bereitstellen und mit der Nachsorge für deren Kriege betraut werden, aber keinen Einfluss mehr auf grundsätzliche politisch-militärische Entscheidungen haben. Hier haben sich die Europäer ihrer politischen Marginalisierung zu widersetzen. […] Auf der anderen Seite müssen die Europäer sich aber auch um ihre instabile Peripherie im Osten und Südosten kümmern, wo es gilt, Zusammenbrüche und Kriege zu verhindern, ohne dabei in eine Spirale der Expansion hineingezogen zu werden, die das verfasste Europa in seiner gegenwärtigen Gestalt überfordern würde" (Münkler 2005: 246f.). Eine solche Marginalisierung und Überforderung der EU würde auch dadurch beschleunigt, wenn die Entwicklungen im internationalen Umfeld nicht länger eine Wirkung als „external federator" (Bulmer 1991: 78) auf die Mitgliedstaaten der Union hätten. Michael Smith hingegen verweist auf eine die innere Einheit der EU fördernde Wirkung der GASP: „as the EU takes an increasing number of principled actions in world politics through the CFSP and other policy instruments, and as the outside world responds to those actions, the CFSP helps provide a valuable social commodity for the EU: internal unity" (Smith, M. 2004: 257).

In Erkenntnis einer Renaissance von Machtpolitik wird die EU gefordert, ein klareres Profil ihrer Macht zu entwickeln (Algieri 2006/2007). Charles Grant argumentiert, dass bei den großen geostrategischen Fragen des frühen 21. Jahrhunderts die EU zunehmend durch Irrelevanz gekennzeichnet ist (Grant 2009b). Er nennt drei Beispiele für das von ihm als „enttäuschend" bezeichnete Verhalten der EU: (1) die häufig auseinanderdriftenden Positionen bei zentralen Fragen, (2) die europäische Vielstimmigkeit in internationalen Einrichtungen und (3) die militärische Schwäche. Die in den vergangenen Jahren zunehmende Schwächung der EU führt er wiederum auf drei Faktoren zurück: (1) die Erweiterung der Union und die damit verbundene Interessenheterogenität, (2) die zurückgehende Unterstützung Deutschlands für das Integrationsprojekt sowie (3) eine institutionelle Dysfunktionalität. Grundsätzlich hält Grant aber daran fest, dass die EU unter anderem durch institutionelle Reformen und funktionale Gruppenbildung Möglichkeiten hat, um an Stärke zu gewinnen. Letztendlich argumentiert er für eine machtpolitischere und mehr von gemeinsamen Interessen geleitete Union, damit nicht nur Weltmächte, insbesondere die USA, China, Indien und Russland, eine „neue Weltordnung" gestalten (Grant 2009b: 28). Auf die Kritik an der EU als schwachem internationalen Akteur erwidert

Robert Cooper, dass die EU nicht mehr leisten könne als das, was die Mitgliedstaaten ihr ermöglichen: „The ambition of the EU cannot often be much greater than the sum of the ambitions of its member states, and they are not always ambitious" (Cooper 2009: 29).

9.4 Legitimität der GASP und öffentliche Meinung

Der zukünftige Erfolg der GASP wird auch vom Grad ihrer Legitimität abhängen. Michael Zürn hat mit Blick auf die EU festgestellt, diese werde „anhand der Kriterien einer normativ anspruchsvollen politischen Ordnung bemessen und gerät unter Legitimationsdruck" (Zürn 2006: 244). Bereits in der Anfangszeit der EU hat Joseph Weiler hierzu ähnlich argumentiert: „The process of integration – even if decided upon democratically – brings about then, initially at least, a loss of democracy in its actual process of governance. What becomes crucial for the success of the integration process is the social legitimacy of the new, integrated polity despite this loss of total control over the integrated areas by each polity" (Weiler 1993: 22).

Die Legitimität der GASP lässt sich über die nationale Ebene und die supranationale Ebene herleiten. Gleichwohl ist hierbei zu berücksichtigen, dass auf der zweitgenannten Ebene die legitimierende Einbeziehung des Europäischen Parlaments in die Außen- und Sicherheitspolitik eng begrenzt bleibt. Hinsichtlich der nationalen Ebene sind die jeweiligen Systemstrukturen der einzelnen Mitgliedstaaten zu beachten, die entsprechende Kompetenzen für die Regierungen und Parlamente beinhalten. Eine einheitliche, die EU umfassende Legitimationsform gibt es nicht.

Legitimation für die europäische Außen-, Sicherheits- und Verteidigungspolitik zu schaffen beinhaltet darüber hinaus, die öffentliche Meinung in den Mitgliedstaaten zu berücksichtigen. In besonderer Weise wurde diese Öffentlichkeit in der Phase des Irak-Krieges im Jahr 2003 sichtbar. Jürgen Habermas und Jacques Derrida interpretierten die öffentlichen Proteste und Großdemonstrationen in europäischen Staaten gegen den Krieg im Irak als „Signal für die Geburt einer europäischen Öffentlichkeit" (Habermas/Derrida 2003). Die Herausbildung dieser Öffentlichkeit hatte jedoch schon wesentlich früher begonnen. Innerhalb der EU-15 lag der Zustimmungsgrad der Bevölkerung zur GASP seit 1994 kontinuierlich bei über 60 Prozent, eine Gemeinsame Sicherheits- und Verteidigungspolitik erhielt 74 Prozent Zustimmung. Und Entscheidungen zu Verteidigungsangelegenheiten sollten nach Meinung von 50 Prozent der Bürger auf europäischer Ebene getroffen werden, während 46 Prozent hierfür der nationalen Ebene den Vorzug gaben (Eurobarometer 59, 2003: 14–18; The German Marshall Fund of the United States 2003).

Innerhalb der EU-Mitgliedstaaten hatte sich die öffentliche Meinung weiter verfestigt, dass Fragen der Außen- und Verteidigungspolitik und insbesondere Maßnahmen zur Bekämpfung des Terrorismus besser gemeinsam innerhalb der EU als durch die nationalen Regierungen entschieden werden sollen. In einer Eurobarometer-Umfrage im Herbst 2007 äußerten sich 81 Prozent der Befragten hinsichtlich des Bereichs „Kampf gegen den Terrorismus" und 67 Prozent der Befragten hinsichtlich der Bereiche „Verteidigung" und „Außenpolitik" für eine gemeinsame Entscheidung innerhalb der EU (Eurobarometer 68, 2007: 108f.). Dennoch werden die europäische Außen- und Verteidigungspolitik nicht als die vorrangigen Bereiche erachtet, die durch die europäischen Institutionen gestärkt werden sollten. Nur 17 Prozent der Befragten sprachen sich hinsichtlich des Bereichs der europäischen Außenpolitik für eine bessere Beachtung durch die europäischen Institutionen aus, um die EU in Zukunft zu stärken; für die europäische Verteidigungspolitik waren es nur 15 Prozent (Eurobarometer 68, 2007: 136). Mitte des Jahres 2009 zeigte sich eine Fortsetzung dieses Trends. Nur elf Prozent der befragten Europäer sahen es als wichtig an, dass europäische Institutionen das Thema einer europäischen Außenpolitik stärker betonen, bezüglich einer europäischen Verteidigungspolitik waren es lediglich sieben Prozent (Eurobarometer 71, 2009: 165f.).

Die Diskrepanz, dass einerseits erwartet wird, die Mitgliedstaaten sollten bei außen-, sicherheits- und verteidigungspolitischen Aspekten zusammenarbeiten, und andererseits jedoch für die europäischen Institutionen die Befassung mit Außen- und Verteidigungspolitik eher nachrangigen Stellenwert hat, lässt auf ein diffuses Verständnis in der Öffentlichkeit schließen. Dies kann zum einen darauf zurückgeführt werden, dass sich die EU als Akteur in den internationalen Beziehungen seit den 1990er Jahren in einem noch nicht abgeschlossenen Zustand der Rollenbestimmung und Zieldefinition befindet. Zum anderen besteht ein direkter Zusammenhang zwischen der Meinung einer nationalen Regierung und der entsprechenden öffentlichen Meinung. Wenn die Regierung eines Mitgliedstaates der EU die GASP als wenig förderlich für die eigene Außen- und Sicherheitspolitik darstellt, ist auch die öffentliche Zustimmung zu diesem Politikbereich der EU geringer. Umgekehrt findet sich eine positive Beurteilung in der öffentlichen Meinung, wenn die GASP bei der jeweiligen Regierung Unterstützung findet (Vreese/Kandyla 2009).

9.5 Aspekte der künftigen Beschäftigung mit der GASP

Die Wahrnehmung der EU als gemeinsam auftretender und handelnder Akteur in der internationalen Politik wird nicht nur in der Union selbst hinterfragt. Eine Untersuchung zur Wahrnehmung der EU durch Dritte kam unter anderem zu folgenden Ergebnissen (Chaban/Elgström/Holland 2006: 262): Die EU wird im internationalen Kontext zwar als „great power" wahrgenommen, die in entsprechenden Foren über Gestaltungsmacht verfügt, doch dies bezieht sich weitgehend auf den wirtschaftlichen und weniger den sicherheitspolitischen Bereich. Die immer wieder auftretende Uneinigkeit zwischen den Mitgliedstaaten und ihre Interessendivergenzen vermindern das Ansehen der EU und sind der Übernahme einer Führungsrolle abträglich. Dies berücksichtigend und in Kenntnis der Kohärenzproblematik, der Debatten um Vertiefung und Erweiterung sowie der Marginalisierung stellt sich die Frage, ob und welche Möglichkeit der Optimierung europäischer Außen-, Sicherheits- und Verteidigungspolitik es geben kann. Heinrich Schneider fordert für den Integrationsprozess eine Politik, „die zwar darauf verzichtet, alles neu zu erfinden, die aber dennoch nicht in den gewohnten Bahnen gefangen bleibt. Ohne die Erschließung neuer Perspektiven wird Europa aus der Krise kaum wirklich herausfinden" (Schneider 2008: 325). In der Vergangenheit richteten sich in Phasen der Stagnation die Hoffnungen immer wieder auf Deutschland und Frankreich. Allerdings ist das „couple franco-allemand", der einstige „Motor" der europäischen Integration, zunehmend weniger in der Position, Integrationsdynamik zu entwickeln. Obwohl der französische Staatspräsident Nicolas Sarkozy bereits zu Beginn seiner Amtszeit betonte, „dass es kein starkes Frankreich ohne Europa gibt, wie es auch kein mächtiges Europa ohne Frankreich gibt" (Sarkozy 2007), und Deutschland seine Außenpolitik bislang im Kontext der europäischen Integration bestimmte, handelt es sich um ein „Duo ohne Führungswillen" (Schwarzer 2006).

Der deutsche Außenminister Joschka Fischer beschrieb im Jahr 2003, wovon der Erfolg der europäischen Außenpolitik abhängen werde: „Die europäische Position wird sich zwischen dem Transatlantizismus der britischen Tradition und dem Gaullismus der französischen Tradition bewegen. Das wird der Pendelschwung werden, der die europäische Außenpolitik im 21. Jahrhundert kennzeichnet. Aber auch er wird sich immer in die Mitte hin bewegen" (Fischer 2003b). Mit der ESVP gewann Großbritannien zunehmenden Einfluss auf die außen- und sicherheitspolitische Entwicklung der EU. Den drei großen Mitgliedstaaten wurde nun die entscheidende Rolle bei der weiteren Weichenstellung europäischer Integration in diesem Politikbereich zugeordnet. „[...] it is vital that the three west European great powers, Britain, France and Germany (four, if Italy decides it wants to be a major actor), begin a serious effort to develop a transnational strategic concept as the basis for a threat-driven rational response to the new security environment" (Lindley-French 2002: 811). Doch heute werden der Rolle der „drei Großen" keine allzu großen Erwartungen mehr entgegengebracht: Zu heterogen sind ihre Interessen und damit einhergehend besteht keine integrationspolitische Übereinstimmung, die ausreichen würde, um das Attribut „gemeinsam" in der europäischen Außen-, Sicherheits- und Verteidigungspolitik zu stärken.

Wenn es im Interesse der Mitgliedstaaten liegt, die genannten Schwachpunkte zu überwinden und die EU als umfassenden und global gestaltenden Akteur fortzuentwickeln, so wird sich die Debatte um die GASP künftig neben den genannten Themen auch mit den folgenden Aspekten auseinandersetzen müssen: (1) die Differenzierung nicht nur des Projekts der europäischen Integration, sondern auch des Politikbereiches der GASP (Emmanouilidis 2008), (2) die Überwindung der Kluft zwischen Fähigkeiten und Erwartungen europäischer Politik (Hill 1993, 1998), (3) die Bestimmung dessen, was Souveränität in der globalisierten Welt des 21. Jahrhunderts bedeutet (Lübkemeier 2007; Swieboda 2009), und damit verbunden (4) eine Globalisierungsstrategie als Narrativ des europäischen Integrationsprozesses (Emmanouilidis 2009).

Veränderungen in der Zukunft sind nicht ohne die Kenntnisse der Vergangenheit zu erreichen. Niccolò Machiavelli hat in den „Discorsi" den Gedanken der Rückbesinnung wie folgt beschrieben: „Zusammenfassend ist zu sagen, dass es für Gemeinschaften, sei es nun eine Religionsgemeinschaft, eine Monarchie oder ein Freistaat, absolut notwendig ist, ihnen das Ansehen wiederzugeben, das sie in ihrem Anfang hatten. Hierbei muss man danach trachten, dass entweder gute Einrichtungen oder treffliche Männer diese Wirkung hervorbringen und nicht äußere Gewalt" (Machiavelli 1977:

278). Auf die EU und das Integrationsprojekt der Außen-, Sicherheits- und Verteidigungspolitik übertragen, lässt sich dies in folgender Abwandlung formulieren: Zusammenfassend bleibt festzustellen, dass es für die EU notwendig ist, die Bedeutung von Integration und den damit einhergehenden Mehrwert für die daran beteiligten Mitgliedstaaten wieder zu bestimmen. Funktionierende Institutionen und Verfahren sind hierbei ebenso notwendig wie die Führungsfähigkeiten von politischen Akteuren. Damit einhergehend dürfen die EU und ihre Mitgliedstaaten nicht zu Getriebenen ihres internationalen Umfelds und dessen Entwicklungen werden. Im Gegenteil: Ihre Aufgabe ist es vielmehr, globale Gestaltungsmacht zu entfalten und konsequent durchzusetzen.

10 Literatur

Abels, G. (2006). „Feministische Persepktiven", in: H.-J. Bieling/M. Lerch (Hg.). *Theorien der europäischen Integration,* Wiesbaden, 2. Aufl., 347–372.

Adebahr, C. (2009). *Learning and change in European Foreign Policy. The case of the EU Special Representatives,* Baden-Baden.

Adriaenssens, P. (2008). "Rapprochement between the EU and the UN. History and balance of intersecting political cultures", in: *European Foreign Affairs Review* 13/1, 53–72.

Aggestam, L. et al. (2008). *Institutional competences in the EU external action. Actors and boundaries in CFSP and ESDP,* Swedish Institute for European Policy Studies, Stockholm.

Albright, M. K. (1998). "The right balance will secure NATO's future", in: *Financial Times,* 7.12.1998, 16.

Algieri, F. (versch. Jahrgänge). „Asienpolitik", in: W. Weidenfeld/W. Wessels (Hg.). *Jahrbuch der Europäischen Integration,* Bonn/Berlin.

Algieri, F. (1996). "In need of a comprehensive approach. The European Union and possible external security challenges", in: F. Algieri/J. Janning/ D. Rumberg (eds.). *Managing security in Europe. The European Union and the challenge of enlargement,* Gütersloh, 189–207.

Algieri, F. (2001). „Die Europäische Sicherheits- und Verteidigungspolitik. Erweiterter Handlungsspielraum für die GASP", in: W. Weidenfeld (Hg.). *Nizza in der Analyse,* Gütersloh, 161–201.

Algieri, F. (2006/2007). "A weakened EU's prospects for global leadership", in: *The Washington Quarterly* 30/1, Winter, 107–115.

Algieri, F./Bauer, M. (2007). „Die Europäische Sicherheitsstrategie. Vom Nutzen und den Unzulänglichkeiten eines EU-Dokuments", in: A. Siedschlag (Hg.). *Jahrbuch für europäische Sicherheitspolitik 2006/2007,* Baden-Baden, 131–142.

Algieri, F./Bauer, Th. (2008). „Die Festschreibung mitgliedstaatlicher Macht: GASP und GSVP im Vertragswerk von Lissabon", in: W. Weidenfeld (Hg.).

Lissabon in der Analyse. Der Reformvertrag der Europäischen Union, Baden-Baden, 125–156.

Algieri, F./Bauer, Th./Brummer, K. (2005). *Entwicklungspotenzial auch ohne Verfassungsvertrag. Optionen für GASP und ESVP*, CAP Analyse 1.

Algieri, F./Emmanouilidis, J. A. (2000). *Setting signals for European foreign and security policy. Discussing differentiation and flexibility*, CAP Working Paper.

Algieri, F./Kammel, A. (2009). *Neuer Wein in alten Schläuchen. Der Bericht zur Umsetzung der Europäischen Sicherheitsstrategie*, AIES Fokus 1.

Algieri, F./Regelsberger, E. (eds.) (1996). *Synergy at work. Spain and Portugal in European foreign policy*, Bonn.

Allen, D. (1998). "Who speaks for Europe? The search for an effective and coherent external policy", in: J. Petersen/H. Sjursen (eds.). *A common foreign policy for Europe? Competing visions of the CFSP*, London/New York, 42–58.

Allen, D./Smith, M. (1990). "Western Europe's presence in the contemporary international arena", in: *Review of International Studies* 16/1, 19–37.

Amt für Veröffentlichungen der Europäischen Gemeinschaften (1995). *Bericht der Kommission an die Reflexionsgruppe*, Luxemburg.

Amtsblatt der Europäischen Gemeinschaften C 166 (1995). *Entschließung des Europäischen Parlaments vom 14. Juni 1995 zur Mitteilung der Kommission an den Rat „Auf dem Weg zu einer neuen Asienstrategie".*

Amtsblatt der Europäischen Gemeinschaften L 27 (2001a). *Beschluss des Rates vom 22. Januar 2001 zur Einsetzung des Politischen und Sicherheitspolitischen Komitees (2001/78/GASP)*, 1–3.

Amtsblatt der Europäischen Gemeinschaften L 27 (2001b). *Beschluss des Rates vom 22. Januar 2001 zur Einsetzung des Militärausschusses der Europäischen Union (2001/79/GASP)*, 4–6.

Amtsblatt der Europäischen Gemeinschaften L 27 (2001c). *Beschluss des Rates vom 22. Januar 2001 zur Einsetzung des Militärstabs der Europäischen Union (2002/80/GASP)*, 7–11.

Amtsblatt der Europäischen Union C 46 (2006). *Europäischer Konsens über die Entwicklungspolitik 2006. Gemeinsame Erklärung des Rates und der im Rat vereinigten Vertreter der Regierungen der Mitgliedstaaten, des Europäischen Parlaments und der Kommission zur Entwicklungspolitik der EU: „Der Europäische Konsens",* 1–19.

Amtsblatt der Europäischen Union C 117E (2006). *Entschließung des Europäischen Parlaments zu den institutionellen Aspekten des Europäischen Auswärtigen Dienstes (P6_TA(2005)0205)*, 232.

Amtsblatt der Europäischen Union C 139 (2006). *Interinstitutionelle Verein-barung zwischen dem Europäischen Parlament, dem Rat und der Europäischen Kommission über die Haushaltsdisziplin und die wirtschaftliche Haushaltsfüh-rung (2006/C 139(01)), 1–17.*

Amtsblatt der Europäischen Union L 302 (2003). *Gemeinsamer Standpunkt 2003/805/GASP des Rates vom 17. November 2003 betreffend die weltweite An-wendung und Stärkung von multilateralen Übereinkünften im Bereich der Nicht-verbreitung von Massenvernichtungswaffen und Trägermitteln, 34–36.*

Amtsblatt der Europäischen Union L 285 (2006). *Beschluss des Rates vom 15. September 2006 zur Festlegung seiner Geschäftsordnung (2006/683/EG, Euratom), 16. 10. 2006, zuletzt geändert durch Beschluss (2007/4/EG, Euratom), 47–71.*

Amtsblatt der Europäischen Union L 310 (2006). *Verordnung (EG) Nr. 1638/ 2006. Verordnung des Europäischen Parlaments und des Rates vom 24. Oktober 2006 zur Festlegung allgemeiner Bestimmungen zur Schaffung eines Europäi-schen Nachbarschafts- und Partnerschaftsinstruments, 1–14.*

Amtsblatt der Europäischen Union L 327 (2006). *Verordnung (EG) Nr. 117/ 2006. Verordnung des Europäischen Parlaments und des Rates vom 15. November 2006 zur Schaffung eines Instruments für Stabilität, 1–11.*

Amtsblatt der Europäischen Union L 378 (2006). *Verordnung (EG) Nr. 1905/ 2006. Verordnung des europäischen Parlaments und des Rates am 18. Dezember 2006 zur Schaffung eines Finanzierungsinstruments für die Entwicklungszusam-menarbeit, 41–71.*

Amtsblatt der Europäischen Union L 386 (2006). *Verordnung (EG) Nr. 1889/ 2006. Verordnung des Europäischen Parlaments und des Rates vom 20. Dezember 2006 zur Einführung eines Finanzierungsinstruments für die weltweite Förderung der Demokratie und der Menschenrechte (Europäisches Instrument für Demokratie und Menschenrechte), 1–11.*

Amtsblatt der Europäischen Union L 345 (2008). *Beschluss 2008/975/GASP des Rates vom 18. Dezember 2008 über einen Mechanismus zur Verwaltung der Finanzierung der gemeinsamen Kosten der Operationen der Europäischen Union mit militärischen oder verteidigungspolitischen Bezügen (Athena), 96–114.*

Amtsblatt der Europäischen Union L 315 (2009). *Beschluss des Rates vom 1. De-zember 2009 zur Festlegung seiner Geschäftsordnung (2009/882/EU), 51–55.*

Anesi, F./Aggestam, L. (2008). "The security-development nexus", in: L. Aggestam et al. *Institutional competences in the EU external action. Actors and boundaries in CFSP and ESDP,* Swedish Institute for European Policy Studies, Stockholm, 97–175.

Aschenbrenner, J. B. (2000). *Menschenrechte in den Außenbeziehungen der Europäischen Union. Gemeinschaftspolitik versus GASP,* Frankfurt a. M. u. a.

Attinà, F. (2008). *Managing globalisation. EU's effective multilateralism,* Jean Monnet Working Papers in Comparative and International Politics 65, Catania.

Auswärtiges Amt (1992). *Europäische Politische Zusammenarbeit (EPZ). Auf dem Weg zu einer Gemeinsamen Außen- und Sicherheitspolitik (GASP),* Dokumentation 9, Bonn, überarbeitete Aufl.

Auswärtiges Amt (2007). *Denkschrift zum Vertrag von Lissabon vom 13. Dezember 2007,* 11. 12. 2007, Berlin.

Avery, G. (2007). "Towards a European Foreign Service. Conclusions and recommendations", in: *European Policy Center* 2007, 74–79.

Bailes, A. J. K. (2005). „Die Europäische Sicherheitsstrategie: programmatische und praktische Perspektiven für GASP und ESVP", in: *Integration* 28/2, 107–118.

Balfour, R./Missiroli, A. (2007). *Reassessing the European Neighbourhood Policy,* EPC Issue Paper 54.

Bauer, S. (2009). *Punishing acts of WMD proliferation. More easily said than done,* Stockholm, SIPRI; http://www.sipri.org/media/newsletter/essay/apr2009 [Download: 3. 5. 2009].

Bauer, Th./Baumann, F. (2008). *ESS 2.0 – Establishing hierarchy in Europe,* CAP Perspectives 1.

Bauer, Th./Rohde, J. (2008). „Die Entwicklung der militärischen Fähigkeiten in Europa unter Berücksichtigung der Europäischen Verteidigungsagentur", in: F. Algieri/S. Lang/M. Staack (Hg.). *Militärische Aspekte der Europäischen Sicherheits- und Verteidigungspolitik im Lichte der deutschen EU-Ratspräsidentschaft,* Bremen, 46–59.

Beitrag des Generalsekretärs/Hohen Vertreters (2000), 13957/1/00. *Verfahren für die umfassende und kohärente Krisenbewältigung. Bezugsrahmen,* Brüssel, 4. 12. 2000.

Bendiek, A. (2006). „Mehr Kohärenz und mehr Finanzklarheit für GASP und ESVP", in: V. Perthes/St. Mair (Hg.). *Europäische Außen und Sicherheitspolitik. Aufgaben und Chancen der deutschen Ratspräsidentschaft,* Berlin, 15–18.

Bendiek, A. (2008). *Wie effektiv ist die Europäische Nachbarschaftspolitik? Sechzehn Länder im Vergleich,* SWP-Studie S24, Berlin.

Bendiek, A./Bringmann, O. (2008). *ATHENA und die Finanzierung der militärischen ESVP,* Diskussionspapier FG2, 2008/05, Stiftung Wissenschaft und Politik, Berlin.

Bendiek, A./Kramer, H. (Hg.) (2009). *Globale Außenpolitik der Europäischen Union. Interregionale Beziehungen und „strategische Partnerschaften",* Baden-Baden.

Bendiek, A./Whitney-Steele H. (2006). *Wein predigen und Wasser ausschenken,* SWP-Aktuell 31.

Bentégeat, H. (2009). "What aspirations for European defence?", in: A. de Vasconcelos (ed.). *What ambitions for European defence in 2020?,* Institute for Security Studies, Paris, 91–99.

Benz, A. (1997). „Von der Konfrontation zur Differenzierung und Integration. Zur neueren Theorieentwicklung in der Politikwissenschaft", in: A. Benz/ W. Seibel (Hg.). *Theorieentwicklung in der Politikwissenschaft. Eine Zwischenbilanz,* Baden-Baden, 9–31.

Benz, A. (2008). „Entwicklung von Governance im Mehrebenensystem der EU", in: I. Tömmel (Hg.). *Die Europäische Union. Governance und Policy-Making,* Wiesbaden, 36–57.

Benz, A./Seibel, W. (Hg.) (1997). *Theorieentwicklung in der Politikwissenschaft. Eine Zwischenbilanz,* Baden-Baden.

Bericht des Generalsekretärs/Hohen Vertreters und der Kommission für den Europäischen Rat in Nizza (2000), 14088/00. *Verbesserung der Kohärenz und der Effizienz der Maßnahmen der EU im Bereich der Konfliktverhütung,* Brüssel, 30.11.2000.

Bericht des Vorsitzes über die Europäische Sicherheits- und Verteidigungspolitik (2000). *14056/00 REV 2,* Anlage III, Brüssel, 4.12.2000.

Bertelsmann Foundation (2004). *A European defence strategy,* Gütersloh.

Bertelsmann Stiftung (2006). *Who rules the world? Conclusions from and results of a representative survey in Brazil, China, Germany, India, Japan, Russia, the United Kingdom, and the United States,* Berlin.

Bickerton, Ch. J. (2009). "Realpolitik for an ethical age? Exploring the functionality of EU foreign policy", in: *CFSP Forum* 7/1, 11–14.

Bieling, H.-J. (2006). „Intergouvernementalismus", in: H.-J. Bieling/M. Lerch (Hg.). *Theorien der europäischen Integration,* Wiesbaden, 2. Aufl., 91–116.

Bieling, H.-J./Lerch, M. (2006). „Theorien der europäischen Integration. Ein Systematisierungsversuch", in: H.-J. Bieling/M. Lerch (Hg.). *Theorien der europäischen Integration,* Wiesbaden, 2. Aufl., 9–37.

Bieling, H.-J./Lerch, M. (Hg.) (2006). *Theorien der europäischen Integration,* Wiesbaden, 2. Aufl.

Bierling, St. (2008). „Die Europäische Union und die USA", in: W. Weidenfeld (Hg.). *Die Europäische Union. Politisches System und Politikbereiche,* Bonn, 687–706.

Biscop, S. (2005). "Security and development. A positive agenda for a global EU-UN partnership", in: *Chaillot Paper* 75, 17–30.

Biscop, S. (2007). *The ABC of European Union strategy. Ambition, benchmark, culture,* Egmont Paper 16.

Biscop, S. (2008). *Permanent structured cooperation and the future of ESDP,* Egmont Paper 20.

Biscop, S. (2009a). "The European Security Strategy. Now do it", in: S. Biscop/ J. Howorth/B. Giegerich. *Europe. A time for strategy,* Egmont Paper 27, 5–14.

Biscop, S. (2009b). "Odd couple or dynamic duo? The EU and strategy in times of crisis", in: *European Foreign Affairs Review* 14/3, 367–384.

Biscop, S./Arnould, V. (2004). "Global public goods. An integrative agenda for EU external action", in: E. B. Eide (ed.). *Effective multilateralism. Europe, regional security and a revitalised UN,* London, 22–31.

Biscop, S./Howorth, J./Giegerich, B. (2009). *Europe. A time for strategy,* Egmont Paper 27.

Blauberger, M. (2005). *Zivilmacht Europa? Leitlinien europäischer Außenpolitik in der Analyse,* Marburg.

Bolaffi, A. (2003). „Politik ohne Macht", in: *Frankfurter Allgemeine Zeitung,* 19. 5. 2003, 39.

Booth, K./Smith, St. (eds.) (1995). *International relations theory today,* Cambridge.

Brief der Acht (2003). *Offener Brief der acht EU-Länder zum Irak im Wortlaut;* http://www.tagesschau.de/ausland/meldung353388.html [Download: 1. 9. 2007].

Brummer, K. (2009). "Imposing sanctions. The not so 'normative power Europe' ", in: *European Foreign Affairs Review* 14/1, 191–207.

Brzezinski, Z. (2009). "An agenda for NATO. Toward a global security web", in: *Foreign Affairs* 88/5, 2–20.

Bulmer, S. J. (1991). "Analysing European Political Cooperation. The case of a two-tier analysis", in: M. Holland (ed.). *The future of European Political Cooperation. Essays on theory and practice,* New York, 70–94.

Bundesakademie für Sicherheitspolitik (2001). *Sicherheitspolitik in neuen Dimensionen,* Kompendium zum erweiterten Sicherheitsbegriff, Hamburg.

Bundesakademie für Sicherheitspolitik (2004). *Sicherheitspolitik in neuen Dimensionen,* Ergänzungsband 1, Hamburg.

Bundesakademie für Sicherheitspolitik (2009). *Sicherheitspolitik in neuen Dimensionen,* Ergänzungsband 2, Hamburg.

Bundesverfassungsgericht (1993). *BVerfG 89,155 (188),* Karlsruhe, 12.10. 1993.

Burghardt, G./Tebbe, G. (1995). „Die Gemeinsame Außen- und Sicherheitspolitik der Europäischen Union. Rechtliche Strukturen und politischer Prozeß", in: *Europarecht* 30, 1/2, 1–20.

Buzan, B./Little, R. (2000). *International systems in world history. Remaking the study of international relations,* Oxford.

Buzan, B./Wæver, O./Wilde, Jaap de (1998). *Security. A New framework for analysis,* Boulder/London.

Cafruny, A./Peters, P. (eds.) (1998). *The Union and the world. The political economy of a Common European Foreign Policy,* The Hague/London/Boston.

Cameron, F. (2007). *An introduction to European Foreign Policy,* London.

Carlsnaes, W./Smith, St. (eds.) (1994). *European Foreign Policy. The EC and changing perspectives in Europe,* London.

Carlsnaes, W./White, B./Sjursen, H. (2004). *Contemporary European Foreign Policy,* London.

Cavatorta, F. et al. (2008). "EU external policy-making and the case of Morocco. 'Realistically' dealing with authoritarianism?", in: *European Foreign Affairs Review* 13/3, 357–376.

Chaban, N./Elgström, O./Holland, M. (2006). "The European Union as others see it", in: *European Foreign Affairs Review* 11/2, 245–262.

Chaban, N./Holland, M. (eds.) (2008). *The European Union and the Asia-Pacific. Media, Public and Elite Perceptions of the EU,* Oxford/New York.

Christiansen, Th./Jørgensen, K./Wiener, A. (1999). "The social construction of Europe", in: *Journal of European Public Policy* 6/4, 528–544.

Collins, J./Matlock, J. (2009). "A chance for a nuclear-free world", in: *Foreign Policy,* 6 July 2009; http://www.foreignpolicy.com/articles/2009/07/06/a_chance_for_a_nuclear_free_world [Download: 1.8.2009].

Cooper, R. (2009). "Response", in: Ch. Grant. *Is Europe doomed to fail as a power?,* Centre for European Reforms, London, 29–34.

Cornish, P./Edwards, G. (2001). "Beyond EU/NATO dichotomy. The beginnings of a European strategic culture", in: *International Affairs* 77/3, 587–603.

Cornish, P./Edwards G. (2005). "The strategic culture of the European Union. A progress report", in: *International Affairs* 81/4, 801–820.

Costa Pereira, P. S. da (1996). "Portugal. Public administration and EPC/CFSP – A fruitful adaptation process", in: F. Algieri/E. Regelesberger (eds.). *Synergy at work. Spain and Portugal in European foreign policy,* Bonn, 207–229.

Council of the European Union (2003), 14457/03. *Civil Military Co-ordination (CMCO)*, Brussels, 7.12.2003.

Council of the European Union (2003), 15708/03. *Fight against the proliferation of weapons of mass destruction. EU strategy against proliferation of weapons of mass destruction*, Brussels, 10.12.2003.

Council of the European Union (2004), 10995/04. *2595th Council meeting heads of state and government*, Brussels, 29.6.2004.

Council of the European Union (2004), 15854/04. *Joint declaration of the People's Republic of China and the European Union on non-proliferation and arms control*, Brussels, 8.12.2004.

Council of the European Union (2005), 9956/05. *Joint Progress Report to the European Council by the Secretary-General/High Representative and the Commission*, Brussels, 9.6.2005.

Council of the European Union (2006), 14072/06. *Orientation debate on policy coherence for development and effectiveness of EU external action*, Luxembourg, 17.10.2006.

Council of the European Union (2007), 16467/07. *Stocktaking report. Measures to increase the effectiveness, coherence and visibility of the EU external policies*, Brussels, 12.12.2007.

Council of the European Union (2008), 10562/08. *2008 EU-US summit declaration*, Brdo, 10.6.2008.

Council of the European Union (2008), 10612/08. *Stocktaking report. Measures to increase the effectiveness, coherence and visibility of the EU external policies*, Brussels, 13.6.2008.

Council of the European Union (2008), 11716/1/08 REV 1. *EU concept for Civil-Military Co-operation (CIMIC) for EU led military operations*, Brussels, 3.2.2009.

Council of the European Union (2008), S194/08. *Address to the European Parliament on EU Foreign, Security and Defence Policy by Javier Solana, EU High Representative for the CFSP*, Brussels, 4.6.2008.

Council of the European Union (2009), 11490/09. *Six-monthly progress report on the implementation of the EU strategy against the proliferation of weapons of mass destruction (2009/I)*, Brussels, 26.6.2009.

Council of the European Union (2009), 14930/09. *Presidency report to the European Council on the European External Action Service*, Brussels, 23.11.2009.

Council of the European Union (2009), S066/09. *Remarks by Javier Solana, EU High Representative for the Common Foreign and Security Policy, on the occasion of the informal meeting of EU defence ministers in Prague*, 12.3.2009.

Daalder, I. H. (2003). "The end of Atlanticism", in: *Survival* 45/2, 147–166.

Dahrendorf, R. (2003). „Mythos europäische Außenpolitik", in: *Financial Times Deutschland,* 5. 8. 2003, 26.

Dahrendorf, R./Garton Ash, T. (2003). „Die Erneuerung Europas", in: *Süddeutsche Zeitung,* 5./6. 6. 2003, 13.

Degrand-Guillaud, A. (2009). "Actors and mechanisms of EU coordination at the UN", in: *European Foreign Affairs Review* 14/3, 405–430.

Delors, J. (1990). "Europe's ambitions", in: *Foreign Policy* 80/Fall, 14–27.

Delors, J. (1991). "European integration and security", Speech by Jacques Delors at the International Institute for Security Studies, London, in: *Europe Documents 1699/Atlantic Documents* 72, 13. 3. 1991.

Delors, J. (2004). *Erinnerungen eines Europäers,* Berlin.

Dembinski, M./Joachim, J. (2008). „Die GASP als Regierungssystem. Plädoyer für einen Perspektivenwechsel in der GASP-Forschung am Beispiel des EU-Kodexes zu Rüstungsexporten", in: *Integration* 31/4, 365–378.

Department of Defense (2001/2005). *Dictionary of military and associated terms,* Washington, 12 April 2001, as amended through 31 August 2005.

Deutsch-Italienische Initiative (1981). „Entwurf einer Europäischen Akte", 6. November 1981, in: *Bulletin EG* 11, 99–104.

Diamond, L. (2009). "Supporting democracy. Refashioning U.S. global strategy", in: A. T. J. Lennon et al. *Democracy promotion in U.S. security strategy. From promotion to support,* Center for Strategic and International Studies, Washington D. C., 29–54.

Diedrichs, U. (2008). „Die Europäische Union und Lateinamerika", in: W. Weidenfeld (Hg.). *Die Europäische Union. Politisches System und Politikbereiche,* Bonn, 605–625.

Diez, Th. (2005). "Constructing the self and changing others: Reconsidering 'Normative Power Europe' ", in: *Millennium – Journal of International Studies* 33/3, 613–636.

Diez, Th./Wiener, A. (2004). "Introducing the mosaic of integration theory", in: A. Wiener/Th. Diez (eds.). *European Integration Theory,* Oxford, 1–21.

Dijkstra, H. (2009). "Commission versus Council Secretariat. An overview of bureaucratic rivalry in European foreign policy", in: *European Foreign Affairs Review* 14/3, 431–450.

Dimier, V. (2006). "Constructing conditionality. The bureaucratization of EC development aid", in: *European Foreign Affairs Review* 11/2, 236–280.

Dokument über die europäische Identität (1973). „Dokument über die europäische Identität, veroffentlicht von den neun Außenministern am 14. Dezember 1973 in Kopenhagen", in: Auswärtiges Amt 1992, 52–57.

Doyle, M. W./Ikenberry, G. J. (eds.) (1997). New thinking in international relations theory, Boulder/Oxford.

Duchêne, F. (1972). "Europe's role in world Peace", in: R. Mayne (ed.). Europe tomorrow. Sixteen Europeans look ahead, London, 31–47.

Duke, S. (2004). "The European Security Strategy in a comparative framework. Does it make for secure alliances in a better world?", in: European Foreign Affairs Review 9/4, 459–481.

Duke, S./Vanhoonacker, S. (2006). "Administrative governance in the CFSP. Development and practice", in: European Foreign Affairs Review 11/2, 163–182.

Edwards, G./Regelsberger, E. (eds.) (1990). Europe's global links. The European Community and inter-regional cooperation, London.

Edwards, G./Rijks, D. (2008). "Boundary problems in EU external representation", in: L. Aggestam et al. Institutional competences in the EU external action. Actors and boundaries in CFSP and ESDP, Swedish Institute for European Policy Studies, Stockholm, 15–95.

Eide, E. B. (ed.) (2004). Effective multilateralism. Europe, regional security and a revitalised UN, Global Europe 1.

Elgström, O./Smith, M./Poguntke, Th. (2007). The European Union's Roles in International Politics Concepts and Analysis, London.

Emmanouilidis, J. A. (2005). „Der Weg zu einer neuen Integrationslogik. Elemente flexibler Integration in der Europäischen Verfassung", in: W. Weidenfeld (Hg.). Die Europäische Verfassung in der Analyse, Gütersloh, 149–172.

Emmanouilidis, J. A. (2008). Conceptualizing a differentiated Europe, ELIAMEP Policy Paper 10.

Emmanouilidis, J. A. (2009). Global Europe 2025, Paper for the 6th ELIAMEP European Seminar, The Delphic oracle on Europe – Politics and policies, Delphi, 25–28 June 2009.

Emmot, B. (2003). Vision 20:21. Die Weltordnung des 21. Jahrhunderts, Frankfurt a. M.

Erhart, H.-G. (2007). Co-operation and co-ordination in the EU and selected member states. European Parliament, Directorate General External Policies of the Union, Brussels.

Erklärung der Staats- und Regierungschefs Paris (1972). „Erklärung der Konferenz der Staats- und Regierungschefs der EG-Mitgliedstaaten vom 21. Oktober 1972 in Paris", in: Auswärtiges Amt 1992, 37–40.

Erklärung des 6. Europäischen Rates (1976). „Erklärung des 6. Europäischen Rates vom 29./30. November 1976 in Den Haag zur Europäischen Union", in: Auswärtiges Amt 1992, 61–62.

Esterházy, P. (2003). „Wir Störenfriede", in: Süddeutsche Zeitung, 11.6.2003, 13.

Eurobarometer 59 (2003). Public opinion in the European Union. Spring 2003, Brussels, European Commission.

Eurobarometer 68 (2007). Public opinion in the European Union. Autumn 2007, Brussels, European Commission.

Eurobarometer 71 (2009). Public opinion in the European Union. Spring 2009, Brussels, European Commission.

Europäische Kommission (2009). Gesamthaushaltsplan der Europäischen Union für das Haushaltsjahr 2009. Übersicht in Zahlen, Brüssel/Luxemburg.

Europäische Sicherheitsstrategie (2003). Ein sicheres Europa in einer besseren Welt, Brüssel, 12.12.2003.

Europäischer Rat Brüssel (2009). Schlussfolgerungen. Tagung am 10./11. Dezember 2009, Brüssel, 11.12.2009.

Europäischer Rat Helsinki (1999). Schlussfolgerungen des Vorsitzes. Anlage IV, Berichte des Vorsitzes an den Europäischen Rat über die „Stärkung der gemeinsamen Europäischen Sicherheits- und Verteidigungspolitik" und über die „Nichtmilitärische Krisenbewältigung der Europäischen Union", 10./11. Dezember 1999.

Europäischer Rat Köln (1999). Schlussfolgerungen des Vorsitzes, Anhang III, Erklärung des Europäischen Rates zur Stärkung der Gemeinsamen Europäischen Sicherheits- und Verteidigungspolitik, 3./4. Juni 1999.

Europäischer Rat Mailand (1985). „Schlussfolgerungen des Europäischen Rates vom 28./29. Juni in Mailand", in: Auswärtiges Amt 1992, 81–82.

Europäischer Rat Santa Maria da Feira (2000). Schlussfolgerungen des Vorsitzes. Anlage I, Bericht des Vorsitzes über die Stärkung der Gemeinsamen Europäischen Sicherheits- und Verteidigungspolitik, 19./20. Juni 2000.

Europäischer Rat Thessaloniki (2003). Schlussfolgerungen des Vorsitzes. Anlage II, Erklärung des Europäischen Rates zur Nichtverbreitung von Massenvernichtungswaffen, 19./20. Juni 2003.

Europäisches Parlament (1994), A3-0011/94. Bericht des Ausschusses für auswärtige Angelegenheiten und Sicherheit über die Beziehungen zwischen der

Europäischen Union und der VR China, Berichterstatterin Maria Adelaide Aglietta, PE 205.922 endgültig, 7. 11. 1994.

Europäisches Parlament (2000), A5-0339/2000 endgültig. *Bericht über die Verwirklichung einer gemeinsamen europäischen Sicherheits- und Verteidigungspolitik der Europäischen Union nach Köln und Helsinki,* Berichterstatterin Catherine Lalumière, 20. 11. 2000.

Europäisches Parlament (2009), A7-0041/2009. *Bericht über die institutionellen Aspekte der Errichtung des Europäischen Auswärtigen Dienstes (2009/2133(INI)). Ausschuss für konstitutionelle Fragen,* Berichterstatter Elmar Brok, 20. 10. 2009.

European Parliament (2006). *Draft Report on the Implementation of the European Security Strategy in the context of the ESDP. Committee on Foreign Affairs,* Rapporteur Karl von Wogau, 12 May 2006, Provisional 2006/2033(INI).

European Policy Center (EPC) (2007). *The EU Foreign Service. How to build a more effective common policy,* EPC Working Paper 28.

European Policy Center (EPC)/Egmont, The Royal Institute for International Relations/Centre for European Policy Studies (CEPS) (2007). *The Treaty of Lisbon. Implementing institutional innovations,* Joint Study.

Eurostat (2009). *External and intra-European trade. Statistical yearbook, Data 1958–2007,* Luxembourg.

Federal Trust for Education and Research (2009). *A more coherent and effective European foreign policy? A Federal Trust Report,* London.

Feierliche Deklaration zur Europäischen Union vom 19. Juni 1983 in Stuttgart, in: *Auswärtiges Amt* 1992, 73–82.

Fischer, J. (2003a). „Europa ist eine echte Macht". Interview, in: *Die Zeit* 20/ 2003, online Ausgabe.

Fischer, J. (2003b). „Wir haben den Mars überlebt". Interview, in: *Frankfurter Allgemeine Zeitung,* 17. 3. 2003, 35.

Fischer, K. H. (2008). „Europäische Außen- und Sicherheitspolitik nach Lissabon", in: *Zeitschrift für Außen- und Sicherheitspolitik* 1/1, 57–67.

Fornasier, R. (1996). "Quelques réflexions sur les sanctions internationales en droit communautaire", in: *Revue du Marché Commun et de l'Union Européenne* 402, 670–677.

Foster, A./Wallace, W. (1996). "Common Foreign and Security Policy. A new policy or just a new name?", in: H. Wallace/W. Wallace (eds.). *Policymaking in the European Union,* Oxford, 3rd edition, 411–435.

Frank, J./Gustenau, G. E./Reiter, E. (2003). *Anmerkungen zum Entwurf einer europäischen Sicherheitsstrategie. Strategische Analysen,* Wien.

Friedman, Th. L. (2006). *Die Welt ist flach. Eine kurze Geschichte des 21. Jahrhunderts,* Frankfurt a. M.

Friedrich-Ebert-Stiftung/Arbeitsguppe Europäische Integration (2009). *Der Europäische Auswärtige Dienst. Nukleus einer starken europäischen Außenpolitik. Internationale Politikanalyse,* Berlin.

Fröhlich, St. (2008). *Die Europäische Union als globaler Akteur. Eine Einführung,* Wiesbaden.

Fukuyama, F. (2009). "Reconceptionalizing democracies and empowering them to deliver", in: A. T. J. Lennon et al. *Democracy promotion in U.S. security strategy. From promotion to support,* Center for Strategic and International Studies, Washington D. C., 55–74.

G8 (2003). *Non-proliferation of Weapons of Mass Destruction: A G8 Declaration,* Evian, 3 June 2003.

Gaedtke, J.-Ch. (2009). *Europäische Außenpolitik,* Paderborn.

Gärtner, H./Hyde-Price, A./Reiter, E. (eds.) (2001). *Europe's new security challenges,* Boulder/London.

Garton Ash, T. (2009). *We need a European foreign policy. Improbable? Yes. Impossible? No;* http://www.guardian.co.uk/commentisfree/2009/may/13/european-foreign-policy [Download: 14. 5. 2009].

Genscher, H.-D. (1981). *Rede in Stuttgart am 6. Januar 1981;* www.ena.lu/mce.cfm [Download: 17. 9. 2004].

Giesendorf, S. (2009). *Politische Konditionalität der EU – eine erfolgreiche Demokratieförderungsstrategie? Eine Analyse am Beispiel der Türkei,* Baden-Baden.

Gilsdorf, P. (1996). „Die Außenkompetenzen der EG im Wandel. Eine kritische Auseinandersetzung mit Praxis und Rechtssprechung", in: *Europarecht 2,* 145–166.

Gnesotto, N. (2009). "The need for a more strategic EU", in: A. de Vasconcelos (ed.). *What ambitions for European defence in 2020?,* Institute for Security Studies, Paris, 25–33.

Grant, Ch. (1998). *Can Britain lead again in Europe?,* Centre for European Reform, London.

Grant, Ch. (2003). "Europe and America put off their divorce", in: *Financial Times,* 23. 6. 2003, 11.

Grant, Ch. (2009a). *Winners and losers in the new geopolitics,* Centre for European Reform, Bulletin, Issue 66, London.

Grant, Ch. (2009b). *Is Europe doomed to fail as a power?,* Centre for European Reform, London.

Grant, Ch./Valasek, T. (2007). *Preparing for the multipolar world. European foreign and security policy in 2020,* Center for European Reform, London.

Gray, C. S. (2006). *Out of the wilderness. Prime time for strategic culture,* Defense Threat Reduction Agency, Washington D. C.

Grevi, G. (2007). *Pioneering foreign policy. The EU Special Represenatives,* Chaillot Paper 106.

Grevi, G. (2009). *The interpolar world. A new scenario,* ISS Occasional Paper 79, June.

Grevi, G./Cameron, F. (2005). *Towards an EU foreign service,* EPC Issue Paper 29.

Grevi, G./Helly D./Keohane, D. (eds.) (2009). *European Security and Defence Policy. The first ten years (1999–2009),* EU Institute for Security Studies, Paris.

Griller, St./Weidel, B. (2007). *External economic relations and foreign policy in the European Union,* Wien.

Grimm, S. (2009). „Afrika. Testfall für die Instrumente europäischer Außenpolitik", in: A. Bendiek/H. Kramer (Hg.). *Globale Außenpolitik der Europäischen Union. Interregionale Beziehungen und „strategische Partnerschaften",* Baden-Baden, 44–65.

Große Hüttmann, M./Fischer, Th. (2006). „Föderalismus", in: H.-J. Bieling/M. Lerch (Hg.). *Theorien der europäischen Integration,* Wiesbaden, 2. Aufl., 41–63.

Grugel, J. (1996). "Spain. Latin America as an ambiguous topic", in: F. Algieri/ E. Regelesberger (eds.). *Synergy at work. Spain and Portugal in European foreign policy,* Bonn, 73–90.

Gstöhl, S. (2009). "'Patchwork power' Europe. The EU's representation in international organisations", in: *European Foreign Affairs Review* 14/3, 385–403.

Haas, E. B. (1970). "The study of regional integration. Reflections on the joy and anguish of pretheorizing", in: *International Organization* 24/4, 607–646.

Haass, R. N. (2008). "The age of nonpolarity. What will follow U.S. dominance", in: *Foreign Affairs,* May/June, 44–56.

Habermas, J./Derrida J. (2003). „Unsere Erneuerung", in: *Frankfurter Allgemeine Zeitung,* 31.5.2003, 33.

Hacke, Ch. (2009). *Weichzeichnung der Weltlage. Herausforderungen an eine neue Außenpolitik,* Konrad-Adenauer Stiftung, Die Politische Meinung 476, 17–22.

Hafner-Burton, E. M. (2005). "Trading human rights. How preferential trade agreements influence government repression", in: *International Organisation,* Summer, 593–629.

Häge, F. (2008). "Who decides in the Council of the European Union?", in: *Journal of Common Market Studies* 46/3, 533–558.

Hanelt, Ch.-P./Möller, A. (eds.) (2008). *Bound to cooperate. Europe and the Middle East II*, Gütersloh.

Heisbourg, F. (2003). "Chirac should be more cynical", in: *Financial Times*, 4.6.2003, 13.

Heise, V. (2009). *Zehn Jahre Europäische Sicherheits- und Verteidigungspolitik. Entwicklung. Stand und Probleme*, SWP-Studie S25, Berlin.

Hettne B./Söderbaum, F. (2005). "Civilian power or soft imperialism? The EU as a global actor and the role of interregionalism", in: *European Foreign Affairs Review* 10/4, 535–552.

Hill, Ch. (1990). "European foreign policy. Power bloc, civilian model or flop?", in: R. Rummel (ed.). *The evolution of an international actor. Western Europe's new assertiveness*, Boulder, 31–55.

Hill, Ch. (1992). "EPC's performance in crises", in: R. Rummel (ed.). *Toward Political Union. Planning a Common Foreign and Security Policy in the European Community*, Boulder, 139–150.

Hill, Ch. (1993). "The capability-expectations gap, or conceptualizing Europe's international role", in: *Journal of Common Market Studies* 31/1, 306–328.

Hill, Ch. (ed.) (1996). *The actors in Europe's foreign policy*, London.

Hill, Ch. (1997). "The actors involved. National perspectives", in: E. Regelsberger/Ph. de Schoutheete de Tervarent/W. Wessels (eds.). *Foreign policy of the European Union. From EPC to CFSP and beyond*, Boulder/London, 85–97.

Hill, Ch. (1998). "Closing the capabilities-expectations gap?", in J. Peterson/H. Sjursen (eds.). *A common foreign policy for Europe? Competing visions of the CFSP*, London/New York, 18–38.

Hill, Ch. (2001). "The EU's capacity for conflict prevention", in: *European Foreign Affairs Review* 6/3, 315–333.

Hill, Ch. (2003a). *The changing politics of foreign policy*, Houndmills.

Hill, Ch. (2003b). "What is to be done? Foreign policy as a site for political action", in: *International Affairs* 79/2, 233–255.

Hill, Ch. (2004). "Renationalizing or regrouping? EU foreign policy since 11 September 2001", in: *Journal of Common Market Studies* 42/1, 143–163.

Hill, Ch. (2008). "Introduction", in: L. Aggestam et al. (2008). *Institutional competences in the EU external action. Actors and boundaries in CFSP and ESDP*, Swedish Institute for European Policy Studies, Stockholm, 11–14.

Hill, Ch./Smith, M. (2005). *International relations and the European Union*, Oxford.

Hoffmann, St. (1982). "Reflections on the nation-state in Western Europe today", in: *Journal of Common Market Studies* 20/1–2, 21–37.

Hoffmeister, F./Kuijper, P.-J. (2006). "The status of the European Union at the United Nations. Institutional ambiguities and political realities", in: J. Wouters/F. Hoffmeister/T. Ruys (eds.). *The United Nations and the European Union. An ever closer partnership,* The Hague, 9–34.

Hofmann, A./Wessels, W. (2008). „Der Vertrag von Lissabon. Eine tragfähige und abschließende Antwort auf konstitutionelle Grundfragen?", in: *Integration* 31/1, 3–20.

Holland, M. (ed.) (1991). *The future of European Political Cooperation. Essays on theory and practice,* New York.

Holland, M. (ed.) (1997). *Common Foreign and Security Policy. The record and reforms,* London/Washington.

Hollis, M./Smith, St. (1990). *Explaining and understanding international relations,* Oxford.

Hölscheidt, S./Brökelmann, C. (2004). „Die Finanzierung der Gemeinsamen Außen- und Sicherheitspolitik", in: *Finanzreform* 1/1, Januar/Februar; http://www.finanzreform.de/index.php?option=com_content&view=article&id=15:die-finanzierung-der-gemeinsamen-aussen-und-sicherheitspolitik&catid=4:1-jahrgang-1-ausgabe-januarfebruar-2004&Itemid=23 [Download: 23.11.2004].

Hondrich, K. O. (2003). „Weltmoral, Weltgewalt", in: *Frankfurter Allgemeine Zeitung,* 23.6.2003, 7.

Hoskyns, C. (2004). "Gender perspectives", in: A. Wiener/Th. Diez (eds.). *European Integration Theory,* Oxford, 217–236.

Howorth, J. (2000). *European integration and defence. The ultimate challenge,* Chaillot Paper 43.

Howorth, J. (2009a). "The case for an EU grand strategy", in: S. Biscop/J. Howorth/B. Giegerich (2009). *Europe. A time for strategy,* Egmont Paper 27, 15–23.

Howorth, J. (2009b). "ESDP. Implementing a 'grand strategy'", in: A. de Vasconcelos (ed.). *What ambitions for European defence in 2020?,* Institute for Security Studies, Paris, 35–44.

Howorth, J./Le Gloannec, A.-M. (2007). "The institutional logic behind the EEAS", in: *European Policy Center* 2007, 28–34.

Hrbek, R. (1989). „Nationalstaat und europäische Integration. Die Bedeutung der nationalen Komponente für den EG-Integrationsprozeß", in: P. Haungs (Hg.). *Europäisierung Europas?,* Baden-Baden, 81–108.

Hrbek, R. (Hg.) (1993). *Der Vertrag von Maastricht in der wissenschaftlichen Kontroverse,* Baden-Baden.

Human Security Study Group (2008). *Ein europäisches Sicherheitskonzept, Internationale Politikanalyse,* Friedrich-Ebert-Stiftung (FES), Berlin.

Hummer, W./Obwexer W. (2003). „Artikel 202–210 EGV", in: R. Streinz (Hg.). EUV/EGV. *Vertrag über die Europäische Union und Vertrag zur Gründung der Europäischen Gemeinschaft,* Becksche Kurzkommentare 57, München.

Huntington, S. P. (2000). „Die Weltordnung im dritten Jahrtausend", in: *Die politische Meinung* 363, 5–10.

Immergut, E. (1997). "The normative roots of the new institutionalism. Historical institutionalism and comparative policy studies", in: A. Benz/ W. Seibel (Hg.). *Theorieentwicklung in der Politikwissenschaft. Eine Zwischenbilanz,* Baden-Baden, 325–355.

International Institute for Strategic Studies (IISS) (2008). *European military capabilities. Building armed forces for modern operations,* London.

Jachtenfuchs, M./Kohler-Koch, B. (2004). "Governance and institutional development", in: A. Wiener/Th. Diez (eds.). *European Integration Theory,* Oxford, 97–115.

Jackson, R./Howe, N. (2008). *The greying of the great powers. Demography and geopolitics in the 21st century,* Center for Strategic and International Studies, London.

Jaeger, Th. (2002). "Enhanced cooperation in the Treaty of Nice and flexibility in the Common Foreign and Security Policy", in: *European Foreign Affairs Review* 7/3, 297–316.

Jäger, Th. (2005). „Ordnung, Bedrohung, Identität. Grundlagen außenpolitischer Strategien", in: Th. Jäger/A. Höse/K. Oppermann (Hg.) (2005). *Die Sicherheitsstrategien Europas und der USA. Transatlantische Entwürfe für eine Weltordnungspolitik,* Baden-Baden, 9–26.

Jakobsson, U. (2009). "An international actor under pressure. The impact of the war on terror and the fifth enlargement on EU voting cohesion at the UN General Assembly", in: *Journal of Common Market Studies* 47/3, 532–554.

James, H. (2003). „Außenpolitik missverstanden", in: *Süddeutsche Zeitung,* 3.6.2003, 13.

James, H. (2009). „Vorwärts im Rückwärtsgang", in: *Internationale Politik* 64/6, 10–14.

Janning, J. (2001). „Zweiter Anlauf. Die verstärkte Zusammenarbeit im Vertrag von Nizza", in: W. Weidenfeld (Hg.) (2001). *Nizza in der Analyse,* Gütersloh, 145–159.

Joint declaration issued at the British-French summit. Saint-Malo, 3.–4. Dezember 1998; http://www.fco.gov.uk/news/newstext.asp?1795 [Download: 9.12.1998].

Joint EU-US Action Plan (1995); http://ec.europa.eu/external_relations/us/docs/joint_eu_us_action_plan_95_en.pdf [Download: 28.3.2000].

Jopp, M./Matl, S. (Hg.) (2005). *Der Vertrag über eine Verfassung für Europa. Analysen zur Konstitutionalisierung der EU,* Baden-Baden.

Jopp, M./Regelsberger, E. (2003). „GASP und ESVP im Verfassungsvertrag. Eine neue Angebotsvielfalt mit Chancen und Mängeln", in: *Integration* 26/4, 550–563.

Jopp, M./Schlotter, P. (2008). *Kollektive Außenpolitik. Die Europäische Union als internationaler Akteur,* Baden-Baden, 2., unveränderte Aufl.

Jouanjean, H. (2005). *National reconciliation and foreign assistance. The future of the people is our challenge,* Speech at the Burma/Myanmar Day, Brussels, 5 April 2005.

Juncos, A. E./Reynolds, Ch. (2007). "The Political and Security Political Committee. Governing in the shadow", in: *European Foreign Affairs Review* 2/12, 127–147.

Jünemann, A./Schörnig, N. (2002). *Die Sicherheits- und Verteidigungspolitik der „Zivilmacht Europa". Ein Widerspruch in sich?,* HSFK Report 13, Frankfurt.

Jupille, J./Caporaso, J. A./Checkel, J. T. (2003). "Integrating institutions. Rationalism, constructivism, and the study of the European Union", in: *Comparative Political Studies* 36/1–2, 7–40.

Kagan, R. (2003). "Politicians with guts", in: *Washington Post,* 31.1.2003, A27.

Kagan, R. (2007). *End of dreams, return of history,* Hoover Institution; http://www.hoover.org/publications/policyreview/8552512.html [Download: 3.8.2007].

Kammel, A./Pfarr, D. (2010). „Der Vertrag von Lissabon und seine Auswirkungen auf GASP und ESVP", in: *Österreichische Militärische Zeitschrift* 1, 36–49.

Kennedy, P. (2003). „Taten statt Worte", in: *Süddeutsche Zeitung,* 23.6.2003, 11.

Keohane, D./Valasek, T. (2008). *Willing and able? EU defence in 2020,* Center for European Reform, London.

Kernic, F. (2006). "European security in transition. The European security architecture since the end of the second world war – an overview", in: G. Hauser/F. Kernic (eds.). *European security in transition,* Aldershot, 5–21.

Kernic, F. (2007). *Die Außenbeziehungen der Europäischen Union,* Wien.

Kingah, S. S. (2006). "The European Union's new Africa strategy. Grounds for cautious optimism", in: *European Foreign Affairs Review* 11/4, 527–553.

Kirste, K./Maull, H. W. (1996). „Zivilmacht und Rollentheorie", in: *Zeitschrift für Internationale Beziehungen* 3/2, 283–312.

Klein, N./Wessels, W. (2004). „Eine Stimme, zwei Hüte, viele Pioniere? Die Gemeinsame Außen- und Sicherheitspolitik nach dem EU-Konvent", in: *WeltTrends* 42, 11–26.

Knodt, M./Große Hüttmann, M. (2006). „Der Multi-Level Governance-Ansatz", in: H.-J. Bieling/M. Lerch (Hg.). *Theorien der europäischen Integration,* Wiesbaden, 2. Aufl., 223–247.

Knodt M./Heinelt, H. (Hg.) (2008). *Politikfelder im EU-Mehrebenensystem. Instrumente und Strategien europäischen Regierens,* Baden-Baden.

Knudsen, M. (2008). "The EU, the UN and effective multilateralism. The case of UN reform", in: *The Institute for European Studies;* http:/www.ies.be/ node/442 [Download: 7. 3. 2009].

Kohl, H./Chirac, J. (1997). „Gemeinsame Botschaft von Bundeskanzler Dr. Helmut Kohl und dem Präsidenten der Französischen Republik, Jacques Chirac, an den amtierenden Vorsitzenden des Europäischen Rates und Ministerpräsidenten von Irland, John Bruton", in: K. Schelter/W. Hoyer (Hg.). *Der Vertrag von Amsterdam. Materialien,* Starnberg, 109–120.

Kohl, H./Mitterand, F. (1990). *Gemeinsame Botschaft von Bundeskanzler Dr. Kohl und dem Präsidenten der Französischen Republik, François Mitterand, an den Präsidenten des Ministerrates der Italienischen Republik und amtierenden Präsidenten des Europäischen Rates, Ministerpräsident Giulio Andreotti (6. Dezember 1990);* http://www.ena.lu/ [Download: 22. 11. 2007].

Kommission der Europäischen Gemeinschaften, KOM(1995) 216 endgültig. *Mitteilung der Kommission über die Berücksichtigung der Wahrung der Grundsätze der Demokratie und der Achtung der Menschenrechte in den Abkommen zwischen der Gemeinschaft und Drittländern,* Brüssel, 23. 5. 1995.

Kommission der Europäischen Gemeinschaften, KOM(2000) 212 endgültig. *Mitteilung der Kommission an den Rat und das Europäische Parlament. Die Entwicklungspolitik der Europäischen Gemeinschaft,* Brüssel, 26. 4. 2000.

Kommission der Europäischen Gemeinschaften, KOM(2001) 252 endgültig. *Mitteilung der Kommission an den Rat und das Europäische Parlament. Die Rolle der Europäischen Union bei der Forderung der Menschenrechte und Demokratisierung in Drittländern,* Brüssel, 8.8.2001.

Kommission der Europäischen Gemeinschaften, KOM(2003) 526 endgültig. *Mitteilung der Kommission an den Rat und das Europäische Parlament. Die Europäische Union und die Vereinten Nationen – ein Plädoyer für den Multilateralismus,* Brüssel, 10.9.2003.

Kommission der Europäischen Gemeinschaften, KOM(2005) 196 endgültig. *Mitteilung der Kommission an den Rat, das Europäische Parlament und den Europäischen Wirtschafts- und Sozialausschuss. Eine stärkere Partnerschaft zwischen EU und USA und ein offenerer Markt für das 21. Jahrhundert,* Brüssel, 18.5.2005.

Kommission der Europäischen Gemeinschaften, KOM(2006) 278 endgültig. *Mitteilung der Kommission an den Europäischen Rat vom Juni 2006. Europa in der Welt – Praktische Vorschläge für mehr Kohärenz, Effizienz und Sichtbarkeit,* Brüssel, 8.6.2006.

Kommuniqué Den Haag (1969). „Kommuniqué der Konferenz der Staats- und Regierungschefs der EG-Mitgliedstaaten vom 2. Dezember 1969 in den Haag", in: *Auswärtiges Amt* 1992, 290–30.

Krasner, St. D. (1999). *Sovereignty. Organized hypocrisy,* Princeton/Chichester.

Krauß, St. (2000). *Parlamentarisierung der europäischen Außenpolitik. Das Europäische Parlament und die Vertragspolitik der Europäischen Union,* Opladen.

Krause, J. (2009). „Eine Welt mit weniger Atomwaffen", in: *Frankfurter Allgemeine Zeitung,* 3.4.2009, 9.

Krause, K. (2008). „Kritische Überlegungen zum Konzept der menschlichen Sicherheit", in: C. Ulbert/S. Werthes (Hg.) (2008). *Menschliche Sicherheit. Globale Herausforderungen und regionale Perspektiven,* Baden-Baden, 31–50.

Krauthammer, Ch. (1991). "The unipolar moment", in: *Foreign Affairs* 70/1, 23–33.

Krauthammer, Ch. (2002/2003). "The unipolar moment revisited", in: *The National Interest,* Winter, 5–17.

Kupchan, Ch. (2003). "The Atlantic alliance lies in the rubble", in: *Financial Times,* 10.4. 2003, 13.

Ladzik, J. (2006). *A European diplomatic service?,* European Policy Brief 20, The Federal Trust, London.

Layne, Ch. (2006). "The unipolar illusion revisited. The coming end of the United States' unipolar moment", in: *International Security* 31/2, 7–41.

Lennon, A. T. J. et al. (2009). *Democracy promotion in U.S. security strategy. From promotion to support, Center for Strategic and International Studies,* Washington D. C.

Leuprecht, Ch. (forthcoming). "Demographic strategy and strategic demography. The nature of new missions and their challenges for allied and their armed forces in the twenty-first century", in: Ch. Leuprecht/F. Kernic (eds.). *New missions – new challenges. The EU and Canada's new international-peacekeeping and crisis-management operations,* Montreal/Kingston.

Lieb, J./Maurer, A. (2007). *Europas Rolle in der Welt stärken. Optionen für ein kohärentes Außenhandeln der Europäischen Union,* SWP-Studie S 17, Berlin.

Lindberg, L. N./Scheingold, St. A. (1970). *Europe's would be polity. Patterns of change in the EC,* Englewood Cliff.

Lindley-French, J. (1998). "Time to bite the Eurobullet", in: *New Statesman,* 26.6.1998, 38–39.

Lindley-French, J. (2002). "In the shade of Locarno", in: *International Affairs* 78/4, 789–811.

Lindley-French, J. (2007). *A chronology of European security and defence 1945–2006,* Oxford.

Lippert, B. (2006). „Assoziierung plus gesamteuropäische Aufgabenkonföderation. Plädoyer für eine selbstbewusste Nachbarschaftspolitik", in: *Integration* 2, 149–157.

Lippert, B. (2008). *European Neighbourhood Policy. Many reservations, some progress, uncertain prospects,* Internationale Politikanalyse, Friedrich-Ebert-Stiftung (FES), Berlin/Bonn.

Londoner Bericht (1981). „Bericht der Außenminister der Zehn vom 13. Oktober 1981 in London über die Europäische Politische Zusammenarbeit", in: *Auswärtiges Amt* 1992, 65–72.

Lübkemeier, E. (2007). *Führung ist wie Liebe. Warum Mit-Führung in Europa notwendig ist und wer sie leisten kann,* SWP-Studie S 30, Berlin.

Lucarelli, S./Manners, I. (2007). *Values and principles in European Union foreign policy,* London.

Luif, P. (2008). *EU cohesion in the UN General Assembly: A quantitative analysis with special regard to the distance of the US from the EU consensus,* Paper prepared for the 49th Annual ISA Convention, San Francisco, CA, March 26–29, 2008; http://www.allacademic.com/meta/p254246_index.html [Download: 28.7.2009].

Luxemburger Bericht (1970). „Erster Bericht der Außenminister an die Staats- und Regierungschefs der EG-Mitgliedstaaten vom 27. Oktober 1970", in: *Auswärtiges Amt* 1992, 31–37.

Machiavelli, N. (1977). *Discorsi. Gedanken über Politik und Staatsführung.* Deutsche Gesamtausgabe übersetzt, eingeleitet und erläutert von Dr. Rudolf Zorn, Stuttgart, 2., verbesserte Aufl.

Manners, I. (2002). "Normative power Europe. A contradiction in terms?", in: *Journal of Common Market Studies* 40/2, 235–258.

Manners, I. (2006). "The European Union as a normative power. A response to Thomas Diez", in: *Millennium – Journal of International Studies* 35/1, 167–180.

Manners, I./Whitman, R. (2000). *The foreign policies of European Union member states,* Manchester.

March, J. G./Olsen, J. P. (1984). "The new institutionalism. Organizational factors in political life", in: *The American Science Review* 38/3, 734–749.

Marchetti, A. (2009). *Die Europäische Sicherheits- und Verteidigungspolitik. Politikformulierung im Beziehungsdreieck Deutschland-Frankreich-Großbritannien,* Baden-Baden.

Martin, M. (2009). *With friends like these, who needs enemies? Human security and the challenge of effective multilateralism,* Internationale Politikanalyse, Friedrich-Ebert-Stiftung (FES), Berlin.

Martinsen, P. M. (2004). "Forging a strategic culture. Putting policy into the ESDP", in: *Oxford Journal on Good Governance* 1/1, 61–66.

Masala, C. (2009). „No change at all. Die NATO-Politik der Obama-Administration", in: R. C. Meier-Walser (Hg.). *Die Außenpolitik der USA. Präsident Obamas neuer Kurs und die Zukunft der transatlantischen Beziehungen,* München, 186–196.

Maurer, A./Göler, D. (2004). *Die Konventsmethode in der Europäischen Union. Ausnahme oder Modell?,* SWP-Studie S44, Berlin.

Maurer, A./Kietz, D./Völkel, Ch. (2005). "Interinstitutional agreements in the CFSP. Parliamentarization through the back door?", in: *European Foreign Affairs Review* 10/2, 175–195.

Maurer, A./Lieb J. (2007). *Europas Rolle in der Welt stärken. Optionen für ein kohärentes Außenhandeln der Europäischen Union,* SWP Studie S15, Berlin.

Maurer, A./Reichel, S. (2004). *Der Europäische Auswärtige Dienst,* SWP-Aktuell 53, Berlin.

McFaul, M. (2009). "Engaging autocrats (and democrats) to facilitate democratic transitions", in: A. T. J. Lennon et al. *Democracy promotion in U.S. security strategy. From promotion to support,* Center for Strategic and International Studies, Washington D. C., 75–100.

McNamara, S. (2009). *The EU's Common Foreign and Security Policy. How it threat-*

ens transatlantic security, The Heritage Foundation, Backgrounder 2250, Washington D. C.

Meier-Walser, R. C. (2005). „Die Entwicklung der NATO 1990–2004", in: J. Varwick (Hg.). *Die Beziehungen zwischen NATO und EU. Partnerschaft, Konkurrenz, Rivalität?,* Opladen, 25–44.

Meier-Walser, R. C. (Hg.) (2009). *Die Außenpolitik der USA. Präsident Obamas neuer Kurs und die Zukunft der transatlantischen Beziehungen,* München.

Mentler, M. (1996). *Der Ausschuss der Ständigen Vertreter bei den Europäischen Gemeinschaften,* Baden-Baden.

Michelis, G. de (1990). „Die EG als Gravitationszentrum. Für ein Europa der vier Kreise", in: *Integration* 13/4, 143–149.

Missiroli, A. (2000). *CFSP, defence and flexibility,* Chaillot Paper 38.

Missiroli, A. (2001). "European security policy. The challenge of coherence", in: *European Foreign Affairs Review* 6/2, 177–196.

Missiroli, A. (2003). "EU enlargement and CFSP/ESDP", in: *Journal of European Integration* 25/1, 1–16.

Missiroli, A. (2007). "Introduction. A tale of two pillars and an arch", in: *European Policy Center* 2007, 9–27.

Monar, J. (1997a). "The finances of the Union's intergovernmental pillars. Tortuous experiments with the Community budget", in: *Journal of Common Market Studies* 1, 57–78.

Monar, J. (1997b). "The European Union's foreign affairs system after the Treaty of Amsterdam. A 'trengthened capacity for external action'?", in: *European Foreign Affairs Review* 2/3, 413–436.

Monar, J. (2000). "The case for a diplomatic academy of the European Union", in: *European Foreign Affairs Review* 5/3, 281–286.

Monar, J. (2004). "The EU as an international actor in the domain of justice and home affairs", in: *European Foreign Affairs Review* 9/3, 395–415.

Moravcsik, A. (1993). "Preferences and power in the EC. A liberal intergovernmentalist approach", in: *Journal of Common Market Studies* 31/4, 473–524.

Moravcsik, A. (2006). "What can we learn from the collapse of the European constitutional project?", in: *Politische Vierteljahresschrift* 47/2, 219–241.

Morisse-Schilbach, M. (2005). *Diplomatie und europäische Außenpolitik. Europäisierungseffekte im Kontext von Intergouvernementalismus am Beispiel von Frankreich und Großbritannien,* Baden-Baden.

Müller-Brandeck-Bocquet, G. (Hg.) (2002). *Europäische Außenpolitik. GASP- und ESVP-Konzeptionen ausgewählter EU-Mitgliedstaaten,* Baden-Baden.

Müller-Brandeck-Bocquet, G. (2006). *The Future of the European Foreign, Security and Defence Policy after enlargement*, Baden-Baden.

Müller-Brandeck-Bocquet, G. et al. (Hg.) (2007). *Die Afrikapolitik der Europäischen Union. Neue Ansätze und Perspektiven*, Opladen/Framington Hills.

Müller-Graff, P.-Ch. (1998). „Einheit und Kohärenz der Vertragsziele von EG und EU", in: *Europarecht* 33/2, 67–80.

Münch, L. (1997). *Die gemeinsame Aktion als Mittel der Gemeinsamen Außen- und Sicherheitspolitik*, Berlin.

Münkler, H. (2002). *Die neuen Kriege*, Reinbek bei Hamburg.

Münkler, H. (2005). *Imperien. Die Logik der Weltherrschaft vom Alten Rom bis zu den Vereinigten Staaten*, Berlin.

Mustonen, J. (2008). *Coordination and cooperation on tactical and operational levels. Studying EU-ESDP crisis management instruments in Bosnia and Herzegovina*, CMC Finland Civilian Crisis Management Studies 1/1.

Nathan, A. J. (1997). *China's transition*, New York.

National Intelligence Council (2008). *Global Trends 2025. A transformed world*, Washington D. C.

Naud, F. (1997). "L'embargo. Une valse à trois temps Nations Unies, Union Européenne et Ètats membres", in: *Revue du Marché commun de l'Union européenne* 404, 25–33.

Naumann, K. (2009). „Sicherheit ohne die USA? Die NATO in der Perzeption Europas", in: R. C. Meier-Walser (Hg.). *Die Außenpolitik der USA. Präsident Obamas neuer Kurs und die Zukunft der transatlantischen Beziehungen*, München, 197–209.

Neumann, I. B./Wæver, O. (eds.) (1997). *The future of international relations. Masters in the making?*, London/New York.

Neuneck, G. (2009). "Globalizing nuclear zero. Is a world without nuclear weapons really attainable?", in: *Internationale Politik und Gesellschaft* 4, 46–64.

Neyer, J. (2007). „Welche Integrationstheorie braucht Europa?", in: *Integration* 30/ 4, 383–393.

Nuscheler, F. (2001). *Multilateralism vs. Unilateralism, cooperation vs. Hegemony in transatlantic relations*, Stiftung Entwicklung und Frieden, Policy Paper 16, Bonn.

Nuttall, S. (1992). *European Political Co-operation*, Oxford.

Nuttall, S. (1997). "Two decades of EPC performance", in: E. Regelsberger/ Ph. de Schoutheete de Tervarent/W. Wessels (eds.). *Foreign policy of the European Union. From EPC to CFSP and beyond*, Boulder/London, 19–39.

Nuttall, S. (2000). *European Foreign Policy,* Oxford.

Nye, J. S. Jr. (1990). *Bound to lead. The changing nature of American power,* New York.

Nye, J. S. Jr. (2004). *Soft power. The means to success in world politics,* New York.

Nye, J. S. Jr. (2008). *The powers to lead,* Oxford.

Ondarza, N. von (2008). *Die EU-Sicherheits- und Verteidigungspolitik im Schatten der Ungewissheit. Bestandsaufnahme und Optionen nach dem irischen Nein zum Lissaboner Vertrag,* SWP-Studie S 27, Berlin.

Oppermann, Th. (1993). „Pro und contra Unionsvertrag in der rechtswissenschaftlichen Debatte", in: R. Hrbek (Hg.). *Der Vertrag von Maastricht in der wissenschaftlichen Kontroverse,* Baden-Baden, 103–119.

Ortega, M. (ed.) (2005). *The European Union and the United Nations. Partners in effective multilateralism,* Chaillot Paper 78.

Patten, Ch. (2000). „Mitteilung von Kommissar Chris Patten an die Europäische Kommission, External relations. Demands, constraints, priorities", in: *Agence Europe, Europe Dokumente* 2193, 10. 6. 2000, 3.

Paul, J. (2008). *EU foreign policy after Lisbon: Will the new High Representative and the External Action Service make a difference?,* CAP Policy Analysis 2.

Pechstein, M. (1995). „Das Kohärenzgebot als entscheidende Integrationsdimension der Europäischen Union", in: *Europarecht* 30/3, 247–58.

Pernice, I./Thym, D. (2002). "A New Institutional Balance for European Foreign Policy?", in: *European Foreign Affairs Review* 7/4, 369–400.

Peters, G. (1996). "Agenda-setting in the European Union", in: J. J. Richardson (ed.). *European Union. Power and policy-making,* London/New York, 61–75.

Peterson, J./Sjursen, H. (eds.) (1998). *A common foreign policy for Europe? Competing visions of the CFSP,* London/New York.

Pierson, P. (1998). "The path to European integration. A historical-institutionalist analysis", in: W. Sandholtz/A. Stone Sweet (eds.) (1998). *European integration and supranational governance,* Oxford.

Pijpers, A./Regelsberger, E./Wessels, W. (1989). „Eine gemeinsame Außenpolitik für Westeuropa?", in: A. Pijpers/E. Regelsberger/W Wessels (Hg.). *Die Europäische Politische Zusammenarbeit in den achtziger Jahren. Eine gemeinsame Außenpolitik für Westeuropa?,* Bonn, 317–332.

Pijpers, A./Regelsberger, E./Wessels, W. (Hg.) (1989). *Die Europäische Politische Zusammenarbeit in den achtziger Jahren. Eine gemeinsame Außenpolitik für Westeuropa?,* Bonn.

Pinder, J. (1986). "European community and nation state. A case for a neofederalism?", in: *International Affairs* 62/1, 41–54.

Pollack, M. A. (2004). "The New Institutionalism and European integration", in: A. Wiener/Th. Diez (eds.). *European Integration Theory,* Oxford, 137–156.

Pollack, M. A. (2005). "Theorizing the European Union. International organization, domestic polity, or experiment in new governance?", in: *Annual Review of Political Science* 8, 357–398.

Posen, B. (2004). "The European Security Strategy. Practical Implications", in: *Oxford Journal on Good Governance* 1/1, 33–38.

Quille, G. (2008). *The Lisbon Treaty and its implications for CFSP/ESDP,* European Parliament, Directorate-General for External Policies of the Union, Directorate B, Policy Department, Brussels, February 2008.

Rat Allgemeine Angelegenheiten und Außenbeziehungen (2003), 9379/03: 2509. *Tagung des Rates Außenbeziehungen,* Brüssel, 9./10. 5. 2003.

Rat der Europäischen Union (2000), 13222/1/00 REV 1. *Ständige militärische Strukturen. Militärausschuss (EUMC),* Brüssel, 28. 11. 2000.

Rat der Europäischen Union (2000), 14038/00. *Ständige militärische Strukturen. Militärstab (EUMS),* Brüssel, 29. 11. 2000.

Rat der Europäischen Union (2003a), 11638/03. Europäischer Rat, Thessaloniki, 19./20. Juni 2003. *Schlussfolgerungen des Vorsitzes,* Brüssel, 1. 10. 2003.

Rat der Europäischen Union (2003b), 5381/04. Europäischer Rat, Brüssel, 12./13. Dezember 2003. *Schlussfolgerungen des Vorsitzes,* Brüssel, 5. 2. 2004.

Rat der Europäischen Union (2005), 15114/05. *Leitlinien zur Umsetzung und Bewertung restriktiver Maßnahmen (Sanktionen) im Rahmen der Gemeinsamen Außen- und Sicherheitspolitik der EU,* Brüssel, 2. 12. 2005.

Rat der Europäischen Union (2005), 16238/1/04 REV 1. Europäischer Rat, Brüssel, 16./17. Dezember 2004. *Schlussfolgerungen des Vorsitzes,* Brüssel, 1. 2. 2005.

Rat der Europäischen Union (2007), 10659/07. *Bericht des Vorsitzes an den Europäischen Rat. Fortführung der Vertragsreform,* Brüssel, 14. 6. 2007.

Rat der Europäischen Union (2007), 14823/07. *Neues Ziviles Planziel 2010 (CHG 2010),* Brüssel, 9. 11. 2007.

Rat der Europäischen Union (2007), 16616/1/07REV 1. Europäischer Rat, Brüssel, 14. Dezember 2007. *Schlussfolgerungen des Vorsitzes,* Brüssel, 14. 12. 2007.

Rat der Europäischen Union (2008), 15255/08. *Ziviles Planziel 2010. Erklärung,* Brüssel, 6. 11. 2008.

Rat der Europäischen Union (2008), 17204/08. *Bericht über die Umsetzung der Europäischen Sicherheitsstrategie „Sicherheit schaffen in einer Welt im Wandel",* Brüssel 10. 12. 2008.

Rat der Europäischen Union (2008), 17271/08. Europäischer Rat, Brüssel, 11./12. Dezember 2008. *Schlussfolgerungen des Vorsitzes,* Brüssel, 12.12. 2008.

Rat der Europäischen Union (2008), 17271/08 REV 1. Europäischer Rat, Brüssel, 11./12. Dezember 2008. *Schlussfolgerungen des Vorsitzes,* Brüssel, 12.12.2008.

Rat der Europäischen Union (2009), 10748/09. *ESVP-Bericht des Vorsitzes,* Brüssel, 15.6.2009.

Rat der Europäischen Union/Generalsekretariat (2009). *Jahresbericht des Rates an das Europäische Parlament über die Hauptaspekte und grundlegenden Optionen der GASP 2008,* Brüssel.

Regelsberger, E. (1988). "EPC in the 1980s. Reaching another plateau?", in: A. Pijpers/E. Regelsberger/W. Wessels (eds.). *European Political Cooperation in the 1980s,* Dordrecht, 3–48.

Regelsberger, E. (1989). „Die EPZ in den achtziger Jahren. Ein qualitativer Sprung?", in: A. Pijpers/E. Regelsberger/W. Wessels (Hg.). *Die Europäische Politische Zusammenarbeit in den achtziger Jahren. Eine gemeinsame Außenpolitik für Westeuropa?,* Bonn, 21–63.

Regelsberger, E. (1993). „EPZ und GASP. Attraktiver Verbund mit Schlupflöchern", in: E. Regelsberger (Hg.). *Die Gemeinsame Außen- und Sicherheitspolitik der Europäischen Union. Profilsuche mit Hindernissen,* Bonn, 179–192.

Regelsberger, E. (Hg.) (1993). *Die Gemeinsame Außen- und Sicherheitspolitik der Europäischen Union. Profilsuche mit Hindernissen,* Bonn.

Regelsberger, E. (2001). „Die Gemeinsame Außen- und Sicherheitspolitik nach Nizza. Begrenzter Reformeifer und außervertragliche Dynamik", in: M. Jopp/B. Lippert/H. Schneider (Hg.). *Das Vertragswerk von Nizza und die Zukunft der Europäischen Union,* Berlin, 112–122.

Regelsberger, E. (2004). *Die Gemeinsame Außen- und Sicherheitspolitik (GASP). Konstitutionelle Angebote um Praxistest 1993–2003,* Baden-Baden.

Regelsberger, E./Kugelmann, D. (2003). „Art. 11-28 EUV", in: R. Streinz (Hg.). *EUV/EGV. Vertrag über die Europäische Union und Vertrag zur Gründung der Europäischen Gemeinschaft,* Becksche Kurzkommentare 57, München, 58–112.

Regelsberger, E./Schoutheete de Tervarent, Ph. de/Wessels, W. (eds.) (1997). *Foreign policy of the European Union. From EPC to CFSP and beyond,* Boulder/London.

Regelsberger, E./Wessels, W. (1996). "The CFSP institutions and Procedure A third Way for the second pillar", in: *European Foreign Affairs Review* 1/1, 29–54.

Reinhard, W. (1999). *Geschichte der Staatsgewalt, Eine vergleichende Verfassungs-geschichte Europas von den Anfängen bis zur Gegenwart,* München.

Rijks, D./Whitman, R. (2007). "European diplomatic representation in third countries. Trends and options", in: *European Policy Center* 2007, 35–47.

Risse, Th. (2004). "Social constructivism and European integration", in: A. Wiener/Diez, Th. (eds.). *European Integration Theory,* Oxford, 159–176.

Rorty, R. (2003). „Demütigung oder Solidarität", in: *Süddeutsche Zeitung,* 31.5.2003, 13.

Rühle, M. (2003). „Transatlantische Prosa", in: *Frankfurter Allgemeine Sonntagszeitung,* 9.2.2003, 13.

Rummel, R. (1982). *Zusammengesetze Außenpolitik. Westeuropa als internationaler Akteur,* Kehl am Rhein/Straßburg.

Rummel, R. (ed.) (1990). *The evolution of an international actor. Western Europe's new assertiveness,* Boulder.

Rummel, R. (1992). "Regional integration in the global test", in: R. Rummel (ed.). *Toward Political Union. Planning a Common Foreign and Security Policy in the European Community,* Boulder, 11–32.

Rummel, R. (1997). *The foreign policy of the EU. Moving from procedure to substance,* SWP-IP 2998, Ebenhausen.

Rummel, R./Wessels, W. (Hg.) (1978). *Die Europäische Politische Zusammenarbeit. Leistungsvermögen und Struktur der EPZ,* Bonn.

Sabá, K. (1996). "Spain. Evolving foreign policy structures from EPC challenge to CFSP management", in: F. Algieri/E. Regelsberger (eds.). *Synergy at work. Spain and Portugal in European foreign policy,* Bonn, 181–205.

Sarkozy, N. (2007). *Rede von Staatspräsident Nicolas Sarkozy,* Paris, 27. August 2007; http://pmv4.premier-ministre.gouv.fr/pm_article.php3?id_article =57117 [Download: 5.9.2007].

Scharpf, F. (2000). *Interaktionsformen. Akteurszentrierter Institutionalismus in der Politikforschung,* Opladen.

Scharping, R. (1999). „Europas Stimme in der Allianz", in: *Die Zeit,* 18.2. 1999, 8–9.

Schildt, J. (1997). *Durchbruch in der deutsch-französischen Sicherheitskooperation? Das gemeinsame Sicherheits- und Verteidigungskonzept,* Aktuelle Frankreichanalysen 6, Deutsch-Französisches Institut, Ludwigsburg.

Schimmelfennig, F. (2004). "Liberal Intergovernmentalism", in: A. Wiener/ Th. Diez (eds.). *European Integration Theory,* Oxford, 75–94.

Schmidt, S. (2008). Die Europäische Union und Afrika, in: W. Weidenfeld (Hg.). *Die Europäische Union. Politisches System und Politikbereiche,* Bonn, 527–548.

Schmitter, Ph. C. (2004). Neo-Functionalism, in: A. Wiener/Th. Diez (eds.). *European Integration Theory,* Oxford, 45–74.

Schneider, H. (1992). „Europäische Integration. Die Leitbilder und die Politik", in: *Politische Vierteljahresschrift,* Sonderheft 23: Die Integration Europas, Opladen, 3–35.

Schneider, H. (2008). „Weiter so oder ganz anders? Die Europapolitik nach dem irischen ‚Nein' ", in: *Integration* 31/3, 319–325.

Schoutheete de Tervarent, Ph. de (1992). "The Treaty of Maastricht and its significance for third countries", in: *Österreichische Zeitschrift für Politikwissenschaft* 3, 247–260.

Schoutheete de Tervarent, Ph. de (1997). "The creation of the Common Foreign and Security Policy", in: E. Regelsberger/Ph. de Schoutheete de Tervarent/W. Wessels (eds.). *Foreign policy of the European Union. From EPC to CFSP and beyond,* Boulder/London, 41–63.

Schubert, G. (1997). „China und die Menschenrechte. Zu den Möglichkeiten und Grenzen eines kritischen Dialogs", in: *Auslandsinformationen* 4, Konrad Adenauer Stiftung, Sankt Augustin, 50–63.

Schubert, K. (2000). „Auf dem Wege zu neuen Formen der Staatlichkeit und zu einer neuen Qualität von Außenpolitik?", in: K. Schubert/G. Müller-Brandeck-Bocquet (Hg.). *Die Europäische Union als Akteur der Weltpolitik,* Opladen, 9–27.

Schwarzer, D. (2006). *Deutschland und Frankreich, Duo ohne Führungswillen. Das bilaterale Verhältnis in der erweiterten Europäischen Union,* SWP-Studie S15, Berlin.

Schwellnus, G. (2006). „Sozialkonstruktivismus", in: H.-J. Bieling/M. Lerch (Hg.). *Theorien der europäischen Integration,* Wiesbaden, 2. Aufl., 321–345.

Smith, K. E. (1998). "The use of political conditionality in the EU's relations with third countries. How effective?", in: *European Foreign Affairs Review* 3/2, 253–274.

Smith, K. E. (2004). *The making of EU foreign policy. The case of eastern Europe,* Basingstoke.

Smith, M. (1994). "The European Union, foreign policy and the changing world arena", in: *Journal of European Public Policy* 1/2, 283–302.

Smith, M. (1998). "Does the flag follow trade? 'Politicastion' and the emergence of a European foreign policy", in: J. Peterson/H. Sjursen (eds.). *A common foreign policy for Europe? Competing visions of the CFSP,* London/New York, 77–94.

Smith, M. E. (2004). *Europe's foreign and security policy. The institutionalization of cooperation,* Cambridge.

Smith, M. (2007). "The European Union and international order. European and global dimensions", in: *European Foreign Affairs Review* 12/4, 437–456.

Smith, M. E./Webber M. (2008). "Political dialogue and security in the European Neighbourhood. The virtues and limits of 'new partnership perspectives'", in: *European Foreign Affairs Review* 13/1, 73–95.

Snyder, J. L. (1977). *The Soviet strategic culture. Implications for limited nuclear operations,* Santa Monica, Rand.

Solana, J. (2000). *The development of a CFSP and the role of the High Representative,* Rede Javier Solanas vor dem Danish Institute of International Affairs, 11. 2. 2000; http://ue.eu.int/Newsroom/LoadDoc...BID=105&DID =60508&GRP=2284&LANG=1 [Download: 15. 2. 2000].

Solana, J. (2001). *La PESC dans une Union élargie,* Rede des Hohen Vertreters für die GASP, Javier Solana; Institut français des relations internationales, Paris, 1. 3. 2001.

Solana, J. (2003). *The future of transatlantic relations. Reinvention or reform?;* http://ue.eu.int/pressdata/EN/articles/76621.pdf [Download: 3. 9. 2003].

Solana, J. (2004). "Thoughts on the reception of the European Security Strategy", in: *Oxford Journal on Good Governance* 1/1, 17–19.

Solana, J. (2007), S278/07. *Audition devant la Commission sur le livre blanc sur la défense et la sécurité nationale,* Palais du Luxembourg, Paris, 4. 12. 2007.

Stadler, K.-D. (1993). „Die EG/EPZ in der UN-Generalversammlung. Meinungsführerschaft im Werden", in: E. Regelsberger (Hg.). *Die Gemeinsame Außen- und Sicherheitspolitik der Europäischen Union. Profilsuche mit Hindernissen,* Bonn, 107–125.

Streinz, R. (Hg.) (2003). *EUV/EGV. Vertrag über die Europäische Union und Vertrag zur Gründung der Europäischen Gemeinschaft,* Becksche Kurzkommentare 57, München.

Streinz, R./Ohler, Ch./Herrmann, Ch. (2008). *Der Vertrag von Lissabon zur Reform der EU. Einführung mit Synopse,* München, 2., aktualisierte u. erweiterte Aufl.

Study Group on Europe's Security Capabilities (2004). *A human security doctrine for Europe. The Barcelona Report of the Study Group on Europe's security capabilities,* Barcelona.

Sucharipa, E. (1999). „Die Vereinten Nationen heute. Überblick, Reformen und Zukunftsperspektiven", in: F. Cede/L. Sucharipa-Behrmann (Hg.). *Die Vereinten Nationen. Recht und Praxis,* Wien/München, 289–307.

Swieboda, P. (2009). *Europe's fight for global relevance;* http://www.demos europa.eu/ [Download: 2.9.2009].

Tallberg, J. (2004). "The power of the presidency. Brokerage, efficiency and distribution in EU negotiations", in: *Journal of Common Market Studies* 42/5, 999–1022.

Taylor R./Pedersen, M. (2005). *An independent report for the European Commission. Supporting Burma/Myanmar's national reconciliation process. Challenges and opportunities,* Brussels.

Telò, M. (2007). *European Union and New Regionalism: Regional Actors and Global Governance in a Post-hegemonic Era,* Aldershot.

Tetzlaff, R. (1994). „Einführung", in: G. Schubert/R. Tetzlaff/W. Vennewald (Hg.). *Demokratisierung und politischer Wandel. Theorie und Anwendung des Konzepts der strategischen und konfliktfähigen Gruppen,* Hamburg, 1–56.

The German Marshall Fund of the United States (2003). *GMF Transatlantic trends 2003 Partners;* http://www.transatlantictrends.org/trends/archive. html [Download: 28.9.2009].

The German Marshall Fund of the United States (2009). *GMF Transatlantic trends 2009 Partners;* http://www.transatlantictrends.org/trends/archive. html [Download: 28.9.2009].

The New Trasnatlantic Agenda (1995); http://ec.europa.eu/external_relations /us/docs/new_transatlantic_agenda_en.pdf [Download: 2.2.2002].

Thym, D. (2006a). "Beyond Parliaments's reach? The role of the European Parliament in the CFSP", in: *European Foreign Affairs Review* 11/1, 109–127.

Thym, D. (2006b). „Supranationale Ungleichzeitigkeit im Recht der europäischen Integration", in: *Europarecht* 5, 637–655.

Tietje, Ch. (1997). "The concept of coherence in the Treaty on European Union and the Common Foreign and Security Policy", in: *European Foreign Affairs Review* 2/2, 211–233.

Tocci, N. (2008). "The European Union as a normative foreign policy actor", in: N. Tocci (ed.). *Who is a normative foreign policy actor. The European Union and its global partners, Centre for European Policy Studies,* Brussels, 24–75.

Todd, E. (2003). *Weltmacht USA. Ein Nachruf,* München/Zürich.

Toje, A. (2005). "The 2003 European Union Security Strategy. A critical appraisal", in: *European Foreign Affairs Review* 10/1, 117–133.

Transatlantic Declaration on EC-US Cooperation (1990); http://ec.europa.
eu/external_relations/us/docs/trans_declaration_90_en.pdf
[Download: 2. 2. 2002].

Ulbert, C./Werthes, S. (Hg.) (2008). *Menschliche Sicherheit. Globale Herausforderungen und regionale Perspektiven,* Baden-Baden.

United Nations Development Programme (UNDP) (1994). *Human Development Report 1994,* New York/Oxford.

United Nations System in Brussels (2007). *Improving Lives. Results from the partnership of the United Nations and the European Commission in 2006,* Brussels.

Vasconcelos, A. de (ed.) (2009a). *The European Security Strategy 2003–2008.
Building on common interests,* ISS Report 5, Paris.

Vasconcelos, A. de (ed.) (2009b). *What ambitions for European defence in 2020?,*
Institute for Security Studies, Paris.

Vasconcelos, A. de (ed.) (2009c). "Introduction. 2020 defence beyond the
transatlantic paradigm", in: A. de Vasconcelos (ed.). *What ambitions for
European defence in 2020?,* Institute for Security Studies, Paris, 11–22.

Vedder, Ch. (2007). „Die Außenbeziehungen der EU und die Mitgliedstaaten.
Kompetenzen, gemischte Abkommen, völkerrechtliche Verantwortlich-
keit und Wirkungen des Völkerrechts", in: *Europarecht Beiheft* 3, 57–90.

Verbeke, J. (2006). "EU coordination on UN Security Council matters", in:
J. Wouters/F. Hoffmeister/T. Ruys (eds.). *The United Nations and the European Union. An ever closer partnership,* The Hague, 49–60.

Vreese, C. H. de/Kandyla, A. (2009). "News framing and public support for a
Common Foreign and Security Policy", in: *Journal of Common Market Studies*
47/3, 453–481.

Wæver, O. (1996). "European security identities", in: *Journal of Common Market
Studies* 34/1, 103–132.

Wallace, W. (2000). "Collective governance. The EU political process", in:
H. Wallace/W. Wallace (eds.). *Policy-making in the European Union,* Oxford,
4th edition, 523–542.

Wallace, W. (2003). *Looking after the neighbourhood. Responsibilities for the EU-25,*
Notre Europe Policy Papers 4.

Wallerstein, I. (2002). "The eagle has crash landed", in: *Foreign Policy,* July/
August, 60–68.

Waltz, K. N. (1979). *Theory of international politics,* New York et al.

Ward, A. (1998). "Frameworks for cooperation between the European Union
and third states. A viable matrix for uniform human rights standards?",
in: *European Foreign Affairs Review* 3/4, 505–536.

Warleigh, A. (2006). "Learning from Europe? EU studies and the re-thinking of 'international relations'", in: *European Journal of International Relations* 12/1, 31–51.

Weber, St. (1997). "Institutions and change", in: M. W. Doyle/G. J. Ikenberry (eds.). *New thinking in international relations theory,* Boulder/Oxford, 229–265.

Weidenfeld, W. (Hg.) (2008). *Die Europäische Union. Politisches System und Politikbereiche,* Bonn.

Weiler, J. H. H. (1993). "After Maastricht. Community legitimacy in post-1992 Europe", in: W. J. Adams (ed.). *Singular Europe. Economy and polity of the European Community after 1992,* Ann Arbor, 11–41.

Werthes, S. (2008). „Menschliche Sicherheit ein zukunftsfähiges Konzept?", in: C. Ulbert/S- Werthes (Hg.). *Menschliche Sicherheit. Globale Herausforderungen und regionale Perspektiven,* Baden-Baden, 191–203.

Wesels, R. A. (1999). *The European Union's foreign and security policy. A legal institutional perspective,* Den Haag/Boston/London.

Wessels, W. (1992). „Staat und westeuropäische Integration. Die Fusionsthese", in: M. Kreile (Hg.): *Die Integration Europas,* PVS-Sonderheft 23, Opladen, 36–61.

Wessels, W. (1993). "Deepening versus widening? Debate about the shape of EC-Europe in the Nineties", in: W. Wessels/Ch. Engel (eds.). *The European Union in the 1990s. Ever closer and larger?,* Bonn, 17–56.

Wessels, W. (1997). "An ever closer fusion? A dynamic macropolitical view on integration processes", in: *Journal of Common Market Studies* 35/2, 267–299.

Wessels, W. (2001). „Die Vertragsreform von Nizza. Zur institutionellen Erweiterungsreife", in: M. Jopp/B. Lippert/H. Schneider (Hg.). *Das Vertragswerk von Nizza und die Zukunft der Europäischen Union,* Berlin, 32–49.

Wessels, W. (2006). „Theoretischer Pluralismus und Integrationsdynamik. Herausforderungen für den ‚acquis académique'", in: H.-J. Bieling/M. Lerch (Hg.). *Theorien der europäischen Integration,* Wiesbaden, 2. Aufl., 427–457.

Wessels, W. (2008). *Das politische System der Europäischen Union,* Wiesbaden.

Wessels, W./Bopp, F. (2008). *The institutional architecture of CFSP after the Lisbon Treaty. Constitutional breakthrough or challenges ahead?,* Challenge Research Paper 10.

Whitman, R. (1998). *From civilian power to superpower? The international identity of the European Union,* London.

Whitman, R. (2006). "Road map for a route march? (De-)civilianizing through the EU's security strategy", in: *European Foreign Affairs Review* 11/1, 1–15.

Whitman R./Juncos, A. (2009). "The Lisbon Treaty and the foreign, security and defence policy. Reforms, implementation and the consequences of (non)-ratification", in: *European Foreign Affairs Review* 14/1, 25–46.

Wiener, A./Diez, Th. (eds.) (2004). *European Integration Theory,* Oxford.

Winkelmann, I. (2005). „Effektiver Multilateralismus", in: K. Dicke/M. Föhlich (Hg.). *Wege multilateraler Diplomatie. Politik, Handlungsmöglichkeiten und Entscheidungsstrukturen im UN-System,* Baden-Baden, 93–112.

Witney, N. (2008). *Re-energising Europ's security and defence policy,* European Council on Foreign Relations, London.

Wolf, D. (2006). „Neo-Funktionalismus", in: H.-J. Bieling/M. Lerch (Hg.). *Theorien der europäischen Integration,* Wiesbaden, 2. Aufl., 65–90.

Wood, P. Ch. (1993). "European Political Cooperation. Lessons from the Gulf War and Yugoslavia", in: A. W. Cafruny/G. G. Rosenthal (eds.). *The state of the European Community. The Maastricht debates and beyond,* 227–243.

Wood, St. (2009). "The European Union. A normative or a normal power?", in: *European Foreign Affairs Review* 14/1, 113–128.

Wood, St./Quaisser, W. (2008). *The new European Union. Confronting the challenges of integration,* Boulder.

Wouters, J. (2007). *The United Nations and the European Union. Partners in Multilateralism,* EU Diplomacy Papers 4, Bruges.

Wouters, J./Hoffmeister, F./Ruys, T. (eds.) (2006). *The United Nations and the European Union. An ever closer partnership,* The Hague.

Zielonka, J. (1998). *Paradoxes of European Foreign Policy,* The Hague.

Zürn, M. (2006). „Zur Politisierung der Europäischen Union", in: *Politische Vierteljahresschrift* 47/2, 242–251.

11 Tabellen und Übersichten

12 Abkürzungen

AEUV	Vertrag über die Arbeitsweise der Europäischen Union
AFET	Affaires étrangères
ASEAN	Association of Southeast Asian Nations
AStV	Ausschuss der Ständigen Vertreter
AU	Afrikanische Union
BRIC	Brasilien, Russland, Indien, China
CFSP	Common Foreign and Security Policy
CIMIC	Civil-Military Co-operation
CIVCOM	Committee for Civilian Aspects of Crisis Management
CivMilCell	Civil-Millitary Cell
CMCO	Civil-Military Co-Ordination
CMPD	Crisis Management and Planning Directorate
CONUN	Council Working Group for the United Nations
COPS	Comité Politique et de Sécurité
COREPER	Comité des Représentants Permanents
COREU	Correspondance Européenne
CPCC	Civilian Planning and Conduct Capability
EAD	Europäischer Auswärtiger Dienst
EDA	European Defence Agency
EEA	Einheitliche Europäische Akte
EG	Europäische Gemeinschaften
EGKS	Europäische Gemeinschaft für Kohle und Stahl
EGV	EG-Vertrag
EGV-A	EG-Vertrag in der Fassung Amsterdam
EGV-M	EG-Vertrag in der Fassung Maastricht
EGV-N	EG-Vertrag in der Fassung Nizza
EIDHR	European Instrument for Democracy and Human Rights
ENP	Europäische Nachbarschaftspolitik
EPG	Europäische Politische Gemeinschaft

EPZ	Europäische Politische Zusammenarbeit
ESDP	European Security and Defence Policy
ESS	Europäische Sicherheitsstrategie
ESVP	Europäische Sicherheits- und Verteidigungspolitik
EU	Europäische Union
EuGH	Europäischer Gerichtshof
EUMC	EU Military Committee
EUMS	EU Military Staff
EUSC	European Union Satellite Center
EUV	EU-Vertrag
EUV-A	EU-Vertrag in der Fassung Amsterdam
EUV-L	EU-Vertrag in der Fassung Lissabon
EUV-M	EU-Vertrag in der Fassung Maastricht
EUV-N	EU-Vertrag in der Fassung Nizza
EVG	Europäische Verteidigungsgemeinschaft
EWG	Europäische Wirtschaftsgemeinschaft
FAO	Food and Agriculture Organization
GASP	Gemeinsame Außen- und Sicherheitspolitik
GSVP	Gemeinsame Sicherheits- und Verteidigungspolitik
IAEO	International Atomic Energy Agency
IT	Informationstechnik
KSZE	Konferenz für Sicherheit und Zusammenarbeit in Europa
MERCOSUR	Mercado Común del Sur
NATO	North Atlantic Treaty Organization
OHQ	Operational Headquarter
OpsCen	Operations Centre
OSZE	Organisation für Sicherheit und Zusammenarbeit in Europa
PSK	Politisches und Sicherheitspolitisches Komitee
SEDE	Sécurité et Défense
SitCen	Situation Center
UNDP	United Nations Development Programme
USA	United States of America
VN	Vereinte Nationen
VR	Volksrepublik
WEU	Westeuropäische Union
WMD	Weapons of Mass Destruction
WTO	World Trade Organization

13 Glossar

Battle Groups: Bei den Battle Groups handelt es sich um schnell verlegbare militärische Einsatzgruppen. Diese 1500 Personen umfassenden multinationalen Einheiten sollen für die schnelle Krisenreaktion einsetzbar sein und bis zu 30 Tagen im Einsatz bleiben können.

Berlin-Plus-Vereinbarungen: Die EU und die NATO einigten sich im März 2003 auf die Berlin-Plus-Vereinbarungen. Diese regeln unter anderem die Beziehungen zwischen der EU und der NATO und Verfahren für Krisenoperationen, bei denen die EU Zugang zu den NATO-Planungs- und Kommandostrukturen erhalten sowie auf deren Kapazitäten und Fähigkeiten zurückgreifen kann.

Brief der Acht: Im Zusammenhang der europäisch-amerikanischen Divergenzen hinsichtlich des Irak-Krieges 2003 hatten einige EU-Mitgliedstaaten sowie einige der osteuropäischen EU-Beitrittsstaaten in einem gemeinsamen Brief ihre Unterstützung der transatlantischen Beziehungen zum Ausdruck gebracht.

COREU: Das elektronische Informationssystem COREU (frz. Correspondance Européenne) ermöglicht einen raschen Informationsaustausch zwischen den Außenministerien der EU-Mitgliedstaaten und der supranationalen Ebene. Insbesondere in außenpolitischen Krisensituationen verhilft es den beteiligten Akteuren auf nationaler und europäischer Ebene zu einem raschen Kommunikations- und Abstimmungsprozess.

Einheitliche Europäische Akte (EEA): Die Einheitliche Europäische Akte war am 28. Februar 1986 von den Mitgliedstaaten der EG unterzeichnet worden und trat am 1. Juli 1987 in Kraft. In Titel III der EEA wurde die Europäische Politische Zusammenarbeit (EPZ) erstmals vertraglich fixiert. Die Mitgliedstaaten verpflichteten sich auf entsprechende Konsultationen und Abstimmungen zu außenpolitischen Fragen. Des Weiteren wurden die Rolle der Akteure und die Verfahren zwischen ihnen weiter präzisiert und ausgebaut.

EU Operations Center: Seit 2007 verfügt die EU durch das EU Operations Center im Militärstab der EU (EUMS) über eine eigene Kommandomöglichkeit für kleinere Operationen. Dieses kann die EU nutzen, wenn eine Operation nicht über eines der fünf nationalen Operation Headquarter (OHQ – Deutschland, Frankreich, Großbritannien, Griechenland, Italien) oder durch Rückgriff auf die NATO koordiniert wird.

Europäischer Rat: Der Europäische Rat setzt sich aus den Staats- und Regierungschefs der EU-Mitgliedstaaten, dem Präsidenten des Europäischen Rates und dem Präsidenten der Kommission zusammen. Tagungen des Europäischen Rates sind nicht öffentlich und finden, auf Einberufung seines Präsidenten, zweimal pro Halbjahr statt. Gegebenenfalls können außerordentliche Tagungen einberufen werden. Der Europäische Rat ist der Impulsgeber für die Entwicklung der EU, er legt die notwendigen allgemeinen politischen Zielvorstellungen und Prioritäten fest.

Europäische Verteidigungsagentur (European Defence Agency – EDA): Die Europäische Verteidigungsagentur wurde 2004 eingerichtet. Sie unterstützt die Mitgliedstaaten der EU und den Rat bei der Verbesserung der europäischen Verteidigungsfähigkeiten und im Bereich des Krisenmanagements. Grundsätzlich soll sie zur Aufrechterhaltung und Stärkung der Gemeinsamen Sicherheits- und Verteidigungspolitik beitragen.

Europäische Verteidigungsgemeinschaft (EVG): Das Vorhaben einer Europäischen Verteidigungsgemeinschaft sah die Schaffung einer europäischen Armee vor (Pleven-Plan). Dieses Vorhaben Belgiens, Deutschlands, Frankreichs, Italiens, Luxemburgs und der Niederlande scheiterte 1954 am Widerstand der französischen Nationalversammlung.

Fouchet-Pläne: Auf französische Initiative hin befassten sich die sechs EWG-Mitgliedstaaten mit der Ausarbeitung möglicher Formen der diplomatischen und politischen Zusammenarbeit. Entsprechende Vorschläge wurden im Oktober 1961 (Fouchet I) und im Januar 1962 (Fouchet II) präsentiert, die jedoch aufgrund der unterschiedlichen Auffassungen der beteiligten Staaten nicht weiter verfolgt wurden.

Gymnich-Treffen: Als Gymnich-Treffen werden informelle Treffen der Außenminister der EU-Mitgliedstaaten bezeichnet. Das erste Treffen fand auf Schloss Gymnich, dem früheren Gästehaus der deutschen Bundesregierung, statt.

Headline Goal: Der Begriff Headline Goal wird im Kontext sowohl militärischer wie auch ziviler Planung genutzt. In entsprechenden Planzielen sind Maßnahmen zur Verbesserung der jeweiligen militärischen und zivilen Fähigkeiten der EU-Mitgliedstaaten festgelegt worden.

Hoher Vertreter für die GASP/Hohe Vertreterin der Union für Außen- und Sicherheitspolitik: Von 1999 bis 2009 war Javier Solana der Hohe Vertreter für die GASP. Grundgedanke dieses im Rat angesiedelten Akteurs war es, der GASP Gesicht und Stimme zu verleihen und als Koordinator der Außenpolitiken der Mitgliedstaaten zu wirken. Mit dem Vertrag von Lissabon werden die Funktion und institutionelle Zuordnung dieses Akteurs erweitert und verändert. Als erste Hohe Vertreterin der Union für Außen- und Sicherheitspolitik ist Catherine Ashton dem Rat und der Europäischen Kommission zugeordnet. Die Hohe Vertreterin trägt wesentlich zur Festlegung der GASP und GSVP bei.

Konzertierungsverfahren: Für bestimmte gemeinschaftliche Rechtsakte kann vom Parlament bei der Abgabe seiner Stellungnahme ein Konzertierungsverfahren mit dem Rat unter aktiver Mitwirkung der Kommission eingeleitet werden, wenn der Rat beabsichtigt, von der Stellungnahme des Parlaments abzuweichen.

Lead Nation: Im Rahmen einer multinationalen militärischen Operation kann ein teilnehmender Staat als Lead Nation bestimmt und ihm somit eine Führungsfunktion übertragen werden. Im Rahmen der NATO verbindet sich mit dem Prinzip der Lead Nation auch die Wahrnehmung und Koordinierung logistischer Aufgaben eines Staates für andere Staaten.

Luxemburger Kompromiss: Im Luxemburger Kompromiss war 1966 von den sechs EWG-Staaten vereinbart worden, dass in Fällen, für die Mehrheitsentscheidungen vorgesehen waren, Einstimmigkeit erzielt werden musste, falls ein Staat sehr wichtige nationale Interessen geltend machte und dadurch nicht überstimmt werden konnte. Mit der Einheitlichen Europäischen Akte wurde eine Grundlage für die Nicht-Inanspruchnahme des Luxemburger Kompromisses geschaffen.

Nonpaper: Als Nonpaper werden im Kontext der EU Texte bzw. Schriftstücke bezeichnet, die als Entwürfe beispielsweise von einem Mitgliedstaat der EU oder der Präsidentschaft vorgelegt werden, um den darin vorkommenden Inhalt im Diskurs mit den Mitgliedstaaten und EU-Organen zu testen.

North Atlantic Treaty Organization (NATO): Das im April 1949 gegrün-
dete Atlantische Bündnis umfasst zwischenzeitlich 28 Mitgliedstaaten.
Die NATO hat sich nach dem Ende der Ost-West-Konfrontation und infolge der Bedrohung durch den Terrorismus ein erweitertes Aufgaben-
spektrum gegeben. Hierzu zählen neben Aspekten des territorialen
Schutzes unter anderem auch die Unterstützung von Stabilisierungs-
maßnahmen, Abrüstungsmaßnahmen sowie kooperative und vertrau-
ensbildende Maßnahmen.

Organisation für Sicherheit- und Zusammenarbeit in Europa (OSZE):
Die OSZE umfasst mit Staaten aus Europa, den Nachfolgestaaten der
Sowjetunion sowie den USA und Kanada 56 Mitglieder und ist damit
weltweit die größte regionale Sicherheitsorganisation. Sie wurde 1994
gegründet und ist Nachfolgeorganisation der Konferenz für Sicherheit
und Zusammenarbeit in Europa (KSZE). In einem umfassenden Ansatz
werden politische und sicherheitspolitische Themen wie beispielsweise
Frühwarnung, Konfliktverhütung, Krisenbewältigung und Konfliktnach-
sorge ebenso wie Demokratisierung, Menschenrechte, Minderheiten-
schutz sowie Rechtsstaatlichkeit aufgegriffen.

Petersberg-Aufgaben: Zu den Petersberg-Aufgaben zählen gemeinsame
Abrüstungsmaßnahmen, humanitäre Aufgaben und Rettungseinsätze,
Aufgaben der militärischen Beratung und Unterstützung, Aufgaben
der Konfliktverhütung und der Erhaltung des Friedens sowie Kampfeinsätze im Rahmen der Krisenbewältigung einschließlich friedenschaf-
fender Maßnahmen und Operationen zur Stabilisierung der Lage nach
Konflikten. Zur Durchführung dieser Aufgaben kann die EU auf zivile
und militärische Mittel zurückgreifen.

Politisches und Sicherheitspolitisches Komitee (PSK): Das Politische und
Sicherheitspolitische Komitee setzt sich aus nationalen Vertretern auf
der Ebene der politischen Direktoren zusammen. Es beschäftigt sich
mit allen Aspekten der GASP, trägt zur Festlegung der Außen-, Sicher-
heits- und Verteidigungspolitik bei und überwacht Entscheidungen
und Beschlüsse des Rates. In seiner Verantwortung liegt unter anderem
die politische Kontrolle und die strategische Leitung von Krisenmana-
gementaktionen.

Rat (Ministerrat): Der Ministerrat setzt sich aus je einem Vertreter der Mitgliedstaaten der EU zusammen. Er kann, entsprechend der Thematik,
in nunmehr zehn unterschiedlichen Formationen gebildet werden. Hinsichtlich der Außen- und Sicherheitspolitik bildet er neben dem Euro-

päischen Rat das Forum zur gegenseitigen Konsultation und Abstimmung. Gemeinsam mit dem Hohen Vertreter obliegt dem Rat die Sorge dafür, dass die Mitgliedstaaten der EU die Außen- und Sicherheitspolitik der Union aktiv und solidarisch unterstützen.

Vereinte Nationen: Die im Oktober 1945 gegründeten Vereinten Nationen umfassen 192 Mitgliedstaaten. Neben sicherheitspolitischen Aspekten wie Peacekeeping, Peachbuilding, Konfliktprävention und humanitärer Unterstützung befassen sich die Vereinten Nationen unter anderem auch mit umweltpolitischen Fragen und Aspekten der nachhaltigen Entwicklung.

Welthandelsorganisation/World Trade Organization (WTO): Die WTO trat 1995 an die Stelle des General Agreement on Tariffs and Trade (GATT). Sie umfasst 153 Mitglieder und bildet das multilaterale Forum zur Regelung des internationalen Handels.

Westeuropäische Union (WEU): Die 1954 aus dem Brüsseler Vertrag von 1948 hervorgegangene WEU umfasst heute 28 Mitglieder. Die operativen Aufgaben der WEU sind von der EU im Rahmen der GASP übernommen worden (Petersberg-Aufgaben).

Zivil-militärische Zelle: Die zivil-militärische Zelle hat seit 2004 im Militärstab der EU (EUMS) eine wichtige Unterstützungsfunktion, beispielsweise bei der strategischen Planung einer Krisenreaktionsoperation der EU. Sie ist der zentrale Akteur für die Koordination der zivilen und militärischen Aspekte einer Operation.

14 Index